《宁可文集》编委会名单

主　编：郝春文　宁　欣

副主编：张天虹

编　委（以姓氏汉语拼音为序）：

郝春文　李华瑞　刘玉峰　刘　屹　鲁　静

宁　欣　任士英　魏明孔　杨仁毅　张天虹

宁可文集

（第九卷）

宁可 著

郝春文 宁欣 主编

人民出版社

前　言

宁可先生，原名黎先智，湖南浏阳人，中国当代著名历史学家。

黎先智先生于 1928 年 12 月 5 日生于上海。1932 年至 1934 年，他随父亲至马来西亚的港口城市巴生侨居，其间入读巴生中华女校。1935 年回国后，先后在南京的三条巷小学 (1935)、山西路小学 (1935) 和鼓楼小学 (1935—1937) 就读。抗战爆发后，他在颠沛流离中完成小学和中学的学业。先后就读于长沙楚怡小学 (1937)、长沙黄花市小学 (1937)、长沙沙坪县立第四高级小学 (1938)、贵阳正谊小学 (1939 春)、贵阳尚节堂小学 (1939 年秋)、贵阳中央大学实验中学 (1939—1941)、洛阳私立明德中学 (1941)、省立洛阳中学 (1942—1943) 和重庆私立南开中学 (1943—1946)。1946 年考入北大史学系的先修班，次年正式就读于该系。1948 年 11 月从北平进入解放区，接受中共华北局城市工作部城市干部培训班的培训，因革命工作需要，改名宁可。北平和平解放后，于 1949 年 2 月 5 日进城，任北平市人民政府第三区公所科长。1950 年改任北京市人民政府第三区文教科副科长。1952 年调任北京市教育局《教师月报》编辑和中学组组长。1953 年进入教师进修学院任教学研究员。1954 年 9 月受命参与筹建北京师范学院历史科，以后长期在北京师范学院（1992 年更名为首都师范大学）工作，历任讲师、副教授、教授、博士生导师，并曾兼任校图书馆副主任、历史系副系主任、系总支第一副书记、代理系主任、《北京师范学院学报》副总编辑等党政领导工作。主要学术兼职有北京市史学会副会长，中国史学会理事，中国敦煌吐鲁番学会副会长兼秘书长，北京大学、兰州大学等高校的兼职教授。2014年2月18日逝世于北京，享年86岁。

宁可先生天资聪颖，自幼酷爱读书。他兴趣广泛，博闻强记，有着渊博的知识积累。在大学期间，他开始接触马克思主义。进入史学研究领域以后，他研读过大量的马克思主义经典作家的著作。如马克思《资本论》第一卷，他就分别研读过侯外庐与王思华、王亚南与郭大力、郭沫若等三种不同的译本。长期的阅读和思考使他具有了深厚的理论素养。马克思主义的基本原理和方法，也成为他认识历史问题、解析历史现象的最重要的科学理论。他对马克思主义理论的运用，从来不是仅仅停留在征引经典作家论述的层面，而是主张融会贯通，即在真正透彻理解马克思主义唯物论和辩证法的前提下，运用马克思主义的历史观、认识论和方法论，对中国历史问题进行深入的具体分析与诠释，力图从理论的视角把握历史现象和本质，以宏观的视野分析历史事物的因果关系。这使得他的研究成果往往具有很强的理论性和思辨性，这一特色贯穿于他在史学理论、中国古代经济史和文化史、敦煌学和隋唐五代史等诸多领域长期的历史研究实践中。以下试从几个方面对宁可先生论著的理论性和思辨性略作说明。

第一，他多次直接参与了史学界很多重要热点理论问题的讨论，都提出了独到的看法，有些最后成为学界的共识。

早在二十世纪五六十年代，他参与了中国史学界关于农民战争和历史主义与阶级观点等相关问题的讨论，发表了多篇重要论文。他先后就农民战争是否可能建立"农民政权"、农民战争是否带有"皇权主义"的性质、农民战争的自发性与觉悟性、农民战争的历史作用，以及该如何恰当地理解和评价地主阶级对农民的"让步政策"等存在不同认识的热点问题发表了自己的看法。他的意见，有理论依据，又有事实佐证，高屋建瓴，客观而允当，以极大的说服力平息了学术界有关以上问题的争论。六十年代，他参与了历史主义与阶级观点的讨论，针对当时史学界和理论界对马克思主义阶级观点的理解存在片面性和绝对性的情况，他指出历史主义与阶级观点这两个概念的侧重点是不同的。历史主义侧重的是从发展的角度看问题，阶级观点则侧重根据阶级划分和阶级斗争的规律对所研究的对象作出科学的解释。二者的统一是有条件的。历史主义和阶级观点是从不同角度认识统一的历史过程的两个原则或方法。他的这些看法作为当时有代表性的观点，得到史学界和理论界的高度关注和认可。改革开放以后，针对学术界对历史科学理论认识存在的分歧，他提出应把历史科学理论与历史理论区分开来。这一观点廓清了史学理论学科建设中的根本性概念问题，已成为史学界的共识。

宁可先生还在一些重要理论问题上发表了对以后研究具有指导性的论述。例如有关地理环境对人类社会发展的作用问题，不仅是人类社会历史发展究竟由哪些因素决定的理论问题，也对当代中国的经济、政治、军事乃至文化的发展和决策具有重要意义。宁可先生认为应该辩证地认识地理环境对人类社会发展的作用，指出地理环境是社会物质生活和社会发展的经常的必要的条件之一，但它不是起决定作用的条件，起决定作用的是生产方式。地理环境决定论和否定地理环境对社会发展的作用等认识都是片面的。他对这一理论问题的思考，始于将地理环境决定论作为资产阶级理论批判的二十世纪五十年代，前后历经三十年、五易其稿才拿出来发表。显示了他对一个学术问题严谨的思索和执着的追求。他还对二十世纪八九十年代以来社会上流行的"文化热"提出自己的看法，认为种种"文化决定论"、"文化至上论"等都是非科学的，都忽视了社会政治、经济因素与文化之间的相互作用，不值得提倡。在当时的社会环境下，提出这样的看法也是需要学术的勇气的。

第二，在具体研究工作中，宁可先生也注意利用唯物辩证法观察具体历史现象。注重史实之间的相互联系及深层关系，注重阐释历史发展的特点。如关于中国封建社会经济结构以及体制特征的问题，他认为人们常说中国封建经济是一种农业经济、自然经济，这话不错，但不完整。因为很早就有了社会分工，主要是农业和手工业的分工，这是封建经济的两大部门。这两大部门的产品要交换，这种交换终归会发展到以商品交换为其重要的形式，这就有了第三个部门——商业，而且越来越重要。所以，中国历史上的封建经济并非是一个绝对封闭静止的系统，而是具有相当的开放性和活动性，商品经济就是促成封建经济系统开放性和活动性的因素。又如关于中国封建经济结构的诸要素的运转，宁可先生做出了"小循环"和"大循环"的理论概括。从农村开始，农产品大部分自行消费，然后再进行再生产，这是一个小循环。其剩余产品和一部分必要产品循两条路线运行，一条是经过封建国家赋役而注入其他地区和部门，这是非商品性的活动，或基本上是非商品性的活动；另一条是经过市场，进入城市手工业领域，然后再回到市场，而又再进入农村，最终完成消费，这是一个大循环。小循环以中国的气候及农作物生长周期即一年为运转周期。小循环的损耗是小的，效率是高的，但经济效益却不算高。至于那个大循环，运转周期难以一年为率，循环过程很缓慢，损耗也不小，经济效益也不算高，但还是有的。再如对所谓"李约瑟难题"的解释，即中国封建社会原先比较先进，近代为什么会落后于西方？阻力是什么？学术界提出了诸多原因加以解释，或执其一端，或综合言之。宁可先生认为，从中国特殊的国情出发来探寻中国封建社会原先发展后来停滞的原因，固然应该考虑到各种因素的交互作用，但尤其应该注重内部因素的作用，特别是更具决定性意义的经济因素的作用，长时性而非一时性（如政策）因素的作用。以上几个问题的论述，都是综合考虑了与之相关的各种因素，从各种因素的相互联系、互动中，辩证地分析问题。对问题的分析，则是由此及彼，由表及里，层层深入，直至问题的核心。

第三，宁可先生的具体研究，从不满足于对历史事物表象的考察，往往具有贯通的特征，力图对中国历史的发展具有贯通性认识。如对中国古代"社邑"的研究，所涉及的材料上至先秦，下迄明清，不仅几乎穷尽了传世文献中的相关记载，而且还充分利用了石刻材料和敦煌资料，展示了中国古代民间团体发生、发展和演变的轨迹，为我们观察中国古代基层民众的活动和民间组织提供了重要窗口。又如他对中国古代人口的考察。考察的时段也是自战国至明清，并总结出古代人口的发展规律是台阶式的跃迁。战国中期的人口大约为二千五百万到三千万，这是第一级台阶；从汉到唐，人口似乎没有超过六七千万，这是第二级台阶；从北宋后期起，人口大约增长到一亿左右，这是第三级台阶；从清代乾隆初年开始，短短100年间人口从一亿多猛增到四亿，这是第四级台阶。这样的研究成果，不仅对认识整个中国古代历史具有重要价值，对当今社会制定人口发展政策也有借鉴意义。再如对中国王朝兴亡周期率的探讨，所涉及时段也是从秦到清十几个王朝。他总结出历史上新王朝取代旧王朝有三种途径：一是战争；二是用非暴力的手段，即所谓"禅让"；三是北方游牧民族借机起兵南下，征服半个乃至全部中国。总结两千年王朝兴亡，宁可先生总结了三点经验教训：一、中国是农业社会，农业是基础，农民占全国人口的绝大多数，一个统治者如何对待农民，成为一个王朝成败的关键。二、专制主义中央集权国家各级官僚机构和各级官吏的吏治问题非常重要，历来的统治者都非常重视。王朝兴起时往往重视整饬吏治，而一个王朝之所以衰亡，重要的原因是吏治的腐败。三、历代王朝兴亡，乍看起来似周而复始的循环，但并非单纯的回归，像螺旋形一样，在循环之中不断上升，不断发展。到宋以后，发展势头受到阻碍，以致19世纪中期以后，欧洲资本主义势力侵入，中国成为半封建半殖民地社会。以上所列举的问题，都是上下数千年，纵横越万里，从长时段的具体历史进程中，揭示其发展变化的特点和规律，发前人所未发。

宁可先生的论著思路缜密，论证周到，表述清晰，结论自然令人心悦诚服。由于具有深厚的理论素养和敏锐的学术眼光，他的学术研究往往具有前瞻性和引领性。如他对汉代农业生产数字的研究、对中国古代人口的研究，以及对汉唐社邑的研究，都是开风气之先，启发后继者继续从事相关课题的研究。他的研究成果同时受到国际学术界的重视，其学术观点经常被当作具有代表性的看法介绍到国外。他是当之无愧的当代史学大家！

宁可先生热爱教学工作，常以"教书匠"自称。他自 26 岁开始给学生上课，陆续开设过《中国通史》（先秦到宋辽夏金元）、《隋唐五代史》、《中国历史要籍介绍及选读》、《隋唐五代社会经济史》、《资本论选读》、《中国古代社会经济史专题》、《历史科学概论》等课程。直到 70 多岁时，还坚持给研究生上课，每次上课前都要在头天下午或晚上把第二天要讲的内容再过一遍才放心。他从 1981 年开始招收硕士研究生，先后指导了 40 多名博士、硕士研究生和博士后研究人员，为史学界培养了一大批专门人才。他的学生分别在不同的学术领域作出了重要贡献，其中很多人成为各领域的学术中坚。他是一位杰出的教育工作者。

以上介绍表明，宁可先生的学术论著在当时曾是一个时代具有代表性的成果，现在已经成为当代史学遗产的重要组成部分。他的一系列精辟观点，至今仍闪耀着理论的光辉和智慧的火花，具有"卓然不可磨灭"的品质。为了进一步总结、研究、发扬宁可先生留给我们的珍贵史学遗产，人民出版社拟出版 10 卷本的《宁可文集》，即：一、《宁可史学论集》；二、《宁可史学论集续编》；三、《史学理论研讨讲义》；四、《中国封建社会的历史道路》；五、《敦煌社邑文书辑校》；六、《敦煌的历史和文化》；七、《流年碎忆》；八、《地理环境与历史发展》；九、《散论》；十、《讲义》。本次出版按照第一卷、第二卷……的顺序依次排列，共计十卷，其中一至七卷为已刊论著，八至十卷为未刊稿。

《宁可文集》的编辑工作，总的原则是尽可能保持宁可先生著述的原貌，以求全面真实地反映宁可先生的学术成就。其中第一至七卷，以前均曾由国家级出版社正式出版过，内容多数经过宁可先生审定。所以，此次编辑以上七卷，原则上不做改动，仅纠正个别文字错误，并以"编者补注"形式，完善文稿中不规范、不完整的注释内容。第八至十卷为首次出版，编者根据需要做了必要的技术处理。

　　为保证出版质量，编委会组织人力对文集的全部引文都做了核对。其中马恩列斯等经典著作的引文，虽然近年已有新的译本，但考虑到作者的解释和论证都是以老版本为依据的，如果根据新的版本修改引文，会造成解释和论证与引文不协调。所以，此次核对马恩列斯等经典著作的引文，我们仍以宁可先生当时所用的老版本为依据。关于古籍引文的核对，尽量使用标点本和新的整理本，但不使用宁可先生去世以后的新版本。

　　《宁可文集》的编辑出版，自始至终得到了首都师范大学历史学院和人民出版社的支持。首都师范大学历史学院院长刘屹教授、人民出版社鲁静编审、刘松弢副编审都给予了大力支持，历史学院校友郭岭松编审则承担了繁杂的编辑工作。谨此一并致以诚挚的感谢！

《宁可文集》编辑委员会

郝春文执笔

2022 年 6 月 2 日

目　录

测知天体距离的七个方法

（一）引言

假如是在一个晴朗的夜晚，当我们举首望天，便可以看到无数闪烁着的星星。乍看上去，它们都好像是嵌在一只覆着的大碗内面，而随着它从东向西的运转。古代的天文学家就是这样想，他们以为群星都是缀着在天球的凹面，随天球的运转而出没，这种学说，就叫天动说，一直到哥白尼的地动说出世才被推翻。

实际上，星星并不是同在一个球面上的，它们距我们有远有近，并且他们并不像《聊斋志异》上所说的那样小，甚至可以摘下来藏在袖子里，其实它们都是很大的，有的比太阳还大过千万倍，最小的也有地球那么大，至于它们看起来并不如太阳大，也不如太阳亮的原因，乃是因为它们距我们太远的原故，这些距离之大，远非一般人所能够想像。

我们普通用来测量距离的单位是尺或里，可是这些单位要用来测量星星的距离实在太渺小了，地球与太阳的距离是 9 千 3 百万英里，这个数字已经相当庞大，可是距我们最近的恒星却要比这个还远上 27 万 5 千倍。假如这个距离用英里来表示，那该是 25，000，000，000，000 英里，这样用起来自然很不方便，因此科学家便不得不采用比尺或英里更大的单位来表示遥远天体的距离。这些单位常用的有 3 种：一种是以地球到太阳的距离（9 千 3 百万英里），算做一个单位，便叫一天文单位，可是仍嫌太小，比方说，从地球到距离最近的恒星就是有 27 万 5 千单位，用起来仍然不方便，所以通常只用来表示距离很近的天体，例如太阳系中各行星及彗星；另二种方法是光年及秒差距，秒差距留到下节再讲，这里先谈谈光年。

光的速度是惊人的，人们测知它每秒钟竟可以走 18 万 6 千英里或者是 30 万公里，也就是说，它 1 秒钟可以绕地球七周半。这是一个常数，不会变更的。因此．我们便可以拿它来做距离的单位。光走一年的距离，便叫一光年，折合 5，865，696，000，000 英里。这个数字诚然庞大极了，可是在天文学上用起来也并不怎么样，从地球到太阳，光只走八分半钟就够了，可是离我们最近的恒星却在 4.16 光年以外，至于一些遥远的星云，甚至有距我们 2 万万 5 千万光年的，将来望远镜威力增大，一定还有更远的天体可以发现。由此看来，宇宙之大，简直不可思议，渺小地球上的渺小人类，简直比沧海一粟还不如呢。

至于测量天体距离的方法，自然和地球上常用的方法不同，同时又因为星星是摸不到的原故，所以有时只好用间接法推测它的距离。下面所介绍的，便是这些方法中最准确而最有效的 7 个。

（二）周年视差

我们常常有这样的经验，先闭上一只眼睛看一件东西，然后再换另外一只眼来看，好像物体的位置移动了，距离愈近，移动愈大，距离愈远，移动愈小，甚至小到看不出来。又比方说，我们坐在火车上远眺，看见我们前面左方有一棵树，树之右有一根电线杆，随着火车的飞驰，距铁路较近的电线杆好像在慢慢地向那棵树移动，等到电杆与树木重合时，便表示我们所在的位置和树木电杆三者成一直线。再过后电杆便向树的左方移过去，不多久，我们便可以看见原来在树右方的电杆已经移到树的左方去了，其实，物体的本身并没有移动，只是我们观察物体的地位移动了，视差的原理，便和这一样。

假如一个三角形，底边和两个底角知道了，这个三角形一定可解，而从顶点到底边的距离也一定可以知道，因此，我们可以在地球上同经度上距离很远的两点同时观测月亮在天上的位置，因为观测位置不同，月球在天上的位置必然有少许差异，这两点及月亮可以连一个三角形，两点的距离，即是这三角形的底边，可以借自地心至这两点所张成之角的大小而知道。因为自该地天顶与观测者的联线是垂直于地平线的，所以两底角便是以观测点为顶点的该地天顶观测点，与月亮所夹之角，再加上以观测点为顶点的地心，观测点及他一观测所夹之角之补角，这样一个三角形，晓得了底边和两底角，自然可以解，从月亮到两观测点的距离也可以知道，这个距离，用以月亮为顶点的那个角来表示，顶角愈小，距离愈大，顶角愈大，距离愈小。通常多半再换成地心、月亮、赤道三者所夹的角度，以资划一，这种方法，便叫地平视差法，用这种方法测出月亮的平均地平视差几乎有一度，太阳则比这小四百余倍，而为 8.8 秒。

可是别的星不知要比太阳远上多少倍，地平视差法自然不适用，因为底边太短了，天文学家必须要找出一根更长的底边，才能测出更远的恒星的距离。

地球每年绕日一周，成为一个相当圆的椭圆，这个圆的直径，为 1 万万 8 千 6 百万英里，当我们旅行在这样长的距离上的时候，有许多星的位置，已经微微变动，这种变动肉眼自然不能觉察，可是借精密仪器的帮助，却可准确地测出。这就是说，我们的底边已经加长了，它不再是地球上的两点，而变成地球轨道上两点的距离了，这根底边最长之处，就是当地球行达与 6 个月前所在地正相反对的位置，这个长等于地球轨道的直径——1 万万 8 千 6 百万英里，所以，一个天文台在某月测定一颗星的位置，到 6 个月后再测时，地球的位置正和 6 个月前相对，也就是说，6 个月前的地球和 6 个月后的地球所在位置的二点与星的位置成一个大三角形，这个大三角形的底边有 1 万万 8 千 6 百万英里，根据前面所说的方法，便可以测出这大三角形的顶角，亦即是星的视差数，再把得出的这个角度用 2 除，也就是说换用一根 9 千 3 百万英里的底边（相当地球与太阳的平均距），这样求出的，便叫周年视差或日心视差。

周年视差的倒数便叫秒差距，例如视差为 1 秒的秒差距也是 1。视差 1/10 秒，秒差距便是 10，这也是天文学上常用的距离单位，1 秒差距等于 3.25 光年。

地球轨道固然很大，可是恒星的距离却更大得惊人，即使用这么大的底线，测得最近恒星的视差也只有 0.783 秒，距离在二百光年以外的恒星视差，已经极不准确，而恒星的距离却大都在二百光年以外。因此，天文学家不得不再找出其他的间接方法来测定天体的距离。

（三）利用光谱分类与绝对星等的关系

明亮的星，用肉眼看来颜色各各不同，例如织女星看起来是白色的，牵牛星是黄色的，大角星是橙色的，参宿四星却是红色的，用望远镜看来也是如此。

星的颜色不同，乃是由于星体温度不同的原故。我们知道，一块铁受了热，温度上升，便变为红色，如果温度再继续升高，便转变而为黄色、白色、蓝色，星也是这样，红色的星，温度最低，只有摄氏表二三千度，黄色星温度较高，白色星更高，蓝色星最高，甚至有到摄氏表 3 万度的。

用一个三棱镜可以把太阳光分成红橙黄绿蓝青紫七色光带，这光带便叫光谱。同样的，在望远镜上附一个分光镜，便可以把星光分成光谱。星的光谱中上常出现很多暗线，这是由于星球外面所包的气体吸收星光而成的，星温度愈高，光谱中暗线愈少，或者甚至没有。星温度渐渐降低，光谱中暗线也愈多，因此我们可以知道，光谱中暗线的多少是与星的温度，也就是与星的本身明亮程度成比例的。

因为这样我们可以把星依光谱中暗线的多少分成等级，最亮也是温度最高的是 B 型星，其次是 A 型、F 型、G 型、K 型和 M 型，M 型的温度要算最低。

每一光谱型的星中又可以分为 3 类，巨星是最大的，有的比太阳还要大上几千万倍，密度也是最小，甚至比空气还稀薄，主要程序星大概都是和太阳差不多大小，密度也差不多一样，矮星的体积很小，最小的只有地球这么大，可是密度却大得惊人，巨星和矮星数量很少，天空中大半都是主要程序星，就像人类中太高和太矮的人都不多一样，这三种星的差别，都可以自光谱上很小的变动察出来。

这里还要介绍另外一个名词——绝对星等。假如我们能把一切的星都移到距我们 10 秒差距——32 光年半的地方的话，那时我们看它的亮度便是它的绝对星等，太阳如果要移到那个距离，看起来将和肉眼刚能看见的五等星一样暗。

绝对星等可以用下面的公式求出：

$$M = m+5 \log u.+5 \cdots\cdots \qquad (1)$$

其中 M 表绝对星等，m 表视星等，u 表视差，知道了视星等和视差可以知道绝对星等，反过来说，知道了绝对星和视星等，便可以决定星的距离。

不久以前，天文学家发现绝对星等与光谱分类之间有相当的关系存在，经过长久的观测和慎密的比较，结果察出星的绝对星等是依温度的升高而增加的，白热的 B 型星绝对星等最大，暗红的 M 型星，绝对星等最小，这样，我们又得到了一个测定距离的好方法。

知道了恒星的光谱，判明了它的光谱类型，再由光谱上微细的差异，决定它是巨星，主要程序星或者矮星，便可以知道它的绝对星等，然后代入上述的公式内（视星等可以用光度计测得）便可求出视差，像这样求得的，叫分光视差，与周年视差相较，误差不过 19%，可算得相当准确，而它的运用却较周年视差方便得多，只要是能展成谱的星，它们的视差均可求得，大部分恒星的距离，都是用这种方法测得的。

（四）由双星轨道及公转周期而测其距离

从望远镜里常常可以发现两颗或两颗以上的星靠得非常近，只差几秒的角度，因此便叫它们做双星，后来又发现，很多双星不但看来很近，而且实际上也是这样，不仅如此，它们受着万有引力的支配，还互相绕着公共重心旋转，这样，给了天文学家一个测量距离的好机会。

恒星的大小虽然悬殊，可是因为大星的密度小，小星的密度大，所以质量都差不了多少，天空中没有小过太阳质量 1/10 的星，也没有大过太阳质量 1 百倍的，所以综合起来，星的平均质量大概都和太阳差不多，因此我们可以假设双星，质量是太阳的 2 倍，这样，双星的距离可以用下面的公式表出：

$$p = \frac{a\sqrt[3]{\odot}}{\sqrt[3]{P^2(m_1+m_2)}} \cdots\cdots \qquad (2) \text{①}$$

其中 p′ 表示视差，a 表示两星轨道的角距（以秒为单位）。P 表示公转周期，⊙ 表示太阳质量，m_1+m_2 表双星的假定质量，⊙ 早已知道，m_1+m_2 是假设，所以要知道视差 p，只要测出 a 和 P 就够了。

还有，双星的质量与它的绝对星等成比例，质量愈大，绝对星等愈小，星的本身亮度也愈大，根据前节的公式。

M = m+5logp+5

把 m 和用前述公式（2）所求出的 p 代入，便可得绝对星等 M，找出与这个绝对星等相当的质量 m_1+m_2，便比原来假设的质量远为精确，再用这新求得的 m_1+m_2 代入公式求得改正的视差 p′，及绝对星等 M′，再由 M′，求得更准确的质量，如此反覆几次，便可以得出一个相当精确的数值，这样仅由 a 和 P 的观测而同时求得质量与距离，实在颇饶兴趣，用这种方法求得的视差叫力学视差，误差在 20% 左右。

（五）利用造父变星的变光周期

天空中有许多星，它们的亮度时时发生变化，这并不是指星光闪烁而言（这全是空气的折射率不同的原故），而是指另一种发自恒星本身而增减较缓的变化，这种变化的周期，有几小时的，有几天的，有几个月的，也有全无规则的，它们变光的原因，有的是因两星交蚀，当暗星掩蔽在明星之前时，光就变暗，有的则是因为某种现在还不能明白的原因，而作有规则的涨缩，当它体积涨大时，它就变冷变暗，当它体积缩小时，它就变热变亮，所谓造父变星，就是后者变星中的一种。

---

① 编者补注：学识所限，尽管查阅了资料，但仍不能考实这些公式，只能照录原文。

　　造父变星之得名，是由于仙王座里的 δ 星（中名造父），这颗星是此类变星的代表，因此便把全部天空变光方式与这相似的变星都叫造父变星，这类星的变光方式是很快地变亮，然后慢慢暗下来，又因它们大都是黄色巨星，远比太阳明亮，即使在极远的距离它们的光度变化也可以察出，因此极易为人所认识，它们光度变化的周期颇不一定，有几天的也有几星期的。

　　近些年来天文学家发现造父变星的变光周期随变星本身平均光度的增而增加，根据统计，变光周期与绝对星等的关系略如下表：

变光周期数	绝对摄影星等
0.5 日	0.0 等
1 日	负 0.3 等
5 日	负 1.4 等
10 日	负 1.9 等
50 日	负 3.5 等
100 日	负 4.6 等

　　把变光周期做纵轴，绝对星等做横轴，根据上表，便可以得出一根"周期光度曲线"，因此，我们又有了一个测知距离的方法。

　　先观察这些变星，等它们的变光周期确定，便可由周期光度曲线表中找它底绝对星等，再利用前述的公式，便可以知道它的视差了。

　　另外还有一种变星，多半存在于球状星团内（所谓球状星团，便是几万个或几十万个星因万有引力的关系而成的集团，在空中共同运动），因此我们便叫它星团类造父变星，它们的实际光度几乎全相同，因此测定这类星的距离更加容易，只要决定它的视星等就够了。

　　利用造父变星的变光周期来决定距离，是运用最广而且重要的方法，许多遥远星云或星团的距离，就是利用它里面包含的变星来决定的。

（六）观测移动星群的运动

　　人类喜欢群居，鸟喜欢群飞，天上的星，也是这样，常常有许多星，因为万有引力而结合在一起，它们不仅同向一个方向前进，而且还绕着一个公共的重心而旋转，这些星，我们叫它做星团，星团有两类，一类是上节已经说过的球状星团，一类是疏散星团，前者星与星间的结合远较后者密切，后者又有一个名字叫移动星群。

疏散星团多半由几十个或几百个星组成，同向一个方向依同一速率前进，它们在天空中散得相当开，甚至有用肉眼可以分开其中单个的星的（例如昴宿和毕宿移动星群），天文学家测出，这些星在空间的运动看起来不是平行的，而是渐渐收敛于一点，这乃是因为各星于空间运动虽然是平行的，可是因我们透视的原故，像是收敛于一点似的，正如我们远视两根平行的铁轨交于一点一样。连这收敛点与我们的直线，必与疏散星团进行的方向平行，这样可以求移动星群空间运动方向为视线方向所成的角 θ，假如再知道自行 u 与视线 V（注）如图所示，便可自公式(3)求出距离 D。

设 S 是太阳，T 是移动群星现今的位置，T′ 为单位时间（假定为一年）后星群的位置，则：

$$<UTT′ = \theta \quad <T′ST = u$$

$$TU = V \quad 则$$

$$D = \frac{Tan\theta}{Sinu} \quad V\cdots\cdots \tag{3}$$

这样，便可求出移动星群星团的距离。

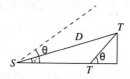

注：自行和视线速度——星体始终都在运动着，自行是与我们平行的运动，视线运动则为向我们垂直而来的运动，如上图，S 是观测点，星从 T 移到 T′，则 T′ U 弧所示的角度 n，是自行，TU 则视线速度，自行可以测知，视线速度则可利用。光谱上的杜拍那效应测得（这下节还要讲）。

（七）利用星云的退行速度

分光仪不仅可以指出星体光谱的类型，同时它还可以告诉我们天体是向地球而来还是离地球而去，光谱中的暗线，如果自它本来的位置移向紫色段，那正表示它是迎向地球而来，如果移向红色段则表示背我们而去，观察光谱线移动的情形，可以知道靠近或离开我们的速度，这便称作杜拍那效应，不仅用于恒星，同时也可以适用于遥远的星云及其他一切天体。

许多星云光谱线的移动极大，最可异的是光谱线的移动几乎都全向红色段，这也就是说，它正以极大的速度离我们而去，星云离我们愈远，它的退行速度也依比例而增加。美国威尔逊天文台发现，星云距我们每远1百万光年退行速度则每秒增加1百英里，在1万万光年远处的星云退行速度甚至可达每秒钟1万2千英里，这种运动的原因，据爱因斯坦解释，是因为宇宙在急速澎涨，因此宇宙中的物质以极大速度四向飞散的原故。

知道了退行速度，便可反求出星云的距离，用这种方法测出星云的数目，已在好几千座以上。

（八）假定星云的大小构造为一定

星云的距离太远了，即使用现在世界最大的百英寸回光镜，也只有少许星云能显出其中分离的星，至于其他遥远星云的距离，则可假设它们的大小构造相似（实际上星云也差不多是相似的），而与地球上所见的大小和明亮程度相比较，大而明的，距离便近，小而暗的距离便远，最近的银河系距我们有70万光年，至于最远的，则万万五千万光年，这样远的距离用望远镜看来星云不过是些昏暗的光点，内中构造完全不能明了。

（九）结语

测量天体距离的方法，并不止上述七个，不过其他的方法，不是运用困难，便是误差太大，常用而有效的，大概只有上述七个。

　　古代人因为仪器制作的不发达，所能观测的宇宙，远比现在为小，因为科学的进步，观测范围之澎涨几乎快得不能令人想象。认为 1 光年的距离为不可思议，这几乎才是昨天的事，而现在的我们所知道的距离，又不知比 1 光年远上多少倍，明亮的星，距离多半是几十或几百光年，球状星团的距离已有几万或几十万光年，至于遥远的星云的距离则当以几百万或几千万光年计，可是，这仅不过是空间中的一个角落而已，现在百英寸镜的视力，约可达 2 万万 5 千万光年，将来 2 百英寸大回光镜制好后，看到的距离虽比这大，可是也仍是空间中的一小部分，虽然如此，我们对我们所能观测到的地方却还有许多不能解决的问题，由此看来，人类太渺小了，就在几百年前，人类还以为他自己是宇宙的主人翁，这种思想直到最近还残存于人类脑中，这不是很可笑的一件事吗？

本文参考书

陈遵妫：《天文学》（文通书局）　陈遵妫：《宇宙壮观》（商务）
白克尔：《宇宙观之发展》（商务）Moulton : *An Introduction to Astronomy*

原署名黎先智。《南开高中》1945 年创刊号
编者补注：用词和表述均保持原貌，没有刻意改动。

天文望远镜发展简史（上）

我们若是谈天文望远镜的发展史，可决不能忘掉最原始的一种型式，那就是我们的眼睛。它确是一架具体而微的望远镜，不过直径只有四分之一英寸，若用来观测天象，便只能看到比较辉明的星，可是在望远镜未发明以前，人类就只凭这一双简陋万分的仪器来窥测天空，居然也发现了不少的事物，这不能不令今日的人类惊异，而兴今不如古之感。不过即使在今天，望远镜的制作将臻登峰造极的时候，肉眼观测却仍未失去它本身的价值，因为望远镜虽有明察毫厘的优点，但却也有视界狭小的大毛病，很多的天体现象，如流星、新星、彗星等的发现，还是要藉重肉眼。天文界中研究流星的巨擘邓林（W.F.Deuning）和中村要都是很有名的肉眼观测家；1901 年的英仙座新星，就是一个业余天文家安特生（Anderson）在爱丁堡用肉眼发现的，当地的天文台反倒视若无睹。民国三十年的彗星，也曾为二位中国天文学会的会员用肉眼发现。再者富有诗意的星座排列，是望远镜所不能见到的。康德（Kant）说："我觉得只有两件事历劫常新，一是我们身边的伦理，一是我们头上的天空。"古希腊天文家托勒密（Ptolemy）也说："在白天，我自觉得是一个凡人，到夜晚，我就觉得我不是立足于人世，而似乎自己是在和宙斯同餐不老仙方了。"的确，即使是一个对天文一窍不通的门外汉，站在星光下也易引起这种富有诗意的崇高感觉，但若要他站在望远镜前，他除开看到一大堆扑朔迷离的星点以外，恐怕只会感到头痛，所以对于不以天文研究为终身事业的人来说，望远镜实在不是一件最需要的东西，可是话又说回来了，望远镜之于天文家正如枪之于兵士一样，是一刻也不可须臾离的。望远镜迄今才有三百余年的历史，可是已为人类文化建了不可胜数的功绩，哥白尼的太阳中心说，全仗迦利略的望远镜观测予以支持，而近世天文家之所以能突飞猛晋，也大半是望远镜的恩赐，现在闲话少说，我们还是来谈一谈天文望远镜的发展简史：

远在 13 世纪，哲学家罗杰尔·倍根（Roger Bacon，1214—1292 ?）就说过可用集合透镜的方法，使远方景物看起来显得较近，后来根据一个意大利人波塔（Pota，? —1619）的记载，有一个英国人叫李奥那德·狄杰斯（Leonard Digess，? —1571）的曾经试制过，可是其作法则已失传。

到了 1608 年，有一个荷兰眼镜师汉斯·李伯西（Hans Lippersheim，? —1619）利用两片透镜制成了一具望远镜，可使两里以外的人清晰如在目前。这个消息为当时的大科学家迦利略（GalilesGalilei，1564—1643）所知悉，也起而研究。经过多次试验，终于在 1610 年制成，这是用一个凸透镜与一个凹透镜合成的，这种型式，即后世所谓的迦利略式望远镜，迦氏望远镜完全是独立发明的，所以我们若认为迦氏是望远镜发明的始祖，决不能算错。迦氏的第一具望远镜只能放大 3 倍，其后几经改良，遂可放大 33 倍。

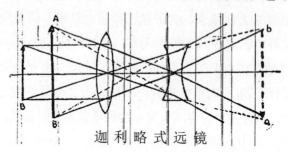

迦利略式远镜

迦利略也许不能称为第一个发明望远镜的人，但利用远镜来观测天象，却要以迦氏为嚆矢。当时哥白尼（Nicholas Copernicus，1473—1543）的地动说出世不久，认为地球是行星之一，与其他行星同绕太阳旋转，与当时盛行的天动说正相背驰。迦氏之笃信地动说不知始于何时，但他却是地动说的忠实信徒和支持者。在 1610 年他出版了一本叫《星际使者》（Sidera Massenge[①]）的书，其上载有他的远镜观测结果，无异给了天动说

① 编者补注：应作 "Sidereus Nuncius"，英译应作 "Sidereal messenger"。

致命的一击，而使地动说得以完全成立。望远镜使人类文化跨了一大步，这不能不归功于迦氏的发明。

迦利略最先把他的望远镜对准月球，结果发现了以往观测家的错误，原来月球并非如前人所言，是光滑的球体，而是粗糙不平的，其上有山有海（其实不是海，是月面的窪地，迦利略看错了）。山高据迦氏测量有四里，可见月球表面与地球相似，使哥氏的地球为一行星说得到有力的旁证。他观测昴宿和巨蟹座的蜂巢星团，发现它们为微星组成，又发现银河亦然。此外又观测太阳黑子，发现金星的盈亏及月球的天平动，这些发现直接间接都有助于哥白尼的地动说。其对哥氏学说助力最大的则是1610年正月七日木星四个卫星发现，这表明太阳系中除了日月五星地球以外，还有其他的天体存在，而且证实了天体有旋转的现象。后来迦氏又观测土星，见到了土星环，可惜望远镜的倍率太小，不能看出真象，遂得出错误的结论，谓土星有耳。

迦利略对人类可说厥功甚伟，但是毁随誉来，当时的人迷信古说，对迦氏纷起诘难，还有认为迦氏的远镜中藏有幻术，木卫之说全属虚证的。他们的理由是人头上只有七窍，所以天上也只能有七政（即日月五星），这在我们看来，当然荒谬，可是当时却有人深信不疑，因此替迦氏添加了不少烦扰。另外一些人则剽窃迦氏的发明，据为己有，以致迦氏在公布金星三日月形及土星环的发现时不能不以哑谜的方式出之。这些人虽然尽情诋毁迦氏，至使七旬老人还被迫跪于教廷当众悔过，宣言以前笃信的地动说是邪说，可是千秋以后自有公论，迦氏的精神依然永垂不朽，这班人心劳日拙，真可谓应了韩愈的话："蚍蜉撼大树，可笑不自量"了。

迦氏的望远镜虽然在科学史上放一异采，可是缺点却很多。与迦氏同时的大天文家刻白尔（Gohm Kepler，1571—1630），在他1611年出版的一本书中，曾言及另一种望远镜的作法，这就是后世所谓的折光远镜（Refracting Telescope），系由二凸透镜合成，可是刻氏自身因技术不够故未曾试制，这种刻白尔氏望远镜大概到1613年才为塞依尼（Chrestopher Scheiner，1570—1650）用以观测太阳黑子。

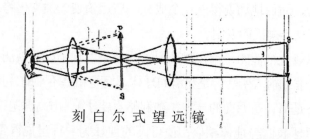

刻 白 尔 式 望 远 镜

刻白尔氏望远镜的物镜焦点和目镜焦点互相一致，如果放比例尺在焦点上，便可同时见到比例尺及远方景物，这在比较研究上非常便利，远非迦氏远镜所能企及，所以自 17 世纪中叶起，天文家都改用刻白尔氏远镜，迦氏远镜渐遭淘汰，可是迦氏草创之功，却是永远不会磨灭的。

刻白尔氏望远的放大率是依物镜与目镜的焦距之比率来定，如果透镜的直径增大，集光力增加，则远镜的效率也可以增加，可是当时还不知透镜消色法，假如物镜太大了，则因玻璃对各色光线的折射率不同而生色像差（Chrosmatic Aberration），使欲观测的物件边缘模糊，所以若要想加大望远镜的效率，只有一个方法，那就是尽量加长物镜的焦距，因此远镜便越来越长。1722 年布拉得列（James Bradiev，1693—1726）用以测量金星直径的大望远镜，长达 250 尺，这样长的望远镜，不仅使用困难，而且镜筒制作也成为不可能，因此 18 世纪的天文家多半不用镜筒，把物镜固定于塔巅或树梢上，而在下方用目镜眺望，即所谓空中远镜，真可算煞费苦心，不过他们的仪器虽然简陋，但仍能有种种重要的发现，不能不令我们钦佩，像土星的卫星及土星环的真象等，都是这一时期发现的。

折光镜越来越长，终于长到不能再长的地步，因为需有极长的焦距，所以镜面的曲率也不能不改变，因此星像仍然免不了模糊，而且放大率也到了最高限度，不少的天文家乃再从事钻研，以谋另辟蹊径。1663 年格列高里（James Gregouy，1638—1675）曾论及可用球面镜反射光线到焦点上，再以二个凸透镜扩大之。可是格氏自己的磨镜技术不大高明，又没有良好的助手辅佐，所以始终没有制作出来。与格氏原理相类的回光望远镜（Refecting telescope）的第一个作者当推牛顿（Esaac Neuton，1642—

1727)，他的制法与格列高里稍有不同，先用一个铜锡合金铸成的抛物凹镜把星光集中，再用一个小平面镜使之反射到侧面而由目镜扩大，这具望远镜在 1668 年制成，小巧玲珑，径仅盈寸，却能放大 38 倍，至今仍存于英国学士院。牛顿对科学的贡献太多了，所以回光望远镜的制作反而不彰，其实牛顿即使没有其他科学上的贡献，这一架小望远镜已足以使他名不朽。

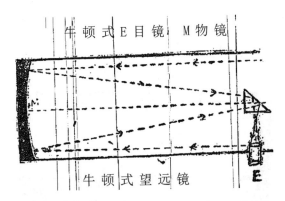

牛顿的回光镜一出世，立刻引起了学术界的大惊异，因为这种远镜不仅没有色像差，可使效率增强，而目镜面只需琢磨一面，较之折光镜，□减掉了不少技术上的困难。牛顿式回光镜出世不久，有一个法国人加斯克南（Cassigrain）又将格列高里式的远镜加以改良，制作及运用均较牛顿式方便，因此大为流行。可是牛顿式远镜也不甘示弱，1772 年哈德列（Hardrcy）制成直径 6 英寸，焦距 62 英寸半，放大 230 倍的大牛顿式回光望远镜，送到英国学士院，大得天文家的赞赏。

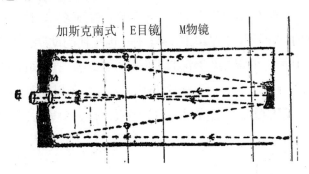

回光望远镜一出世，折光望远镜似乎该一蹶不振了，可是正如俗语所

云："山重水复疑无路，柳暗花明又一村"，18 世纪中叶英国人杜隆德（J. Dollond）发明了透镜消色法，用一块冕牌玻璃（Cormn glass①）制的凸透镜，和一块火石玻璃（Fliv glass②）制的凹透镜相结合，光线经过二个透镜折射两次，色像差自然消失，一息奄奄的折光镜，遂尔又有了一线新的生机，可是仍有一个重大难关，这就是当时工业进展的程度，尚不足以制出大块的火石玻璃，加以这时又出了一个制作回光望远镜的怪杰威廉·侯失勒（William Herschel，1738—1822），所以在 18 世纪的远镜竞争中仍是回光镜占了先着。

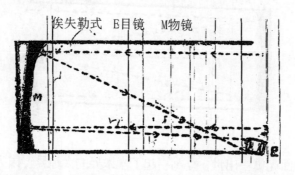

侯失勒是德国汉诺威（Hanover）地方人，原先本是一个音乐家，后来因为研究乐理，渐涉足于数学，又因数学而对天文发生了浓厚的兴趣。侯氏对天文书中所载的新奇事物，如月面的高山、木星的卫星等，亟想一见，可是要想见到这些天象，非借助于望远镜不可，侯失勒起初向友人借用，可是倍率太小，出资购置，又非穷音乐师的财力所能及，因此便计划自己磨镜，一方面可供自己观测，同时也可出售糊口，时为 1773 年，那时侯氏已有 35 岁了，这和中国廿七发奋读书的苏老泉，恰好东西媲美。

磨镜的生涯很苦，据侯氏的妹妹——也是他的助手、迦罗琳（Garo-line，1750—1848）的记载，磨镜的工作一开始，常常要经过十几小时，手不能停止，目不能旁视，可是侯氏乃甘之若饴，不以为苦。"为了持续他的生命"，迦罗琳写道："需要把食物强迫喂入他的口里去。"侯氏疲倦时，

---

① 编者补注：英文当作"Crown glass"。
② 编者补注：英文当作"Flint glass"。

迦罗琳则在一旁诵读《唐吉诃德》《天方夜谭》等小说给他听，娱悦他的心神。

磨镜的工作虽然这样辛苦，可是侯氏迄未少懈，最先磨成的镜长仅 7 尺，最后遂完成长 40 英尺的，大回光望远镜，镜的直径有 4 英尺，光镜面就有 2500 磅，其效能在当时堪称第一，即与今日的大望远镜相较，也决无逊色。侯氏终于藉自己磨琢的远镜之助，在 1781 年 3 月 13 日发现了天王星，后来又发现了土星，同时又根据观测的资料，创立了有名的"磨石宇宙说"，这使侯氏在天文界的地位得以奠定，而侯氏手制的望远镜也随之永垂不朽了。

下面的表，即是侯氏制作远镜的简史。

1773 年	开始回光镜的制作。
1774 年	完成长 5 英寸半的远镜。
1775 年	作口径 6 英寸半、长 7 英尺的远镜，其性能为当时第一。1781 年遂发现天王星。
1777 年	完成 10 英尺镜。
1778 年	改良 19 英尺镜。
1782 年	计划 20 英尺镜。
1783 年	完成口径 19 英寸、长 20 英尺的远镜，后来即用之来发现天王的两个卫星。
1783 年	计划 40 英尺镜。
1785 年	开始口径 4 英尺、长 40 英尺的大回光镜的工作。
1789 年 8 月	完成 40 英尺大望远镜。

（本表采自《宇宙壮观》）

在设计 40 英尺大望远镜时，侯氏不用格列哥里式，而改为稍稍倾斜大凹镜的底 [面]，而以目镜直接当其焦点，人则立在镜筒之口向内看，这样虽然所见为天球里部，而且星像也稍有歪斜，可是集光力特强，易于见到微光的星，土星最内侧的第一卫星（Mimas）和第二卫星（Enceladus）就是用 40 英尺镜发现的，这种型式的望远镜便称为侯失勒式望远镜。

原载于《中央日报·科学周刊》1946 年 8 月 21 日

天文望远镜发展简史（下）

正当回光镜因侯失勒的努力而蓬勃光大之际，折光镜却也因一个瑞士人奇南的努力而渐臻佳境。奇南苦心孤诣，以毕生精力研究大火石玻璃的制作，几至倾家荡产，终于有志竟成，在 1799 年制成了 4 英寸到 6 英寸的良好火石玻璃，使当时的天文家们惊异不止。1817 年德国人法朗霍亚（Fraunhofer，？—1826）制造 9 英寸半的消色透镜成功，折光镜的前途因此大放光明。优良的折光镜既然出世，回光镜便又遭了厄运。

原来回光镜效率本不如折光镜，镜面多半是用合金铸成，反射率既不高，镜面又易生晕，如果想要使它再变亮，必需重磨，重磨则将使焦点改变，势必重行装置，困难很多，不比折光镜，只须磨一次，便可永久使用。回光镜本身既有这么多的缺点，而折光镜又已突破难关，相形之下，不免瞠乎其后。但回光镜仍不甘示弱，在折光镜叱咤风云不可一世的时候，仍有拉塞尔（William Lassell，1799—1880）的 20 英尺镜和罗斯（Lord Rosse，1800—1867）的 60 英尺镜先后出现，其中罗斯的大望远镜口径达 6 英尺，集光力比侯失勒的 40 英尺镜大两倍，可是究竟不敌折光镜势盛，等到 19 世纪末美国芝加哥大学叶凯士天文台（Yerkes Obseruatry）的 40 英寸折光镜制成，回光望远镜一时竟有相形见绌之势。

叶凯士天文台 40 英寸大望远镜制作的主持人海鲁（George Ellery Hale，1868—1938）而解囊输将的，却是一位芝加哥的电车商人叶凯士（Yerkes）。这位商人适逢财政上的难关，信用一落千丈，资金几已周转不灵，这时海鲁却正向他磋商建筑天文台的费用问题，如果换上一个眼光短浅的商人，一定要拒之唯恐不及，可是叶凯士却慨然以担负一切建设费用自任，而且宣言计划制造的望远镜，要为世界史最伟大的一具。这个消息一传出去，人人都以为叶凯士资力尚雄，否则决不肯负担这一座大天文台的建造费用，因此信用得以恢复，经济难关也安然渡过，而宏伟壮丽的叶凯士天文台，亦于 1897 年宣告完成，台中的 40 英寸大折光望远镜，长达 60 英尺，重 6 吨，安置它的圆顶室直径达 90 英尺。只镜片一项已耗 10 余万美金，直到今天，仍在世界各大折光镜中占第一位。

可是天无绝人之路，回光镜这时也否极泰来，1835 年玻璃面镀银的方法发明，1857 年便应用于回光镜的制作。以镀银的玻璃作镜面，不仅可得较大的反射率，而且若果镜面生昙，还可以随时镀银，不致因此即改变远镜的焦点，故谓回光镜遂又为人所重视。海鲁氏有鉴于此，遂说动了卡内基基金会（Carregei Institution of Washington），在美国加利福利亚州的威尔逊山（Mt.Wilson）鸠工兴建大天文台，中置百英寸回光望远镜。这座望远镜于 1919 年完成，迄今仍雄视世界，无与抗者。

百尺竿头，更进一步，威尔逊山百寸镜完成才 10 年，1928 年在海鲁氏长才筹划之下又有 200 英寸大回光镜的制作计划。首先是海鲁氏于 1927 年在《哈柏氏杂志》（Harpers Magazine）上发了一篇文章，力言大望远镜制造之必要，美国教育部长罗斯（Wiekliff Rose）从而赞助之，几经波折，终于得到卡内基研究所的协助，及煤油大王洛克菲勒支持下的国际教育基金会 600 万美金的辅助，工作的中工则由加省学院（Calitornia Institute of Technology）主持，镜片的制造则由汤姆生（Eilhn Thomson）计划，首先用□[1]，但因熔铸的玻璃面易破裂而失败。1931 年乃改用派勒克斯玻璃（Pyrex glass），因其澎胀系数小，便于作精密的观测，这块镜面需用玻璃 65 吨，由纽约的柯林（Corning）玻璃厂承造，在麦柯来（Mceauley）的领导下先制成了 66 公分及 1 公尺 3 万[2] 的玻璃，然后再开始制 200 英寸的大玻璃，失败数次，终于铸成，冷却了 11 个月，其中遭

---

① 编者补注：原文"用"后无字，似有不通。"用"的宾语可能是一种普通的光学用玻璃。

② 编者补注：原文如此。多方查考，未能核到这个数字。疑"3 万"为衍文。另一种可能是"3 万"前脱一尺寸数字，"万"当作"种"。因海鲁（现多译为海尔）设计过三种口径的三架望远镜。

了一次水灾，几乎全功尽弃。1935 年 12 月 8 日全部冷却，开始琢磨，琢磨时需随时检验，不能有四十万分之一毫米以上的误差，镜面则预备镀铝，比镀银更好，预计镜座、镜架等装置共 500 吨，可是异常灵活，只需四分之一匹马力就可使之转动。效率极高，能见到的微星有 20 万万颗。

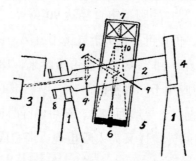

即将完成之200英寸镜筒图

1 基座	2 轴	3 恒温室
4 马蹄形铁	5 200英寸镜	6 Cassegrain焦点
7 镜焦点	8 时圈	9 平面镜
10 凸镜		

这座 200 英寸大望远镜原来预计在 1939 年完成，可是因战争关系停顿了很久，现在又继续开始进行了。预计还需一年半才能完成。大镜面早已铸成，帕鲁玛山（Mt.Ploma）天文台的设备也泰半完竣，所差者仅是镜面的琢磨工作。主持人海鲁氏虽未及亲见远镜落成，而于 1938 年作古，可是帕鲁玛山的天文台名称已内定为海鲁天文台，半生精力均从事于远镜制作工作的海鲁，听到了这个消息在冥冥之中也该含笑吧。

远镜的制作，日新月异，美国加省工艺学院又计划 48 英寸的斯密特（Schmiat）远镜的制作。这种新型远镜直径虽只有 48 英寸，可是却有 72 英寸的镜面，能率据说较帕鲁玛山的 200 英寸镜尤高，至于折光镜，因为琢磨困难，所以最近没有新的制作计划。据说地面的空气状况，不能适合 300 英寸以上的大望远镜，所以望远镜的前途如何，一时尚难逆料。

一部天文远镜发展史，可以说是折光镜与回光镜的竞争史，每一种型式都有其光辉时代，殆至弱点逐渐暴露，而为他种远镜所胜过时，便会有一时期销声匿迹，此起彼落，至为消长。现在将二者竞争的经过作一简表，以作本文的结束。

年代	折光镜	回光镜
1609	迦里略远镜出世	
1613	刻白尔远镜实现	
1663		格勒高里式镜发明
1668		牛顿式镜发明
1772		加斯克南之改良
1757	杜伦德发明消色法	
1789		侯失勒氏远镜发明
1817	法郎霍亚的成功	
1857		斯坦页尔用镀银玻璃为镜面
1897	叶凯士天文台40英寸大折光镜完成	
1918		威尔逊山百英寸镜完成
1946		48英寸斯密特远镜镜面完成
1947（?）		帕鲁玛山200英寸镜完成

（本表依据《宇宙壮观》）

本文参考书

Berry Shourj *History of Astronomy*[1]

张钰哲《天文学论丛》（商务）

山本一清著，陈遵妫编译《宇宙壮观》（商务）

朱文鑫《天文学小史》

张钰哲《手创五天文台之海鲁氏（1868—1938)》（《宇宙》十六卷八—十二页）

原载于《中央日报·科学周刊》1946年8月28日

---

① 编者补注：条件所限，我们未能核对到该英文文献。

对"正确估价农民起义在历史上的作用"一文的意见

（一）

孙祚民和范学懿同志所写的《正确估价农民起义在历史上的作用》①一文的基本论点是正确的。可是，在分析某些具体史实，特别是分析王小波李顺起义及唐赛儿起义的史实来证明自己的论点时，却犯了方法上的错误。

孙、范二同志的错误表现在以下的两个方面。

按照作者的意见，这两次起义都沉重地打击了统治阶级，迫使他们向农民让步，从而促进了生产的繁荣和发展。可是，作者在分析这两次起义的作用时，丝毫没有考虑到当时复杂的历史条件，特别是在当时社会发展中起着主要作用的历史条件。而把主要是这些条件所促成的社会经济的繁荣与发展，完全当成了这两次起义的后果。

其次，为了证实上述的意见，作者又随意地不加分析地摘引了一些史实。其实这些史实却往往与这两次起义不相干。

这样，作者对这两次起义的作用的分析就不仅片面，而且毫无根据了。

（二）

结束五代十国纷争割据局面的北宋王朝，在封建经济进一步发展的基础上，实行高度的中央集权政策，大大地抑制了地方割据势力，统一了全

---

① 《光明日报》副刊《史学》80 号，1956 年 4 月 12 日。

国，并且采取了某些恢复和发展农业生产的措施，社会因此得到安定。在统一和安定的环境下，勤劳的中国人民积极从事生产劳动，使社会经济得到繁荣和发展，出现了孙、范文中所提到的"百姓康乐，户口蕃庶，田野日辟"的景象。

可是，作者丝毫也没有考虑到上述的那些历史条件，不把北宋社会经济的发展看作主要是统一和安定的后果，反而完全归因于爆发在四川一地的王小波李顺起义，及起义后统治阶级所实行的对农民的让步政策。这无疑是片面的。

为了证明自己的论点，作者首先引《宋史·食货志》的"至于太宗，国用殷实，轻赋薄敛之制，日与群臣讲求而行之"[1] 这段话，来证明宋太宗从农民起义接受教训。可是这段话是《食货志》一开头泛论两宋各朝经济状况中的一段，从上下文意来看，很清楚地是指宋太宗在位的全部时期（976—997）。而王小波李顺起义却爆发在淳化四年（993），即宋太宗在位的末期。因此，《食货志》的这段话，充其量只能说明宋太宗在位时比较注意减轻人民的负担，却不能用来证明宋太宗在王小波李顺起义之后有了对农民让步的思想。

作者既而又从《宋史·太宗纪》中摘引了至道元年（995）二月的"蠲襄、唐、均、汝、随、邓、归、峡等州去年逋租，振亳州、房州、光化军饥，遣使贷之"；七月（孙、范文误作六月）的"除陈、许等九州及光化军今年夏税"；至道二年（996）七月的"蠲峡路诸州民去年逋租"；"诏江浙福建：民负人钱，没入男女者还其家，敢匿者有罪"等条，来证明北宋统治者在这次起义之后采取了对农民让步的措施。

这种说法也是没有根据的。除去"蠲峡路诸州民去年逋租"一条外，这种在安徽、河南、湖北等部分地区所一时实行的蠲赋、赈灾的措施，实在看不出和爆发在四川地区的农民起义有什么必然的联系。也没有根据说这就是北宋统治者所实行的对农民让步的政策。而且，类似这样的蠲赋、

---

[1] 《宋史》卷173《食货志上一》。孙、范文的引文辞句与此稍有不同，但翻遍《宋史》卷173，有关记载只此一处，想孙、范文当即据此。

赈灾等记载，在宋代史籍中是屡见不鲜的。仅据《宋史·本纪》，太祖时的这类记载就有四十条左右，太宗时期，王小波李顺起义前后各有十几条。《续资治通鉴长编》（以下简称《长编》——编著）中的这类记载还要多些，而且许多是见于《宋史》不见于《长编》，或见于《长编》不见于《宋史》的。因此，这类记载实际上要比前引数字多得多。对于这种蠲赋、赈灾的措施，《宋史·食货志》曾经解释说："宋克平诸国，每以'恤民'为先务。……一遇水旱徭役，则蠲除倚格，殆无虚岁。倚格者后或凶歉，亦辄蠲之。"① 把它当作北宋开国以来一贯实行的政策。不论这种解释是否符合当时的真实情况，但这种蠲赋、赈灾的措施不是从王小波李顺起义之后才有、不是这次起义的后果，却是极显明的。

应当提到，在这次起义爆发以后，北宋政府在淳化五年（994）二月，曾"诏除剑南东西川、峡路诸州主吏民卒淳化五年以前逋负"②。不久之后，宋太宗又曾在同年九月下诏罪己，说他"委任不当，烛理不明，致彼亲民之官，不以惠和为政，筦榷之吏，唯用刻削为功"；因此激起农民起义，今后他要"念兹失德，是务责躬，改为更张，永鉴前弊"③。可是，也就在同年的四月，他又下诏坚决镇压起义："其贼党敢抗王师者，即须杀戮。"④ 而宋军就是在这一血腥的指示下，"杀人如戏谑"，"争先谋剽掠"⑤，对四川人民展开了残酷的镇压和屠杀。因此，这两条记载与其看成是北宋统治者慑于农民威力而让步的证据，不如看作是北宋统治者辅助屠杀镇压政策的一种欺骗分化手段。

事实上，北宋统治者并没有从这次起义中接受多少教训。与农民们在社会统一和安定的环境下辛勤劳动，促使社会经济繁荣的同时，北宋统治者却是"田制不立，畎亩转易"⑥，放任地主兼并土地，以致形成十一世

---

① 《宋史》卷174《食货志上二》。

② 《宋史》卷5《太宗纪二》。

③ 《长编》卷36。淳化五年九月丁丑。

④ 《宋史》卷466《宦者二·王继恩传》。

⑤ 张咏：《乖崖集》卷2《悼蜀诗》。

⑥ 马端临：《文献通考》卷4《田赋考四》。

纪初仁宗时期的“势官富姓，占田无限，兼并冒伪，习以成俗”①的局面。而北宋政府自己也是“恩逮于百官者，惟恐其不足，财取于万民者，不留其有余”②，日益加重对人民的剥削，用朱熹的话说，是“古者刻剥之法，本朝皆备”③。因此促成了北宋中期以后阶级矛盾的尖锐，导致了严重的社会危机。

可是，作者在谈到真宗仁宗之际的社会经济的繁荣时，不仅完全忽视了上述的这个历史发展的重要方面，反而把农民积极努力生产而造成的社会经济繁荣完全当作是北宋统治阶级向农民让步的后果，这种看法的错误是极显然的。

（三）

在对明初唐赛儿起义的分析上，作者也犯了类似的错误。

元末农民大起义不仅沉重地打击了元朝统治者及地主阶级，并且使在起义基础上统一全国的明太祖深深接受了农民大起义的教训，采取了许多积极恢复和发展生产的措施，在颇大的程度上满足了农民的要求，照顾了农民的利益，因此明太祖的事业对中国社会的发展起了很大的促进作用。明成祖在许多方面，也还能继承他的政策。这就促进了明初社会经济的繁荣和发展。

可是作者完全忽视了明初社会经济的繁荣和发展主要是元末农民起义及明初统治者特别是明太祖的政策的后果，过分地夸大了局限在山东一地、规模较小、时间不长的唐赛儿起义的作用。认为明朝统治者只是在这次起义后才得到深刻的教训，才开始实行对农民让步的政策。而社会经济的繁荣与发展也完全是这次起义，在这次起义后统治阶级的让步政策的后果。这无疑地同样是片面的。

---

① 《宋史》卷 173《食货志上一》。

② 赵翼：《廿二史札记》卷 25，“宋制禄之厚”。

③ 朱熹：《朱子语类》卷 110《论兵篇》。

为了证明自己的意见，作者引《明史·成祖纪》永乐十九年（1421）四月的"诏罢不便于民及不急诸务，蠲十七年以前逋赋，免去年被灾钱粮"一条，把它当作是明成祖对农民让步的措施。

其实，和宋初一样，这种蠲赋、赈灾等措施和言论，在明代史籍中也是屡见不鲜的。仅据《明史》本纪，太祖及建文帝时的这类记载就有一百条左右，成祖时期，唐赛儿起义以前有五十多条，起义后近十条。《明成祖实录》中这类记载更多，起义前在二百条以上，起义后也有三十条左右。因此，这种罢不便于民及不急诸务、蠲赋、赈灾的记载，显然不是唐赛儿起义后才实行的对农民让步的措施。

至于这条记载本身，不仅看不出和唐赛儿起义有什么必然的联系，而且如果翻检一下《明实录》，就可以发现，这是一道因为皇宫失火而下的罪己诏。

永乐十九年四月，离明成祖正式迁都北京才三个多月，新建皇宫中的奉天、华盖、谨身三殿就发生了火灾。这对统治阶级来说是一件大事。起火后的第三天，明成祖就为这事要求臣下如认为他的行为"果有不当、宜条陈无隐，庶图悛改，以回天意"。① 几天之后又下诏说："永乐十九年四月初八日，奉天等三殿灾。朕怀兢惧，莫究所由，固朕不德之所致欤？抑任用匪人而致然欤？今诏告中外，凡有不便于民及诸不急之务者，悉皆停止。用苏困惫，仰答天心。所有事宜，条示于后：一、各处永乐十七年以前拖欠税粮、课程、盐课、马草等项，及十八年被灾田地粮草，悉皆蠲免。……"② 底下还有类似的减免负担及政治改革的条文十四条。

下诏的目的是极明显的，是要"以回天意""仰答天心"。这种统治阶级下诏罪己的把戏是常有的事。诏书的内容也不新鲜。例如唐赛儿起义前的永乐十三年（1415）正月的敕谕内外诸官司③ 及起义后的永乐十九年正月为迁都北京而大赦天下的诏书④ 的内容都与此相似。由此可见，永乐

---

① 《明太宗实录》卷 236，永乐十九年四月壬寅。
② 《明太宗实录》卷 236，永乐十九年四月乙巳。
③ 《明太宗实录》卷 160，永乐十三年正月辛丑。
④ 《明太宗实录》卷 233，永乐十九年正月戊寅。

十九年四月的诏书与唐赛儿起义实在没有什么关系，也不是什么接受农民
起义教训而采取的让步措施。

（四）

王小波李顺起义、唐赛儿起义以及其他一些被镇压下去的农民起义在
历史上的作用，是值得我们仔细研究的问题。但是，应当采用正确的研究
方法，不能忘记事物的"基本的历史上的联系"①，应当"凭客观存在的事
实，详细地占有材料，在马克思列宁主义一般原理的指导下，从这些材料
中引出正确的结论"②，孙祚民、范学懿同志不是采取这样的方法，他们忘
记了"基本的历史上的联系"，"对事物作孤立的、即片面的畸形曲解的考
察"③因此得出了不正确的结论。为了证明这种结论，孙、范二同志又随
意地"引用单个例子与单个材料来加以证明"，殊不知"在社会生活现象
极端复杂的情形下"，是"随时都可以找得任何数量的例子或单个事实来
证实任何一种意见的"④。而且，"如果事实是被割裂的或任意造作的，那
末这些事实只不过是些玩艺儿或者是某些更坏的东西而已"⑤。这样一种脱
离具体历史条件，孤立看待历史事实，随意引证史料的研究方法，实际上
也就是实用主义的方法。是我们在史学研究工作中应当反对和批判的。

原载于《光明日报》副刊《史学》84 期，1956 年 6 月 7 日

---

① 列宁：《论国家》，《论马克思恩格斯及马克思主义》，唯真译校，人民出版社1949年版，
第 407—408 页。

② 毛泽东：《改造我们的学习》，《毛泽东选集》第 3 卷，第 801 页。

③ 列宁：《第二国际底破产》，《列宁文集》第四册，人民出版社 1954 年版，第 82 页。

④ 列宁：《帝国主义是资本主义底最高阶段》法文版与德文版序言，解放社 1950 年版，
第 10 页。

⑤ 列宁：《统计学与社会学》，《列宁全集》第 23 卷，第四版俄文本，第 266 页。编者补注：
我们未能核对到俄文本正文保留原貌，现将中译本对应文字附录于此，供读者参考："如
果不是从全部总和、不是从联系中去掌握事实，而是片断的和随便挑出来的，那末事实
就只能是一种儿戏，或者甚至连儿戏也不如。"——人民出版社 1958 年版，第 279 页。

对于唐代租庸调数量讨论的几点零碎意见

看了张旭光、唐森二先生讨论唐代租庸调数量的文章（见《史学月刊》1958 年第 2 期和第 5 期），我谈不上有什么新的意见，只想摘录一点资料，供张、唐二先生讨论时参考。

（一）《新唐书》租庸调数量记载的错误

唐代租庸调数量的文献记载，基本上是两类。一类是《通典》、《唐会要》（以下简称《会要》——编者注）、《旧唐书》、《唐律疏议》、《唐六典》等书的记载，其主要内容是：

租：粟二石。

调：绫、绢、绝各二丈，布加五分之一。

庸：二旬、不役，每日折绢三尺，加役十五日免调，三十日租调俱免。

另一类只见于《新唐书》，主要内容是：

租：粟二斛、稻三斛。

调：绢二匹、绫绝二丈，布加五分之一。

庸：二旬，加役二十五日免调，三十日租调皆免。

至于《资治通鉴》（以下简称《通鉴》——编者注）、《文献通考》（以下简称《通考》——编者注）所载武德二年赋役之制，作："租二石，绢二匹，绵三两，自兹以外，不得横有调敛。"当与《通典》《会要》的记载是同一个来源（《通考》作者已明言系采自《通典》《会要》）。而非如张旭光先生文中所谓系受《新唐书》影响而采用其中一部分说法（至于《通考》关于加役免租调办法的记载，虽采自《新唐书》，但引入武德七年所颁布的均田赋役制度之下，与上述的武德二年之制无涉）。

因为，第一，《通鉴》《通考》此段记载文字与《会要》几乎全同，唯绢二丈作二匹（另外《通鉴》前面多"初定绢庸调法"一句）当系抄录比《新唐书》早出的《会要》原文。

第二，《通鉴》《通考》将《会要》之绢二丈改为二匹，并非依据《新唐书》。成书在《新唐书》之前的《册府元龟》卷487《邦计部》"赋税"条所载武德二年之制，亦作绢二匹，即可证明。

第三，《册府元龟》《通鉴》《通考》的绢二匹的"匹"字，不是误字或臆改。唐代徭役折庸日绢三尺，二十日共为六丈，加上调绢二丈，共为八丈，即两匹。唐时常有把庸调合并计算为一丁每年纳绢二匹的习惯，如《会要》卷90"缘封杂记"载韦嗣立在中宗景龙二年（708）奏论食实封户的一道疏云："昨闻户部云：用六十余万丁，一丁两匹，计一百二十万匹以上。"《通典》卷6《赋税下》载天宝中计账云："约计出丝绵郡县，计三百七十余万丁，庸调输绢约七百四十余万匹（每丁计两匹）。"《册府元龟》《通鉴》《通考》所载武德二年制，在租二石之后，只笼统地提到绢二匹，而未分别提出调与庸（或徭役）的数量，而下面又言"自兹以外，不得横有调敛"，明确地指出赋役负担，已尽于此。则三书所谓的绢二匹，当系包括了调与庸二者而言。《通鉴》所加的"初定租庸调法"一句，实在是很恰当的。至于《会要》"绢二丈"的记载，是对会文记载有遗漏，还是误字，那就不得而知了。

因此，在十几种关于唐代租庸调数量的记载中，只有《新唐书》一种与其他记载不合。

《新唐书》记载的错误，清代卢文弨在其所著的《钟山札记》"《新唐书·食货志》之误"条就已指出（《二十二史考异》卷45尝引此条）。邓广铭先生在《唐代租庸调法研究》一文（《历史研究》1954年第4期）中不仅将卢文弨的论点录出，而且对《新唐书》调与庸的记载的错误，又作了两点重要的补充。因此，关于《新唐书》所载唐代租庸调数量的错误，史学界可说已经有了定论，这是张旭光先生论到这个问题时可以注意的。

（二）《唐律疏议》成书的年代

唐森先生认定《唐律疏议》一书是高宗永徽四年（653）写成。但实际上今本《唐律疏议》写定年代是玄宗开元二十五年（737）。这个问题经日人佐藤诚实、牧野巽、仁井田陞等人的研究。可说已成定论。

唐代曾多次修改律令，开元二十二年（734）由李林甫等负责的是规模比较大的一次。这次修改到开元二十五年告成。其经过在《通典》《会要》《旧唐书》《册府元龟》等书中均有记载。奏上的文件中包括《律疏》三十卷，这就是现行的《唐律疏议》。

这一点，由今本《唐律疏议》中有大量永徽四年之后的材料可以证明，例如：

今本《唐律疏议》（以下简称《疏议》——编者注）凡玺皆作宝，改玺为宝是开元时的事，《疏议》卷1更明言"开元岁中改玺曰宝。"

《疏议》卷19载："依公式令，下诸方传符两京及北都留守为麟符。"据《旧唐书》卷4《高宗纪》：显庆二年（657）十二月，"手诏改洛阳宫为东都。"自后洛阳才与长安并称为两京。又据《旧唐书》卷39《地理志二》"北京太原府"条："（武则天）天授元年（690），（于太原）置北都，兼都督府。开元十一年（723）又置北都，改并州为太原府。"则两京与北都的称呼都是永徽四年以后才出现的。

《疏议》卷7载："驾在大明，兴庆宫及东都。"除东都已见前述外，据《旧唐书》卷38《地理志》"京师"条载："东内曰大明宫，……高宗龙朔二年（662）年置。""南内曰兴庆宫，……本玄宗在藩时宅也。"则大明、兴庆二宫之置，也都是永徽四年以后的事。

又，《疏议》中尝出现丞相的称呼，《旧唐书》卷42《职官志》："开元元年十二月，改尚书左右仆射为左右丞相。……天宝元年二月，……左右丞相依旧为仆射。"也是《疏议》或成于开元年间的证据。

敦煌曾经发现过二种唐代律疏残卷，其中之一卷末记有撰上年月日及撰定者（李林甫等），当为开元二十五年奏上的律疏无疑，另一种据考定，也是开元二十五年律疏残卷。这两种律疏残卷的文字与今本《疏议》几乎全同。其不同之处，与其当作是前后删定之本的不同，不如看成是同一唐本传抄时的差异。这也是今本《疏议》为开元二十五年改修之本的一个有力证据。

因此，《疏议》成书的年代不仅不比《唐六典》早，而且据日人仁井田陞研究（见其所著《唐令拾遗》），《疏议》所载者为开元二十五年改修之律令而《唐六典》所载的却是开元七年（或四年）颁行的令文。从所载律令颁行的年代看，还是《唐六典》保存了较早的材料。

可见，不能像唐森先生那样，认定《疏议》比《唐六典》成书年代早，因此史料价值就高。

（三）《唐六典》成书的年代

据张旭光先生的意见，《唐六典》成书的年代约在开元二十一年（733）以前，但未见申述根据。唐森先生据岑仲勉先生的说法，认为是开元二十五年成书。

但是，目前比较常见的记载，都没有作开元二十一年或二十五年成书的。刘肃《大唐新语》卷9《著述类》，《新唐书》卷58《艺文志二》"去史部职官类六典"条，陈振孙《直斋书录解题》引韦述《集贤记注》等均作开元二十六年奏上。《唐会要》卷36《修撰》之部则作二十七年奏上。

《唐六典》卷10"秘书省著作局著作佐郎"条注载："开元二十六年减置二人。""校书郎"条注载："开元二十六年减置一人。"据《旧唐书》卷9《玄宗纪下》载："开元二十六年三月己巳朔，减秘书省校书正字官员。"当即与《唐六典》所载者为同一事。这是《唐六典》不成于二十五年的最重要证据。

又，《唐六典》卷首有"玄宗御撰，集贤院学士兵部尚书兼中书令修国史上柱国开国公臣李林甫等奉敕注上"。据《旧唐书》卷8及卷9《玄宗纪》，李林甫任兵部尚书的时间是从开元二十四年七月到开元二十七年四月，其后即由兵部尚书改任吏部尚书。

由上可知，这部书的奏上时间当在减秘书省校书正字官员之后，李林甫改任吏部尚书之前，即开元二十六年三月至开元二十七年四月之间（即738—759）。

对于这个问题，陈寅恪先生与日人加藤繁、仁井田陞、玉井是博等均有论述（岑仲勉先生未从此说，而认为是开元二十五年成书，可能另有所据，但未见申述）。陈寅恪先生的《隋唐制度渊源略论稿》目前不是难找的书，张、唐二先生撰文时，似乎不妨参阅一下。

另外，唐先生在比较隋唐剥削率的轻重时，几乎完全采用了岑仲勉先生《租庸调与均田有无关系》一文（《历史研究》1955 年第 5 期）中的意见，这似乎也有注明的必要。

原载于《史学月刊》1958 年第 8 期，署名为武慰萱

明嘉靖中期的倭患与东南人民的抗倭斗争

一

从十四世纪到十六世纪的三百多年间，亚洲大陆东部沿海地区，北起朝鲜，南迄越南，不断遭到日本海盗的劫掠。这种海盗，历史上称之为倭寇。倭寇活动最猖獗的时候，是在十六世纪中叶，即明世宗嘉靖年间，当时，中国经济文化最发达的江苏、浙江、福建等省，受害最烈。

倭寇形成的原因是这样的。十三四世纪以后，明朝国内的工商业有了一定程度的发展；日本也由于社会经济的发展，自给自足的庄园经济渐趋解体，手工业、商业和货币经济发展起来，这就刺激了两国贸易的扩大。当时日本需要量很大的铜钱多系从中国输入，此外还从中国输入生丝、丝绵、铁器、磁器、药材等产品；日本则向中国输出刀剑、铜、硫黄、漆器等物品，此外，还将从爪哇、菲律宾等处贩运来的胡椒，从琉球输入的苏木等货物转向中国输出。这些贸易主要采取日本"入贡"及明政府赏赐的方式在两国政府之间进行。为了防止走私和骚扰，明政府对两国之间的贸易作了严格的限制，贡期、船数及人数都有规定，贡船还必须持有明政府颁给日本政府的勘合（贸易执照），并不得携带武器。

另一方面，日本的足利氏建立的室町幕府虽然在十四世纪末统一了分裂的南北朝，但足利氏政权比较软弱，无力真正结束分裂割据的局面。各地的封建藩侯和寺院，为了加强自己的经济力量，解决战争中带来的财政困难，并且满足自己的贪欲，他们不能满足于受着严格控制的日明两国之间的正式贸易，就组织并支持自己境内的失业武士（即所谓"浪人"）、商人以及一些破产农民，乘船到中国沿海一带来，时而进行走私贸易，时而进行抢掠。甚至贡船也往往假"入贡"之名，进行海盗活动，"得间，则张其戎器，而肆侵暴；不得间，则陈其方物，而称朝贡。侵夷则卷民财，朝贡则蠹国赐。"① 这就形成了倭寇。

但明代所称的倭寇——这一海盗集团并不只是日本人。元末割据东南沿海地区的张士诚、方国珍余部、海寇、流氓、奸商以及汉奸地主官僚，也和倭寇勾结起来，甚至参加抢掠，成为倭寇的一部分。一度形成"倭居十三，而中国叛逆居十七"② 的局面。倭寇由于得到这些汉奸分子的帮助，就更加猖獗，对东南沿海人民的危害也就愈加深重。

明朝初年，明政府对倭寇采取了各种积极的防御措施，明太祖时曾在沿海设置卫所，增筑城寨数十处，征民七万余人为卫所军，又在各卫所之间置巡检司，编练民兵，与卫所互相策应。此后卫所、墩堡、烽堠又续有增设，沿海防务，相当巩固。对于入侵的倭寇，明政府也积极予以打击。明成祖永乐十七年（1419），倭寇二千余人在辽东的望海埚登陆，遭到明军歼灭性的打击。由于明初国力强盛，又比较注意海防，所以倭寇未为大患。

可是，从成化、弘治以后，倭寇的活动渐渐猖獗起来，到嘉靖时达于顶点。这原因，可以从日本和中国两方面来看。

十五世纪下半期以后，日本处在分裂割据的"战国时期"，足利氏的室町幕府已经名存实亡。随着封建地方经济的发展与城市和商业的发达，大小封建藩侯的贪欲也愈益增长，需要经过足利氏政权而又受着严格限制的勘合贸易愈益不能使他们满足，于是他们就更积极地组织与支持倭寇对中国沿海进行走私与掠夺。

在中国方面，从正统年间开始的明朝统治的危机，到正德、嘉靖年间发展到十分严重的程度，因而大大削弱了中国的国防力量。

---

① 严从简：《殊域周咨录》卷 2《东夷·日本国》。

② 《嘉靖东南平倭通录》。

首先，在经济方面，明朝中叶以后，土地兼并日益剧烈。正德时，皇庄增到三百多处，贵族豪强占田更多，成化时"大同、宣府等处膏腴土田，无虑数十万顷，悉为豪强占种……其八府良田，又多为势要之家……日渐侵削，失业之民控制无所"①。与农民失去土地同时，赋役负担也日益苛重，由于官僚贵族与豪强地主的占夺欺隐，弘治间赋田数字，较洪武时减少四百二十七万余顷，即将近一半，可是税粮总额却与洪武时相差无几，因此，保有一小块土地的农民的田赋负担，较过去增加了一倍。再加上田赋逐渐从米粮折为白银，准折比率从正统元年（1436）的米麦一石折银二钱五分，变为成化二十三年（1487）的一石折银一两，田赋负担又无形之中提高了三倍。此外，役法也日益混乱苛重。这就在在促使农民破产和流亡。

在这样残酷的剥削下，阶级矛盾尖锐起来，从正统年间开始，全国各地就不断爆发农民起义，其中规模较大的有正统时的叶宗留、邓茂七起义，成化时的荆襄禁山地区流民起义，正德时的刘六、刘七起义与四川、江西等地的农民起义，这些起义大大削弱了明政府的统治力量，而且，由于明政府用全力对内，沿海的防务遂荒弛下来。

其次，政治的腐败黑暗到明中叶时也达于极点。皇帝十分荒淫昏庸，从宪宗到世宗，很少亲理朝政。武宗的荒淫在中国历史上是有名的，世宗的昏愦荒淫也不下于武宗。贵族官吏数量十分庞大，以至全国夏税秋粮尚不够这一庞大的寄生集团的花销，造成"王府久缺禄米，卫所缺月粮，各边缺军饷，各省缺俸廪"②的奇异现象。

大小官吏的贪污昏愦，造成了政治的极度黑暗。嘉靖时严嵩及其子世蕃专权，"凡文武迁擢，不论可否；但衡金之多寡而畀之。将弁惟贿嵩，不得不胺削士卒；有司惟贿嵩，不得不剖克百姓。士卒失所，百姓流离"③。户部岁发边饷，竟以十分之六馈嵩，十分之四输边。甚至许多通倭

① 《明宪宗实录》卷 156。成化十二年八月庚辰。

② 郑晓：《今言》卷 2。

③ 《明史》卷 209《杨继盛传》。

大僚如福建巡抚阮鹗等，亦以贿嵩免罪，倭寇首领王直亦尝托人送严嵩父子十万金，冀得授指挥衔。后来，严嵩被另一派官僚攻倒，籍没家财金三万二千九百余两，银二百三十五万九千余两，其中竟有王直求和所易的龙卵猫睛诸奇货。以严嵩为首的官僚集团的贪暴不仅使得政治愈加腐败，政府愈加无能，而且由于他们的纵容和私通倭寇，还直接助长了倭寇的声势与气焰。

再次，在经济与政治危机的激荡下，明朝的国防力量也空前地削弱了。卫所屯田多被豪强官僚与将校所侵夺，卫所军丁多被他们所占役，卫所军官又多方克扣军饷，甚至向军士勒索月钱，这就引起大批军士逃亡。正统三年（1438）逃军数目竟达一百二十余万人，占卫所原额二百七十余万人的五分之二以上。嘉靖时，海防前线的辽东、山东、浙江、福建、广东诸卫所平均每卫只 1797 人，仅占原额五千六百人的 32% 左右[1]。而这些虚占军籍的人，又多无战斗力，"补伍食粮，则反为疲癃残疾，老弱不堪之辈，军伍不振，战守无资"[2]。至于器械的窳败，自不待言，例如沿海战船，几乎仅十存一二，急则募渔船充数，倭船至辄望风逃窜。因此，几千里长的海岸线上，几乎没有丝毫防卫力量。再加上正统后，北方的瓦剌、鞑靼更番入寇，明政府全力对付北方的敌人，东南沿海的防御更为废弛。这就便利了倭寇的大举入侵。

二

嘉靖二年（1523），日本的封建主大内氏遣贡使宗设、谦道前来宁波通贡。另一封建主细川氏也遣贡使瑞佐、宋素卿前来。宗设等先到，但宋素卿等贿赂市舶司太监，反得先阅货验发，宴会时又坐于宗设等之上。因而引起械斗凶杀。宗设等一直追宋素卿等到绍兴，又从绍兴杀回宁波，夺

---

① 参阅陈懋恒：《明代倭寇考略》，人民出版社 1957 年版，第 35—36 页。

② 胡宗宪：《筹海图编》卷 11《经略一·军伍》录谭纶语。

船入海，沿途杀掠，明备倭都指挥刘锦等被害，人民生命财产损失惨重，浙中大震。这就是所谓"争贡之役"。

"争贡之役"发生后，明政府从给事中夏言议，罢市舶司，严海禁。这种消极措施断绝了双方的正当贸易，走私活动因而更加猖獗起来。沿海奸商及势家由于有利可图而纷纷参加走私活动。他们代倭商买卖货物，常常拖欠或吞没倭商的货款，至使倭商怨恨，进行劫掠。有的奸商如许栋、李光头、王直等人更与倭寇勾结起来从事抢掠。于是北到山东、南到闽广的广大沿海地区，都成了倭寇肆掠的场所。

倭寇对东南沿海地区的破坏是极严重的。如王直倭党"流劫两浙诸郡邑，三四年间，吏民死锋镝填沟壑者，亦且数十万"①。嘉靖三十二年（1553），王直倭党从闰三月中到六月中，在江浙地区流劫三个月。如太仓、海盐、嘉定诸州县，金山、青山、钱仓诸卫所，皆被焚掠；上海县、昌国卫、南汇、吴淞江、乍浦、嵊屿诸所皆被攻陷；崇昭、华亭、青浦、象山、嘉兴、平湖、海宁、临海、黄岩、慈溪、山阴、会稽、余姚等县，焚荡略尽。"凡吴越所经村落市井，昔称人物阜繁，积聚殷富者，半为丘墟，暴骨如莽"②。焚杀抢劫之外，又掳走大批人口。江浙一带从宋以来，就是中国经济最发达的地区，倭寇的焚杀，不仅使人民的生命财产遭受惨重损失，而且也给中国社会经济发展带来极不良的影响。

嘉靖二十六年（1547），明政府对倭寇采取积极措施，派朱纨为都御史，巡抚浙江，兼摄福、兴、泉、漳，统一领导浙、闽防务。朱纨到任后，一方面认真整顿海防，派福建都指挥卢镗等率军进攻倭寇，经过多次战斗，取得很大胜利，李光头被擒，许栋被杀，倭寇长年盘踞的巢穴双屿也被明军攻克；另一方面他大力打击通倭的奸商势家，并且杀掉一批罪恶昭著的汉奸。这些措施遭到私通倭寇以获巨利的官僚势家的反对，他们指使在朝的浙、闽籍官僚群起攻击朱纨，诬蔑他擅杀专断，明政府罢去朱纨官职，派官按问，朱纨被迫自杀。卢镗被捕入狱，其他御倭有功的官员也

① 《殊域周咨录》卷 3《东夷·日本国》。
② 《殊域周咨录》卷 2《东夷·日本国》。

都分别受到处分。

许栋被杀后，海寇王直为首，与倭寇联合剽掠，嘉靖三十一年（1552）以后，沿海形势又紧张起来。明政府派王忬提督军务，王忬释出卢镗，起用抗倭名将俞大猷、汤克宽等，又征募外地军兵及台、温诸州丁壮，分隶诸将，布列濒海各镇堡，严督防御。俞大猷等率军在广大战线上与倭寇激战，各有胜败，双方伤亡都很大。嘉靖三十三年（1554 年）明政府以李天宠代王忬，以张经总督浙福南畿军务。张经奏调广西等处的狼土兵及湖广的苗兵援浙，这就是所谓"客兵"。

嘉靖三十四年（1555），明世宗派严嵩党羽赵文华到浙江"祭海"，并督查沿海军务。赵文华到任后作威作福，搜括财物。张经、李天宠等不肯阿附文华。赵文华遂与浙江按察使胡宗宪勾结起来阻挠张经的军务部署，并诬劾他"靡饷殃民，畏贼失机"①。可是就在这时，张经指挥俞大猷等取得御倭战争以来的第一次大胜利——王江泾（浙江嘉兴北）之捷。但明政府还是不问是非，将张经、李天宠逮捕处死。

张经死后，倭寇又大肆活动。不久，胡宗宪任总督，从各地调兵集饷，一时主客兵云集江浙，达二十余万。胡宗宪用计擒获王直，明政府将王直处死。可是王直余党仍在活动，倭寇的侵袭也有加无已。

从朱纨被杀以来的御倭战争，虽然也由于爱国将领及广大军民的努力而取得某些战役上的成就，但始终未获致决定性的胜利。其所以如此，除了江浙闽一带通倭地主官僚的极力阻挠，和赵文华等人为了一己私利、骚害地方与排斥打击正直的爱国官吏将领以外，军队素质的低劣也是一个重要的原因。

关于明军素质之低劣，可以从以下三方面看出来：

首先，当时明军的战斗力是很弱的。卫所官军自不必说，征调来的客兵也多半如此。例如嘉靖三十四年七月，倭寇一股六七十人自绍兴高埠流劫杭、严、征、宁、太平，犯南京，又窜溧阳、宜兴、常熟，经行数千里，杀伤四五千人，凡杀一御史，一县丞，二指挥，二把总，攻陷县城二

---

① 《明史》卷 205《张经传》。

座，经八十余日才被消灭。沿海各地均有明军把守，而少数倭寇竟能到处流窜，如入无人之境，明军战斗力之低下可以想见。

其次，各路官兵，多不听号令，不受节制。有些将领虽想有所作为，却往往被人掣肘。如俞大猷曾捉到一名临阵退缩的士兵，欲以军法从事，却被都司阻止，说这是调来的总督亲兵，非总兵所能杀。各支兵之间也不团结，如狼兵内部不和；土兵与狼兵之间也有嫌隙；酉阳兵与保靖兵为世仇；山东兵与川兵曾发生私斗，参将几乎被杀。作起战来，各路兵之间自为进退，互不策应。这样，军队虽多，却很难取得重大的胜利。

再次，这些军队经常骚扰百姓，纪律很坏，形成"官兵一出，贼掠于前，兵掠于后"①的情况，以至民间有"宁遇倭贼，毋遇客兵，遇倭犹可避，遇兵不得生"②，及"贼如梳、兵如篦"③的民谣。

事情很明显，倚靠这样的军队来消灭倭寇，解除人民的痛苦是绝对没有可能的。

三

受倭害最烈的是人民，抗倭斗争最英勇坚决的也是人民。

根据明朝军制，地方上有民兵、民壮（弓兵、机兵、快手）、义勇等地方警备兵。人民就依托这种地方武装组织，进行抗倭斗争；地方官也常常利用这种组织，把人民发动和组织起来，保卫地方。在官兵经常"每出辄败"、"一无足用"的情况下，郡县官相率"使各乡兵当贼"④。乡兵在抗倭斗争中起了很大的作用，战胜与驱逐倭寇，"悉本地乡兵之功"⑤。这里举几个例子。

---

① 嘉庆《松江府志》卷35《武备志》引李昭祥上张经书。

② 《筹海图编》卷11《经略二·募客兵》引张时彻语。

③ 《戚少保年谱》卷1。

④ 《全边略记》卷9《海略》。

⑤ 《明世宗实录》卷427嘉靖三十四年十月壬午载"御史周如斗言"

乡兵对保卫地方，起作用很大，如江阴人王远，被吏推统乡勇，倭寇登陆，远集众保障，全活无数。又如嘉靖三十三年五月，倭寇掠海盐九都大康桥，当地人曹袚、曹禎，预集诸乡兵，扬帜鸣金，若将迎敌，倭寇不敢渡河而退。

在守城方面，人民出力尤大。如嘉靖三十四年，常熟知县王铁率民众筑城，城才修好，倭寇大至，王铁分率民众武装及官兵三千人，坚决防守，击退倭寇。同年，倭寇入崇明县，诸生顾国樊獂组织民兵反攻，贼二百人皆被消灭，城亦收复。

此外，乡兵还配合正规军作战。如"平望之战，永保宣慰兵皆失利，独浙直乡兵左右翼击之，贼遂大溃，捕斩首虏无算"①。汤克宽在嘉靖三十三年亦曾帅以施大鲸为首的民众给进入吴松江的倭贼刘三部众以歼灭性的打击，斩首一百七十余级，残余贼众也都被擒获。嘉靖三十三年，倭寇犯宝山县，当地地主严大显、大年、大成、大俸、大邦兄弟五人，组织族人助副使任环抗倭，号"严家兵"。在各支人民武装中声名最大，战绩最丰。

在抗倭的群众中，还有盐徒及沙兵。盐徒即从事海盐生产与贩运的人，他们常与倭寇在海上战斗。盐徒后来都被组织起来，如南汇县"国子生乔铿，盛际时，潘元孝，诸生闵电等，各募海上盐丁数百，分扼要害"②。长江下游一带沙岛上长于水战的居民称为"沙民"，所组织的抗倭武装称为"沙兵"。沙兵参加任环抗击倭酋萧显的战斗，嘉靖三十四年常熟浒墅之捷，沙兵也曾助战。盐徒和沙兵剽悍善战，善驾船舶，是御倭战争中的重要力量。

此外，个别群众的抗倭活动，及各阶层人士资助军饷，出钱出力修筑城堡栅寨等事迹，各种记载上触目皆是，这里就不再详述了。

人民对倭寇的斗争虽然英勇坚决，并且在斗争中付出了巨大的牺牲，可是，却没有也不可能取得御倭战争的决定性的胜利，这是什么缘故呢？

---

① 万历《秀水县志》卷 2《建置志》。

② 嘉庆《松江府志》卷 35《武备志》参《南汇县志》。

首先，这种斗争是分散进行的，斗争的具体目标多半是保卫一城一乡，各支武装很难集结成一支强大的力量，或紧密配合，在统一的部署与指挥下予倭寇以决定性的打击。

其次，人民的武装多半缺乏正规军事训练，缺乏严密的组织，不懂战术，对倭寇的诡诈伎俩也缺乏应有的认识和警惕，许多战斗不免因此失败，或者先胜后败。

最后，还有一个重要原因，就是人民虽然有无穷的力量与抗倭的决心，但在当时的历史条件下，抗倭斗争的主要组织者和领导者只能是明朝的统治阶级，在明朝政府黑暗腐朽的统治下，人民很难全部贡献出自己的力量和智慧。

当时许多明朝官员不相信江南人民的力量，把御倭战争胜利的希望寄托在外地调来的客兵身上。他们认为江南之人柔弱不堪任战，民兵多是乌合之众，对这支极重要的力量加以轻视。地方官员或官军对民兵又多苛扰或掠夺其功，嘉端四十四年御史屠仲律上言："沿海多沙民、盐徒、打生手及村壮悍夫，皆勇敢可用。然多乐效用私室，而不乐报名公家。何者？公家势远而文繁也。……苏、松、嘉、湖之民，尝有纠集智勇，乘贼怠玩，或掩其昏暮，间能杀贼，夺其辎重者，随为官军劫财夺功"。① 更有甚者，有的明朝官吏甚至对积极抗倭的群众加以迫害。严家兵的首领严氏兄弟五人，在任环去职后，都先后被常熟县令黄应嘉诬陷害死，就是例子。这样，就不免大大挫伤了人民的抗倭积极性。

然而，抗倭斗争的实践证明，胜利的决定条件在于倚靠人民和组织人民。一些明朝有识见的官吏逐渐认识了这一点。南京太仆寺卿章焕在嘉靖三十二年上言请"训练土兵，渐罢客兵"②。此后，主张编练当地民众为兵的意见越来越多。当时编练本地之兵有两个办法，一是编练乡兵，另一个办法，则是招募与训练土著，这两种办法，各有其优缺点。

当时一些有识见的爱国将领不仅认识到训练土著的重要，而且已经这

---

① 《全边略记》卷 9《海略》。
② 《明世宗实录》卷 413 嘉靖三十三年八月庚午。

样做了。如谭纶任浙江海道副使时："悉散诸征调，一意练土著，倍饩饷，备器械，励威信，必诛赏，教之三月，部士皆争命死敌"。[①] 甚至连胡宗宪，也曾训练过一些土著士兵。

由此可见，在长期的御倭斗争中，人民的决定力量已逐渐被明代的某些官员所认识。而编练有组织、有组律、有训练的土著新军，也成了当时爱国的官吏将领的共同主张。在这样的历史趋势下，抗倭名将戚继光在谭纶等的支持下，以浙江义乌的农民与矿夫为骨干，编练出一支精锐的军队。他带着这支新军转战浙闽。从此，御倭战争就进入了一个新阶段。

原载于北京师范学院《文史教学》试刊 1959 年第 2 期，署名胡云谖

---

① 雍正《浙江通志》卷 148《名宦三》引《名山藏》。

1980 年的中国古代经济史研究

中国古代社会经济史是传统史学忽视的一个领域，从本世纪 30 年代初起，随着中国民主革命的发展和马克思主义的传播，才开始为史学研究者所重视。郭沫若、吕振羽、侯外庐、邓拓等同志的著作，就是民主革命时期中国古代社会经济史研究与论战的重要成果和总结。它们为后来的研究开辟了道路，奠定了基础。新中国成立以后，史学工作者普遍接受了马克思主义，中国古代社会经济史研究成了瞩目的领域，并且在古史分期、封建土地所有制形式、资本主义萌芽等方面开展了讨论，取得了重要的成果。但由于原有基础的薄弱和问题的复杂，再加上"左"的错误思潮的干扰，1966 年前的研究多数仍停留在若干专题的探讨上。"文化大革命"期间，中国古代社会经济史的研究基本中断，只是在粉碎"四人帮"以后，才开始恢复。

一

近两年出版了三部有关中国古代经济史的综论性专著，这就是胡如雷的《中国封建社会形态研究》（三联书店，1979 年）、傅筑夫的《中国经济史论丛》（三联书店，1980 年）、梁方仲（已故）的《中国历代户口、田地、田赋统计》（上海人民出版社，1980 年）。

《中国封建社会形态研究》不同于一般的经济史著作，它运用政治经济学的研究方法，来探讨中国封建社会的生产方式及其规律性。因此，它既是历史著作，但更接近于中国封建社会经济的理论性的著作。著者力图学习马克思解剖资本主义生产方式的立场、观点和方法，以各国各民族封建主义生产方式所共有的基本规律为基础，结合中国历史的实际，进行中外历史的比较，探求中国封建生产方式与外国（主要是西欧）封建生产方式的共同性与特殊性以及中国封建生产方式的基本经济规律。这样的研究方向应当说是正确的，是建立封建主义政治经济学的一次开创性的尝试。但是，如何进一步探究封建社会的不同于资本主义社会的生产、交换、分配的条件和形式及其规律，如何探究某些经济范畴、概念，如土地所有制形式、地租等在封建生产方式中不同于资本主义生产方式的内涵和运动形式，以及这些形式、范畴和规律等在长达二千多年的封建社会中的演变，真正建立起封建主义政治经济学的体系，还有大量的工作要做。

《中国经济史论丛》是由十二篇关于中国经济史的论文及两篇外国经济史的论文组成。这些论文涉及了从商代直到明清的社会经济生活的重大问题，如古史分期、土地制度、工商业经济、货币经济、古代城市、资本主义萌芽等，并且形成了作者对中国古代社会经济特点的系统的、独特的看法。这些看法在第一篇论文《有关中国经济史的若干特殊问题（代序）》中有概括的论述。著者特别强调了中国封建生产方式具有很大的特殊性，受到与西方不同的经济规律的支配，循着与西方不同的道路发展。书中某些问题的论述（如封建社会的分期、商业资本的作用等），可以看到20世纪30年代中国社会史论战中的一些观点的痕迹和发展。尽管著者的研究方法和某些独特见解未见得能被普遍接受，但具有很大的启发性，对于进一步深入的探究无疑是有益的。

《中国历代户口、田地、田赋统计》是一部重要的资料工具书。它不是一般的资料或数字的汇编，而是有重要学术价值的著作。本书集中了从西汉迄清末二千年间大量的分散零乱的有关户口、田地、田赋数字的材料，在充分保持原来记录的基本内容的基础上，经过研究整理，组织编排，统一项目，确定统计指标，以二百一十六表、二十表说、六图这种概括而醒目的形式表现出来。对于原始记录，作者进行了仔细的选择，比较了各种版本，作了文字的校勘和内容的考订注释，反映了当代学者特别是

作者本人的研究成果。此外，总序《中国历代户口、田地、田赋统计原论》
《中国历代度量衡之变迁及其时代特征》等部分，本身就是学术价值很高
的单篇论文（已分别在《学术研究》1962 年第 1 期、1980 年第 2 期和《中
山大学学报》1980 年第 2 期发表）。这部书的出版，将会给中国古代社会
经济史的研究带来很大的便利，并有助于研究的开展。

二

1980 年报刊上发表的有关中国古代社会经济史的论文，据不完全统
计，在 150 篇以上，其中不少有分量的论述。过去一些研究薄弱的领域，
如农业生产、历史人口问题，边疆各族经济，中外交通与贸易等，1980
年都或多或少地引起了研究者的注意。力求打破成说，注意中外历史的比
较研究，尝试运用现代科学方法于历史研究等，也是值得注意的现象。为
了避免同《年鉴》中各个断代史研究的述评重复，本文略去了对各个断代
的经济研究的介绍，只侧重介绍一部分综论性的和近来引起注意或有争议
的论文。

（一）农业生产史

对农业现代化道路的探讨推动了对历史上的传统农业的研究。讨论侧
重在历史上的农业生产水平和传统农业的特点及发展道路两个方面。继
1979 年宁可的《汉代农业生产漫谈》和陈平的《单一小农经济结构是我
国两千年来动乱、贫穷、闭关自守的病根》之后，1980 年在这两方面又
发表了十篇左右的文章。

关于农业生产水平，张泽咸、郭松义的《略论我国封建时代的粮食生
产》（《中国史研究》1980 年第 3 期）是一篇比较全面的论述我国封建时
代粮食生产成就及发展道路的文章，其中涉及作物品种的变化、耕地面积
的扩大、生产工具的改良、生产技术的进步、单位面积产量的提高五个方

面。余也非的《中国历代粮食亩产考略》（《重庆师范学院学报》1980 年第 2 期）则是一篇专论历代亩产的文章。至于论及各朝有关农业生产的具体数字的，则有宁可的《有关汉代农业生产的几个数字》（《北京师院学报》1980 年第 3 期）、胡戟的《唐代粮食亩产量》（《西北大学学报》1980 年第 3 期）、马小鹤、赵元信的《明代耕地面积析疑》（《复旦学报》1980 年第 4 期）。此外，谢天佑、王家范的《中国封建社会的个体农业经济和赋税、地租剥削率》（《上海师范大学学报》1980 年第 2 期）和宁可的《有关汉代农业生产的几个数字》都估算了封建时期个体小农的剩余产品率及赋税、地租剥削率。由于史料有阙，又不精确，铨释亦多歧义，再加上对古代度量衡数据的估算不一，上述各文对封建时期农业生产的一些基本数字，如亩产、每人平均垦田数等的估算出入较大，从而对我国传统农业生产水平的估计也很不一致，还有待于进一步深入探讨。

在传统农业的特点和发展道路方面，今年发表了几篇不同意我国自秦汉起即呈现重农轻牧现象甚至形成以粮食生产为主的"单一小农经济结构"的文章。李根蟠的《略论春秋以后我国畜牧业的发展——兼论我国封建社会农牧关系的特点及其演变》（《东岳论丛》1980 年第 4 期），认为中唐以前是农牧结合的经济形式，只是在中唐以后畜牧业才开始衰落，农、林、牧之间比例失调，但也不能称之为"单一经济"，文章并且分析了造成这种现象的原因。易之的《科学地对待我国农业传统》（《农业经济问题》1980 年第 7 期），提出我国传统农业结构并不是"以粮为主的单一小农经济结构"，而是以粮为主的小而全的结构。

对农业生产工具、生产技术、作物栽培等历史的研究也是近来关注的方面。多年研究我国冶铁技术发展史的杨宽，发表了《我国历史上铁农具的改革及其作用》（《历史研究》1980 年第 5 期），认为秦汉之际逐渐推广使用韧性铸铁农具、唐宋之际逐渐推广使用钢刃熟铁农具和明清之际推广使用"擦生"铁农具，是我国历史上铁农具的三次重大改革，第一和第二次改革曾促使农业生产出现第一和第二个高峰，第三次改革对农业生产发展所起的作用则不大。16 到 19 世纪，由于封建专制主义的束缚、生产技术发展迟缓，微弱的资本主义萌芽得不到成长，从冶铁技术的发展上，也清楚地看到这点。此外，探讨农业生产及与农业有关的部门的情况方面的文章，还有陈树平的《玉米和番薯在中国传播情况研究》（《中国社会科学》1980 年第 3 期），余华青、张廷皓的《汉代酿酒业探讨》（《历史研究》1980 年第 5 期），宋兆麟的《唐代曲辕犁研究》（《中国历史博物馆馆刊》1980 年第 1 期）等。

（二）历史上的人口问题

历史人口问题的研究，新中国成立以来几乎是一片空白。这个情况到 1980 年开始发生了变化，发表的文章有十篇左右，超过了过去发表文章的总和。

宁可的《试论中国封建社会的人口问题》（《中国史研究》1980 年第 1 期），试图探讨中国封建社会人口发展的规律性及其台阶式的"跃迁"的原因。至于论及各个历史时期的人口问题的文章，则有谢忠梁的《中国历史人口理论和人口问题对策述略》（《四川大学学报》1980 年第 3 辑），黄盛璋的《唐代户口的分布与变迁》（《历史研究》1980 年第 6 期），孙达人的《明代户口升降考实》（《文史哲》1980 年第 2 期），缪振鹏、王守稼的《也论明初户口的升降——兼与孙达人同志商榷》（《文史哲》1980 年第 6 期）。马小鹏的《清代前期人口数字勘误》（《复旦学报》1980 年第 3 期）和周源和的《清初人口统计析疑——读〈清代前期人口数字勘误〉》（《复旦学报》1980 年第 4 期），则是继孙毓棠、张寄谦的《清代里田与丁口记录》（《清史论丛》第 1 辑）之后，对历史记载中清代人口统计数字从二千多万陡然增到一亿四千多万随后又达四亿多的现象，从当时统计方法的变化方面所作的分析。

历史人口问题是一个新领域，除去从混乱残缺的历史记载中估算各个时期人口的实际数字外，还包括人口再生产、有劳动能力的人口的被利用、劳动人口在各地区与各部门的分布、不同阶级的特殊人口问题及其相互作用等方面的中国古代人口规律，人口与社会经济的相互作用，对中国古代社会各方面的影响等等，都是有待进一步研究的课题。

（三）资本主义萌芽

资本主义萌芽是一个讨论了多年的老问题。关于它的上限，一般定在明代，少数上溯到唐宋。饶会林的《我国封建社会内资本主义萌芽的上限问题》（《辽宁师院学报》1980 年第 1 期）则认为应定在两汉，甚至可能上推到战国。文章认为，两汉生产力发展所达到的总水平，大约与西欧 17 世纪相当，已经具备了资本主义萌芽出现的物质前提；两汉时商业资本已经高度发展并与产业资本紧密结合，甚至出现了原始积累；雇佣劳动特别是"流庸"的大量存在并为新兴工商业所吸收，说明了当时确已出现了少数积累起大量货币和生产资料消费资料的资产者，同时也出现了大量失去生产资料、"自由"出卖劳动力的雇佣劳动者和贫民。

尹进的《关于中国农业中资本主义萌芽问题》（《历史研究》1980 年第 2 期），在论及农业中雇佣劳动的性质时，提出了与饶会林相反的观点。文章认为，两汉时农业中的雇佣劳动看不到与商品生产的结合，与近代雇佣劳动的性质不同，因而也谈不到探索这种雇佣劳动的资本主义性质问题。就是到了明清，尽管工商业中已出现了资本主义萌芽，但数量微弱，而农业则仍是自然经济占统治地位，即使偶尔有一点商业性农业和雇佣劳动出现，在性质上也不标志着资本主义生产方式"使农业从属于自己"的条件已经形成，所以即使从那时手工业与农业的相互关系上看，明清农业中资本主义萌芽也还是没有产生。

李洵的《试论明代的流民问题》（《社会科学辑刊》1980 年第 3 期）提出了我国原始积累的过程及其特点的问题。文章认为，15 世纪 30 年代出现的流民问题，是贵族圈地运动使得劳动者与劳动实现条件的所有权之间的分离而形成的具有原始积累性质的过程，但它并没有完成，而是缓慢地反复地发展下去，直到 17 世纪中叶乃至清兵入关以后始终没有完成，这就是我国原始积累过程的历史特点。文章还分析了形成这个特点的原因以及它给中国社会发展带来的影响。

王宏钧的《中国从先进到落后的三百年》（《中国史研究》1980 年第 1 期）认为，从 16 世纪初到 19 世纪初的 300 年间，中国历史的发展在世界上从先进转为落后，中心问题是资本主义萌芽发展迟缓，因而封建主义得以长期延续下来。明清两代的封建专制主义对商业、手工业的掠夺、摧残和对海外贸易的压制和垄断，是资本主义发展迟缓的一个重要原因。方行的《试论清代前期的地主、商人和高利贷者的三位一体》（《经济研究》1980 年第 8 期）则从另一个角度，即从剖析封建经济内部结构及其坚固性来探讨中国封建社会长期延续的原因。文章认为，中国封建社会中的地主、商人和高利贷者三位一体、紧密结合，是在土地可以买卖的条件下产生并发展起来的，是地主经济制派生出来的。而这种"三结合"的封建经济结构，具有自动调节货币权与土地权的矛盾的特殊作用，并使得商业资本和高利贷资本在颇大的程度上从属于地主经济，加强了地主经济，导致了地主经济的稳定和延续。文章从各个方面具体分析了清代前期这种"三结合"经济结构的发展及其作用，认为清代前期资本主义萌芽发展缓慢，为这种"三结合"的经济结构所遏制是一个重要原因。

三

关于社会经济史料的搜集、整理和考释，历来是社会经济史研究的薄弱环节，1980 年公开发表的成果仍然不多。谢国桢的《明代社会经济史料选编》（上）（福建人民出版社）选辑了官修正史之外的明代野史笔记及清代笔记中涉及明代史事的有关社会经济史料，兼及明清时代的诗文集、地方志和档册，间及近人著作。上册包括《农业生产技术和经营状况》《手工业生产技术》《工艺美术》三章，采录史料四百余条，其中不少选自稀见的书，另有按语二十条。梁方仲遗作《〈明史·食货志〉第一卷笺证》（《北京师院学报》1980 年第 3、4 期，未完）①，全文约六万字。作者曾对《明史·食货志》原文所记有关制度的具体内容、起源和变迁，施行的年月

---

① 编者补注：该文章及"续一""续二""续三"一共四篇，后两篇分别发表于《北京师院学报》1981 年第 1、2 期。

等等，引用大量有关史料，逐条加以补充订正，可惜只完成了第一卷《户口》以及《田制》的一小部分。

原以"古代经济史"为题，载于《中国历史年鉴》（"一年史学研究"栏），人民出版社 1981 年版

评《敦煌吐鲁番文献研究论集》

八十多年前敦煌文书的发现，震动了中外学术界；吐鲁番文书的发现，也在此前后。从此，一个新的学术领域形成了，这就是敦煌吐鲁番文物文书的研究。

敦煌、吐鲁番在中国，中国学者理应在研究上作出最大的贡献。但是，解放前的旧中国并不具备开展研究的条件，特别是由于反动政府的腐朽无能，大量珍贵的文物文书流散世界各地，更给中国学者的研究带来绝大困难。尽管如此，罗振玉、王国维、陈寅恪、陈垣、刘复、向达、王重民、常书鸿等人，克服重重困难，在文物文书的介绍、传布、保护、整理、利用和研究等方面，做了不少工作，取得了好的成绩。但是不能不承认，我国的研究比起国外来，无论在规模、广度和深度上，都有所未逮。解放后的五十年代，这个差距曾有所缩小，但随后"左"的干扰特别是"文化大革命"，又使差距扩大了。

粉碎"四人帮"以后，特别是党的十一届三中全会以后，敦煌吐鲁番研究开始受到重视并且活跃起来。国家文物局古文献研究室、新疆维吾尔自治区博物馆、武汉大学历史系编的《吐鲁番出土文书》（已出释文三册），敦煌文物研究所编的《敦煌研究文集》，北京大学中国中古史研究中心编的《敦煌吐鲁番文献研究论集》，就是近几年来在敦煌吐鲁番文物文书的整理、公布和研究方面取得的比较重要的成果。这样的集体研究的成果的专集，解放前是不可能有的，解放后在此之前也是绝无仅有。这标志着我国敦煌吐鲁番研究开始走上了有组织的集体研究的道路，预示着更大规模地有组织有计划地开展研究的新局面将要到来。因此，这三部专集的出版，对我国的敦煌吐鲁番研究来说，是带有开创意义的事。

《敦煌吐鲁番文献研究论集》（以下简称《论集》——编者），1982 年中华书局出版，共收论文 17 篇，多系对文书的校释、考证以及其中涉及的历史问题的研究，是一本有相当分量的文集。

这本《论集》有三个特点。

第一，史料是历史研究的基础和出发点。敦煌吐鲁番文书是重要史料，但残泐割裂严重，文书中许多当时通行的名物制度用语等现今已不易通晓，又多异体俗体古体字，释读本来不易；加上原件多在国外，难于见到，更增加了释读的困难，有些文书过去虽有录文和校释，亦因类似的困难而常有未洽之处。《论集》的作者们从文书的整理解读入手，根据原件的缩微胶片与照片及少量原件，作出录文和校释，并尽可能地与已发表过的录文互校，纠正了过去录文的若干错失，而校释也多见功力，这种史料的整理铨释，能使文书内容的研究建立在坚实可靠的基础之上。文章中把录文和校释全部列入的作法，比有些论文仅只摘引与自己所论有关的文书部分要好得多。

第二，《论集》的一些文章不仅涉及敦煌吐鲁番文书研究的若干重要方面，而且也具有较高的学术水平。其中有的是关于敦煌文书学的总结性研究，有些是前人或自己过去研究成果的补充、修订和发展，不管属于哪一类，这些文章较之过去的研究都有所前进。

第三，《论集》是老、中、青三代研究者通力合作的产物。其中既有老一辈和中年专家的成果，更多的则是青年史学工作者（包括大学在学学生）在老专家指导下写成的论文。这本《论集》反映了北京大学中古史研究中心对培养青年的重视，应当说是一个带战略性的措施。从所收的论文看，有些青年作者已经具备了相当的学力功底。只要抓紧青年的培养，敦煌吐鲁番研究的兴旺繁荣是大有希望的。

自然，《论集》也有其不足之处。各篇水平尚有参差，对文书的研究有些只限于单件，尚未能把同类和有关文书放到一起综合研究。与文书本身的研究相较，探索文书内容中涉及的历史问题的研究尚嫌单薄，此外，有的条文也不免有个别错失之处，但《论集》的出版终究是一个可喜可贵的开端。

　　希望以这几部专集为起点，能有更多的人来关心、从事敦煌吐鲁番研究，缩小我国同国外研究的差距，并在几个重要的方面超过国外水平，使我国不仅是敦煌吐鲁番的所在地，也成为敦煌吐鲁番研究的一个中心。

　　　　　　　原载于《人民日报》1983 年 3 月 30 日第 5 版

历史研究与资料工作

　　我是教历史的，所以跟教育也沾一点边，另外，以前在图书馆也干过几年，也可以说跟诸位是同行。但我这个同行也可以说是外行，情报资料工作我没搞过，在图书馆又是二十年以前的事情了，"文化大革命"后的这些年，我们的资料情报工作有很大的进展，很多是我不知道的，所以在这个地方我可能会说一些外行话，大家知道这个情况加以谅解就行了。

　　我今天只能讲讲这个题目：历史研究和资料工作。想讲三个问题。

　　现在谈第一个问题，就是历史研究中的资料工作。资料工作是历史研究的基础，本身又是历史研究的一部分。历史研究的基础是历史事实，只有事实准确、真实、全面，研究才能建立在科学的基础上。但是历史的事实是不大容易搞清楚的。李白出生在哪里，现在还搞不很清楚。这是远的。近的如天安门事件①，这是已有定论的历史事件，它的总的情况是清楚的，但是具体的全部的细节呢，我相信在座的同志没有一个人能把当时的事件全部的过程、全部的细节弄得清清楚楚。所以，历史的事实不太容易搞清楚。

　　历史和现实的科学有些不同，它研究的对象是过去的事情，过去的事情有个特点，过去就过去了，永远不可能再回来，这和自然科学不一样。我们怎样认识过去的东西，了解过去的事实呢？这里绝大部分不能靠我们亲身经验，不能靠我们亲自调查，不能靠我们感性的知识，不能靠我们直接的体会，我们只能借助一种媒介来了解过去，这个媒介就是史料。所以

---

　　①　编者补注：又称四五运动，1976 年 4 月反对"四人帮"的群众抗议运动。

历史研究中的资料工作，第一个大方面就是史料，我们基本上只能靠间接的东西来研究过去，当然这里有些例外，有些过程是我们亲身经历的，如天安门事件。那么，这样一些史料是不是能如实地、全面地反映历史的真实呢？这就很难说。它往往不能全面如实地来反映历史的真实，因为历史研究是一门有阶级性的科学，而且阶级性很强，研究者本身有他自己的立场、世界观。剥削阶级的史学家出于剥削阶级的立场和唯心主义的史学观，他们在研究历史、叙述历史的过程中，往往是有意无意地歪曲事实，甚至于捏造事实，这个我们看历史的书，古今中外，都是很多的。过去的史学家有这样的话，写历史要为尊者讳，为亲者讳，为贤者讳。换句话说，对于自己的上级，对于自己的亲人，对于自己的好朋友的劣迹或罪恶，是不能说的，这是中国封建史学家的传统，这样写出的东西当然不真实。比方说《春秋》，这是孔子编的，它里面有一条，就是寓褒贬，别善恶，就是对历史的是非，人物的好坏做出评价。它也确实这样做了，但里面有很多隐讳的东西。比方东周的天子在诸侯中地位是很低了，有一个天子打仗打败了，被诸侯扣起来，这是历史的真实。但在孔子的《春秋》里，因孔子是尊王的，如明明白白地把周天子做俘虏而且被打伤了写进去，就不符合他的标准，他就来个"为尊者讳"，说周天子是打猎去了，历史的事实完全被歪曲了。资产阶级史学家也是这样。比如日本人，明明侵略中国，明明发动了太平洋战争，可日本有些史学家却想方设法要在小孩子的教科书上，把"侵略"二字抹掉。他们不愿意让日本的小孩、青少年接受这种教育。剥削阶级的史学家写的历史全部是捏造、歪曲也好办，我们不看就算了，但往往很多是半真半假，有真的，也有假的，掺和在一块，如邱吉尔写的《二次大战回忆录》，那里面就是半真半假，研究二次大战的历史，完全凭《邱吉尔回忆录》就要上当。它里面讲的英国和苏联的关系，英国和美国的关系，英国和法国的关系，要都相信了，就要上当。反过来，看看《戴高乐回忆录》，里面讲英国和法国的关系，完全是另外一套，要完全相信戴高乐，也要上当。当然，也不都是假话，因为剥削阶级写书，总还要人看，要人信，更重要的一方面，它写这种书，也有总结自己的经验教训，来指导自己的工作、自己的活动这样的意图，所以不能都写假的，要不就是自己骗自己。这种真假掺半的东西，搞历史的人最难办了。所以，研究历史要从历史的事实出发，对历史的事实需要做出鉴别，做出鉴定。这在其他社会科学，也有这个问题，但历史可能更突出一些。

除了这点以外，历史事实因时间隔得太远，说不清楚了，要弄清楚，是比较困难的。历史事实我们不能直接获得，只有通过间接的东西，通过史料；也有一些是我们亲身经历的，但我们亲身经历，也有很大局限。像我们在座的诸位同志，中华人民共和国的历史都经历过，这种亲身经历当然很宝贵，但有很大局限，我们只是在我们活动的范围和地方，知道一些东西。得到历史事实更多的是看史料，通过史料再现历史的事实，历史的过程。因此，我们说，搞历史研究的资料工作，首先就是史料工作，这是我们研究历史最主要的根据。但是我们要注意到，史料不是历史，只是历史的一种痕迹、遗留、记载，而且是比较僵死的东西。历史是一个过程，是生动活泼、有血有肉、活生生的过程，史料只是一种痕迹，一种遗留，而且是僵化的，就好像化石一样。古代的动物是活生生的东西，但我们现在只能够见到它的化石，这个化石甚至于是不完整的，只有几块骨头，几个牙齿，我们要根据这个化石恢复古代动物的形象，就像我们在自然博物馆所看的恐龙那样，这样恢复还不算，我们还让它活起来，在古代那个环境里活起来。

史料工作在历史科学中的地位是一个基础的地位，假如说历史科学有层次和结构的话，最基础一层就是史料，只有在史料的基础上，我们才能进行专题研究。研究专门问题，大到太平天国起义的全过程是怎样的，中华人民共和国某一方面的问题怎样的；小到吃饭，比如清朝皇帝、贵族是怎么吃饭的，清朝的老百姓，各个阶层的人又是吃什么。再往上就是史了，比方说"断代史""专史"。研究唐朝的历史，研究中华民国的历史，这是断代史；"专史"，比方说研究经济史、军事史、政治史。再往上就是"通史"。再往上还有关于史学方面的理论问题。每一个层次都离不开事实，也就是都离不开史料。

历史研究资料工作第二个大类是著作。它大部分都是过去人们根据史料研究的成果，我们的研究只能在前人研究的基础上继续进行，如果撇开这个，我们就要进行大量重复的劳动，重复前人做的工作。如果都是重复工作的话，我们的研究工作就无法前进，甚至还会倒退。但就历史研究来说，史料和著作不太好分，这点可能也是别的社会科学没有的。有一些著作本身就是史料，甚至主要就是史料，但是，有些书虽然是古书、旧书，但不是史料，古代史就有这个问题。比如《史记》，它是当时的一部通史，它本来是一部著作，时间离我们两千多年。司马迁在写书的时候，看了很多史料，看了很多的文书档案，看了很多的书，并做了大量调查，跑了很多地方。写出来以后，这部书流传下来了，但他根据的史料，大部分散失了，我们现在已看不到司马迁当时据以写书的史料了，我们研究先秦的历史，研究西汉武帝以前的历史，很多根据只能是司马迁的《史记》。这样，司马迁的《史记》就被我们当作史料，而且具有很高的史料价值，因为别的史料都没有了。

但有些书情况略有不同，如另外一部有名的书，司马光的《资治通鉴》（以下简称《通鉴》——编者），它也是一部通史，从战国写起，一直写到五代的末年，一千多年的历史，它所根据的书绝大部分我们今天都可以看到，从这个意义上讲，司马光《通鉴》的前半部分，就是南北朝以前，就没有什么很大的史料价值，因为它用的书，比如《史记》、《汉书》，我们都能见到，我们直接用《史记》《汉书》好了，不用从司马光的书再抄回来。但写到隋唐五代部分，情况就不一样。司马光是宋朝人，当时他能看到大量的文书档案，看到大量的当时著作，这些著作不但是我们今天看不到了，就是当时和司马光一起研究隋唐五代史的史学家，也没有看到，或者看到了没有用在他的书里。比如说，《隋书》《新唐书》《旧唐书》《新五代史》《旧五代史》，还有其它一些书，这些书所用的材料，有些是司马光《通鉴》里用过的，有些是司马光用了而他们没有用的，我们只能从司马光的书里知道这些材料，而且这些材料又都丢光了。

再往下一部书是《通鉴纪事本末》，是南宋一个叫袁枢的人编的。作为一部著作，在中国的史学里是很有意义的，但这部书完全是根据《通鉴》改编的，用的材料、事实完全没有超过《通鉴》，这样的书，我们可以说它是著作，但它就不是史料。

近代人的著作，有一些也有史料意义。比如说，是本人调查研究搞来的材料，如《少数民族史》，很重要的根据就是解放后对少数民族的调查。这种书，本身是著作，也是我们研究问题很重要的史料。

第三个方面是工具书，这是历史研究的拐棍。以前搞历史的人，能够利用的工具书很少，现在就多了。同志们搞情报资料工作对工具书就比我熟悉了，比如说字典、辞典、百科全书、年鉴、年表、大事记、人物志、地图、目录、索引、文摘等，都属于工具书的范围。工具书有一些，实际上是研究的成果，不是简单地被查找的东西，也是著作。比如历史地图，有很多种，我们通用的是《中国历史地图集》，这个《地图集》，实际上是一个水平很高的研究成果。因为画历史地图是很困难的，古代讲地理的地方往往没有图，就是有图也比较简单，不大科学，习惯也不一样，比方说现在的地图习惯上北下南，而古代的地图却是上南下北，从西汉马王堆发现的帛缯的地图就是这样。古代地名的记载出入很多，而且地方到底在哪里，落到地图上很难，所以画历史地图，就需要做大量的研究工作，这个历史地图编了很多年，很多人编，费了很大劲，本身就是研究成果。

另外，有一些工具书本身就带有史料性质，带有史料价值。比方我们有些社会科学的《人名录》。讲到历史方面的工具书，有一种书是特别值得我们注意的，就是类书。类书有点近似百科全书，这种书在当时用处很大，是备查考的。它分类，比方说“天”算一类，所有有关天的材料都汇集在一起，查起来就比较方便。古代的人要举行祭祀或者什么典礼，做文章，做诗，都从这里查。类书所利用的材料和古书，好多已见不到了，但它保留了古书的片断，如类书的饮食类把一些古书中记载的饮食部分收了进去了，我们现在就知道，原来还有这么部书，书里还讲了这些东西。所以，类书就具有了史料价值，而且是很重要的史料价值，有很多重要的历史问题，往往是靠类书里的材料才搞清楚的。类书对搞历史的人来说，特别值得注意。有一些学者就专门做“辑佚”的工作，就是有些书已经散失了，现在没有了，但是它的某些条文，某些条目在别的书里还散见，他就把它集中起来，把这个书再恢复起来，看看还有多少条，保存原书的一部分。有些很大的书已经散失了，通过搞“辑佚”的工作，把它恢复到接近原貌。这种"辑佚"工作很重要的来源就是类书，甚至于很大部头的著作，都可以从中搞上来。比如明朝的《永乐大典》，清朝政府就专门组织一帮人从中"辑佚"。《永乐大典》篇幅很大，在一个条目下，往往把一本古书都抄进去了，或在几个地方，都大段大段抄。"二十四史"中间，《旧五代史》原来已经散失了，最后就是从《永乐大典》里重新把它抄出来的。当然，我们现在看到的《旧五代史》还不大完整，缺了一些，另外，次序、安排还有些问题，但这部书大概的样子出来了。又比方说宋朝的《会要》，也是从《永乐大典》里抄出来的。

另外，工具书还有编得好、编得不好之分。这点我们做资料情报工作的同志，恐怕尤其应该注意，比如有些书差不多，如年表、辞典、索引、目录，有的编得好，有的编得不好，有的甚至有很多错误。这种工具书很重要的是要编得准确，如果只给人家方便，而本身有很多错误，那么人家就上你的当了。比方中国古代史上常用的书，历代名人的年龄、籍贯、生卒年月，这很重要，但查起来很麻烦，这样的书有的编得很好，有的就编得很糟，完全是工作上的疏忽。我看过一本《历代名人生卒年表》，它的错误完全是我们一般容易犯的错，如把字写颠倒了，闹了很多笑话。

第二个问题，史料的搜集、审查和研究。上面讲到搞历史研究的资料可以大体上分成三类，这三类中，著作和工具书大家比较熟悉，关于史料我多讲一点。

一谈到史料，同志们很快会想到大本大本的书，特别是古书，实际上，历史研究中的史料，书是很重要的一部分，但是决不只是书，所以下面首先讲一下史料的分类的问题。史料怎样分类呢？现在有几种分法，一种分成遗迹和传述；一种是原始史料和孳生史料；再一种是文献史料和非文献史料。这几种分法都可以用，就是考虑问题的角度不同，有的着重于来源，有的着重于性质和关系，有的着重于形式。

我们先看看遗迹和传述。遗迹是人们过去生活直接的遗存。比方马王堆的女尸，就是遗迹；北京猿人的头骨化石，这也是遗迹，这都是很重要的史料，也是我们研究的对象。现在的北京话也是一种遗迹，是蒙古族（元朝）进到北京以后，蒙古的语音影响了中国北方的语音。北京话是没有入声的，这就来源于蒙古的语音。还有很多东西，比方随便来说，一个广告，一个节目单，一个饭铺里的账单……都是我们日用的，也都是史料，是一种遗迹。这种东西，因是客观的存在，所以是比较切实可靠的。

另外是传述，传述和遗迹有所不同，它是历史的事情，历史的过程，经过人们的思维和意识，再经过人们的嘴巴，经过人们的笔下重新反映出来。这个也不限于文字，文字是一个重要方面，除此之外，还有口头的、还有图像的。现在当然多了，如录音、录像、照片。虽然看起来是实录，但已经掺杂了人们的主观意识在内。如果我们要判断一个历史的是非，评价一个历史的事件，就像法庭判案子一样，史料就是证据，遗迹就是物证，传说就是人证。当然，有时不是界限很清楚的。比方说，指挥镇压太平天国的是曾国藩，曾国藩在天京失陷后，给清朝政府上了一个报告，叫做《金陵克复折》。如果说太平天国失败以后，曾国藩向清朝政府做过报告没有？作过一个什么样的报告？那么，《金陵克复折》就是物证、遗迹，证明曾国藩确实向清朝政府做过报告。这个《金陵克复折》，讲到太平天国天京被攻下的情况，这就是证词了。作为物证这个材料是确凿的，但同样它也是个人证，是传述，是曾国藩讲天京是怎样打下的。这里面就有大量的歪曲。比如说，他说天京陷落时，杀死太平军十几万人，这就是吹牛，因为最后在天京抵抗的太平军只有一两万人。另外，曾国藩的军队进到天京后，纪律极坏，无所不为，把南京城烧掉了，可是曾国藩却说，是太平军自己放火把南京城给烧了。所以很多史料同时有遗迹和传述的两重性，作为遗迹往往是可靠的，作为传述就不要相信。这种情况比较复杂。因为传述经过人们主观意识的加工，往往和历史的真实有一些距离。一种情况是作者由于阶级立场、世界观的原因，有意或无意地歪曲了；还有一种情况，是受到当时历史条件的限制，不可能完全接近于真实，这是没有办法的，这和头一种不一样。比方说，抗日战争时期，国民党总算打过一个漂亮仗，台儿庄大捷，这其实是杂牌指挥官指挥杂牌军打的，中央军也起点作用，不是很大。当时的新闻报道和国民党的报道，都说是消灭了日本军队两万人，我们解放区的报道也说是消灭了两万人。因为第一，我们没有别的消息来源，只能根据国民党的报道；第二，当时还有一个统一战线的问题，我们也不便于在这之外再说点别的。但是事实上，国民党这个报道是夸大的，大概是根据部下报的数综合算的，因为战后找到了最确凿的材料。日本侵略山东的两个师团，一个叫做坂垣师团，一个叫做矶谷师团，根据台儿庄之后正式报到日本统帅部的日本死伤士兵的名单，大概这两个师团一共损失了一万多一点，比国民党报的数少了一半。国民党如此报道，我们当时只能根据国民党的报道来报道，这就有我们当时对史料掌握的局限，不能说是编的、歪曲的。所以，史料能不能完全反映历史的真实，这是要打折扣的，但是打折扣中间是什么情况，我们要做具体分析。

我们也要看到，遗迹也有一个问题，遗迹就好像动物的化石一样，首先是片断的，不是反映全部的历史；另外，它又是僵死的，我们要靠遗迹恢复全面的活的历史，就需要研究者、观察者对遗迹进行分析、解释，这种分析、解释也就掺杂了个人的主观的东西在里面，你也可以解释得很准，你也可以解释得不那么准。当然，也有假的，有人做假古董了，假书、假画、假铜器，那是另外一回事。同样的材料，由于解释不同，可以得出很不一样的结论，甚至截然相反的结论。因此不管是传述的史料，还是遗迹的史料，都有一个要对它加以鉴定、加以说明的问题。不要以为有了史料就万事大吉，史料的鉴定和对它的解释是非常复杂的。

另外一种分类是原始史料和孳生史料。原始的史料，指的是不能再往上推了，到这儿为止，这件事情、这个人物或者这个事件最早的记载。孳生的史料就是原始史料被转抄，辗转记载，又出现一些别的。遗迹和直接经验可以算最原始的一种材料。但这种材料，往往是不可多得的，是很少的，而且往往丢掉了，这样，最早的第二手材料，也就是孳生材料，也就可以当作原始材料看了。比方我们前面讲的《通鉴》，它写战国的历史，引用的是《史记》，所以，《通鉴》作为史料的价值，对《史记》来说，就是孳生的，是抄的《史记》。但是《史记》并不是最原始的材料，它写我国的历史，是根据春秋战国的书，比方《战国策》。一般来说史料转手比较多，变动也就比较大。如《史记》把《战国策》改写了，就有变动，《通鉴》把《史记》改写了，它也有变动。越到后面变动越多，往往跟原始史料距离越来越大，再加上抄写还有很多错误。所以研究历史的人，最重视原始材料。就是研究问题，凡是用的史料的话，一定要追溯最早的，不要用以后的，以后的只能做参考，有些根本不能用，像刚才讲的《通鉴纪事本末》。

下面再一种分类是文献史料和非文献史料。文献史料包括刚才说的文字的、图像的、口头的，用现代化设备就是什么照片了、录像了、录音了。文献史料恐怕是最重要的，因为历史是一个活泼生动的过程。非文献史料像墓葬、村落是僵死的，很难反映人类活动的过程。反过来，文献的记载，因为是人记的，就有可能经过人的意识的加工，多多少少把历史的过程反映出来，比如司马迁的《匈奴传》《卫青传》《霍去病传》。反过来，霍去病的墓现在在西安，你研究霍去病墓前的石刻，研究一辈子也不知道霍去病怎么打的匈奴。所以文献材料的用处就在于能多少反映历史的过程，历史的事情，比较源源本本地反映出来。问题也就在于经过人们的意识加工之后，出现了跟历史事实不符的情况。所以我们没有文献的材料，光是看遗物，就有很多困难。原始社会的历史搞起来是最困难的。比如商朝的历史，在殷墟的发掘里，出现了大量甲骨文，有文字，铜器上有铭文，把它跟《史记》的《殷本纪》一对，商朝的历史大概就对出来了。文献资料如果没有遗迹作为一种验证手段的话，它也有困难。可见，文献材料和非文献材料如能很好地结合起来，往往对于我们的历史研究起很大作用，能够大大地前进。搞历史科学，过去有一种习惯，一说是搞历史，就是钻故纸堆，翻史料，现在看来另一方面的工作，调查、考古、考察这方面的工作应该很好地加强，而且应该和搞历史的文献材料很好地结合。我们最近两年差不多每年都出去进行一次考察，给我们长年钻故纸堆的人启发很大。比方过去我们也知道汉朝打匈奴，修长城，张骞通西域，但真正从甘肃往新疆跑这一路，才知道这个地方的重要性和当时开通西域，控制河西地区的困难。像这样的事情，我们光看书，是很难想象的，有了感性认识再来看汉武帝是怎样打匈奴，印象就深刻多了。

下面就是史料的搜集和审查。搞历史碰到的最大问题，是资料太多，资料又太少。多，就是历史研究社会生活的各个方面，所以什么都可以作为史料。像中国这样的国家，这种史料尤其之多。但同时又太少，少就是不完整，往往是你要的东西没有，不要的东西还挺多。因为过去写书、积累材料和我们现在的标准、角度不一样。比方说，我们现在研究人民群众的历史、社会经济的历史、文化生活的历史，这些东西在古代的书里都很少。古代书里多的是政治史、帝王将相的传记，真正讲到社会经济、文化、思想、民俗、民族，我们现在很重要的东西，它那里材料都很少，只能零敲碎打。不管怎样，搞历史的要尽可能多地掌握材料，最好你搞的题目，能掌握它全部材料，我们有句话叫"竭泽而渔"。否则你万一漏掉几条重要的，或许几条和你说法不一样的，那么你这个研究，你这个结论就不扎实。史料的工作是很艰苦的。司马光的《通鉴》前后写了 19 年，除了一般正史外，他看的杂史就达到三百多种。马克思写《资本论》，看了 1500 本书；写《工厂法》，只二十几页文章，把英国工厂视察员的报告全看了。列宁的《俄国资本主义的发展》，光是统计资料，他就看了 500 种。所以写一部书搞材料，特别是原始材料，很艰苦。甚至于写一篇文章，也很不简单。

搞法也没什么窍门，主要是善于利用目录。这个我们搞资料情报工作的同志，可以发挥很大作用，你要知道搞这个题目所需要的史料在哪些地方有。另外就是靠死功夫，不断的积累，大量的看，吴晗同志这个工作做得很好。从年轻的时候抄卡片，有关的材料就抄下来，大概积累了三四万张卡片，很多犄里旮旯的题目，他都有比较详细的卡片。比方说，宋朝人，打仗教条主义得厉害，由皇帝向将领发阵图，规定怎么打仗、怎么布阵。阵图的问题，一般人不怎么重视，吴晗同志因为积累的东西多，就写了篇东西。这也不是吴晗同志的创造，这也是古代的做法。比如明末清初的爱国学者顾炎武，他的书《日知录》就是多少年积累了大量材料写出的。所以搜集材料，主要是熟悉历史、熟悉目录，知道从哪里找书，但是找到书后，只有一本一本死看。现在应该有些新的方法，搞史学的人用传统的手工业的个体劳动的方法做，比方一部书如能有索引就方便多了，如果索引编得好，我要的材料，某书里面几页几页都有。

做法当然各式各样，有做卡片的，摘录的，拿活页纸的，夹条子的。卡片看起来科学一点，但卡片有个麻烦，就是太笨重，在我们目前住房条件不太好的情况下，要是有三四万张卡片，还不知摆到哪里。总之，搜集、积累资料是搞历史的人最重要的工作，也是最起码的基本功，很重要。但有些方法要改进。

搜集资料还有个问题，就是保存文献。史料很容易散失。古书不知道散失了多少，近代也不知道散失多少，光是"文化大革命"，就不知道散失多少书，就是搞"文化大革命"的人的本身的史料，现在也有不少都散失了。有些资料，个人搜集、保存恐怕有很大困难，主要是靠公家，这点我们搞资料情报工作的同志，应该很重视。要抓这个工作，否则谁也不管，资料的散失是很可惜的。

史料的审查我就不多讲，因为这个专门了一些，史料的研究也不多讲了，主要根据毛主席在《实践论》里讲的，要得出实事求是的结论的话，首先要搜集大量的材料；第二，这种材料经过严格的审查；第三，要完全地领会。

最后讲一点想法，可能是外行话。同志们都是搞教育方面的资料情报的，我这方面情况不熟，搞历史方面的资料情报的，我有点接触，比如资料室、情报室、图书馆。我感觉到，搞历史研究的资料工作有两个问题，第一是有传统，第二是陈旧。有传统是在搞史料方面，有一套比较严格、比较行之有效的方法，一般学历史的人，在这方面受到比搞其他社会科学的还严格的史料方面的训练。是不是我们搞资料情报工作的同志，特别是比较年轻的同志，可以从历史研究的资料工作中间得到一些借鉴和参考，因为它有一套比较严格的程序，有一套比较严格的鉴定的方法。

但另一方面，这是一种手工业的方法，比较落后、陈旧，这点我们搞资料、情报工作的同志，是可以很好地向搞历史的提供这方面的各种手段和方法，从电子计算机开始，到系统方法、控制论、信息论，一直到科学地整理保存资料的方法。如果双方能够结合起来的话，我相信对资料情报工作，对于历史研究工作都有好处，都会有进步。

另外，我还觉得我们搞研究的和搞资料的同志，很多工作应该结合在一起做，现在有些不大通气，各搞各的。搞资料情报工作的同志订书、买书、剪贴、整理、做卡片、做目录、做索引不容易，很辛苦，做出来的东西，搞研究的同志不用，还是用他自己的那一套。这里有一种是习惯势力，比如搞研究的人，总对自己搞的比较喜好，这是不对的。是不是也有另外一方面，我们做资料情报工作的同志搞的东西，和搞研究的同志的要求不很对口，你辛辛苦苦搞了一套剪报，人家要的东西没有，或者不多，人家还得另外去查，人家就不一定非用你这个；或你搞的一套专题目录索引，他看一看觉得都知道了，他也就不用了，或他想搞这个，而你搞的是那个，他搞的是个小题目，你搞的是一个很大范围，他要的没有，他不要的你那倒有。我觉得从我们那个单位资料室、图书馆的工作看，好像有这个问题。所以，这方面怎么能互相通气，或者一块搞，比如编辑资料，我们学校图书馆和我们自己一些系合作，大家通气以后，搞的东西比较有用，而且大家都能互相学习，能不能这样？我想，双方的工作如果能更多地通通气，第一是互相了解，第二是互相学习，第三是互相结合起来做一些工作，这样，从两方面来说，收效都会好一点。

1983 年 10 月 19 日

原载于中央教育科学研究所、教育情报研究室编：
《教育情报学术报告文集》，1983 年版

黄巢起义

一、农民大起义在酝酿着

9世纪后半期，中国发生了一件惊天动地的大事，这就是历史上有名的黄巢起义。

那时候，正当唐朝末年，农民的生活悲惨极了。唐朝皇帝就是全国最大的地主。京城长安和东都洛阳所在的陕西、河南一带，遍布着皇家的园苑、稻地、麦田、果园、竹园、菜园、桑园、麻田、药圃、山林、池沼、牧场和猎场，全国其它地区，也有许多皇家庄田。贵族、官僚、武将、太监也纷纷强占田地，他们往往一家就拥有十几处甚至几十处田庄，这些田庄小的有几十亩或几百亩，多的成千上万亩。有个叫韦宙的官僚，只江陵（今湖北江陵）一处的田庄，就存有谷子七千堆，连皇帝听到都羡慕地称他做"足谷翁"。此外，寺院也占有很多土地。据估计，全国至少有几千万亩良田属于寺院。至于占有几十亩、几百亩土地的普通地主，那就更多了。长安附近24个县，一半以上的土地落到了贵族、官僚和地主的手里。

那时候土地收成有限，佃户们一年辛苦到头，普通年景一亩地才能打一石多谷子，好一点的地也不过能打二石多。就这么点粮食，地主最少要拿走一半。此外，佃户还要向地主缴纳油、丝、麻、草料，甚至运粮的"脚钱"，要无偿地为地主舂谷，修建房屋，运送粮食，替他们应官差。有时佃户自己也得向官府纳税和应差役。至于地主的雇工，生活比佃户更加凄惨。

那些勉强留下一小块土地的自耕农，情况也不比佃户和雇农好多少。唐朝后期，封建国家的赋役剥削十分沉重。根据法令规定，贵族、官僚、地主一般可以免去租税和差役，即使不能免去，他们也有种种方法减轻和逃避，再不就干脆仗势不纳税不服役，沉重的赋役负担大部分落到自耕农民的头上。唐朝后期的正税叫做"两税"，数目已经很不少，可是官府还常常随便增加税额。最使人民痛苦的是，两税原来规定征钱，而农民手中只有粟帛。唐后期钱币流通量少，形成"钱重物轻"的现象，粟帛的价格逐渐下跌，用粟帛折钱交税，常常要比初定税时多交一倍到三、四倍的东西。正税之外，杂税名目繁多，层出不穷。而且，唐朝政府又常常不到缴税的时候就去向农民催讨税物，农民只好忍痛把没有织完的布帛和仅剩的一点口粮拿去完税。

根据唐朝政府的规定，农民原来负担的徭役，已经折成税款，并入"两税"之内，不需要再服徭役了。可是，官府却不照规定办理，依旧大量征发农民从事各种劳役，像修建官舍、城墙，运送官物等，不但不给报酬，农民还得自带口粮、工具。征发差役的时候又往往是在农忙季节，这就使得贫苦农民的负担更重了。

在这样沉重的剥削下，农民只得过着"二月卖新丝，五月粜新谷，医得眼前疮，剜却心头肉"的朝不保夕的痛苦生活。

连年不断的水灾、旱灾、蝗灾，田地经常歉收，可是官府和地主还是照旧收租收税。有些田地颗粒无收，官府就把这些田地应缴的税额摊派到那些还有点收成的田地上去。唐朝地方官考核政绩的主要依据是看管辖地区内人口赋税的增减情况。为了升迁，丧心病狂的官僚尽力设法隐瞒灾情，不许农民报灾。有个地方官荒谬绝伦地申斥报旱灾的农民道："树上还有叶子，哪里来的旱灾！"

缴不起租，完不了税的农民只好向官府、地主、商人借高利贷。这种高利贷的剥削很残酷，一般是月利四分到七分，而且是利滚利。一年过去，息钱常常差不多和本钱相等，重的一年息钱要超过本钱好几倍。还不起债的人就要被官府抓去坐牢。

　　逼得走投无路的农民只好卖掉自己的土地、家产来交租完税，偿还高利贷。为了活命，大批大批的农民只好投靠地主、官僚、贵族，充当他们的佃户、雇工和奴婢。或者离乡背井，逃往外地。逃走人家应缴的税物，地方官照数分摊在留下不逃的农民身上。于是本来可以不逃亡的农民也无法过下去了，只得也纷纷逃亡。

　　农民的血汗养活了庞大的封建统治阶级——地主、官僚、太监、僧道、武将、贵族和皇帝。他们过着十分奢侈荒淫的生活。公元869年，全国好多地方闹着严重的旱灾和蝗灾，老百姓纷纷逃亡、暴动。就在这时，唐懿宗（860—873）为他心爱的女儿同昌公主举行了一次极为豪华的婚礼。陪送的东西多得数不清，光铜钱就有500万缗，一缗是一千文钱，合计钱数达50亿；房子的门窗都用珍宝装饰，甚至畚箕、柜子、筐子都是用金银做的。

　　唐朝的政治也一天比一天腐败、黑暗。中央政权被宦官（太监）把持着，皇帝简直成了他们的傀儡。宦官与官僚之间又分成派别，进行着激烈的争权夺利的斗争。政变时常发生，政局动荡不定。唐朝地方最高级的官员是"节度使"（又称"藩镇"或"方镇"），他们掌握所辖地区的军政、民政和财政实权。当时，黄河下游和河北一带有好多节度使各霸一方，不听中央号令，形成所谓藩镇割据的局面，他们有时起兵反抗唐朝的中央政府，有时又互相攻打。他们抓兵抢粮，杀人放火，连年战争，弄得城市成了废墟，田野长满荒草，严重地破坏了农民的生产。

　　这种日子再也过不下去了，农民的愤怒增长起来，到处爆发了农民起义。其中规模较大的是唐宣宗大中十三年（859）浙江东部的裘甫起义和唐懿宗咸通九年（868）徐州（今江苏徐州市）地区的庞勋起义。裘甫的起义发展到三万多人，庞勋的起义发展到二十多万人。这两次起义虽然最后都被唐朝统治者残酷地镇压下去，可是起义军的余部散往各地，继续坚持隐蔽分散的斗争。农民心里的仇恨已经愈来愈深，更大规模的起义在农民中间酝酿着。

二、投奔起义军去

咸通十一年（870）以后，黄河中、下游一带的老百姓特别苦。水灾、旱灾已经接连闹了好几年。咸通十四年（873）的灾情更加严重，麦子的收成还不到往年的一半，大秋简直没有收到一点儿。等到冬天，连野菜也没的吃了。农民们只好吃草籽磨的面和夏秋留下的槐树叶子。

往年闹灾，农民们还可以到外地去逃荒，可是这一年的灾荒，西起虢州（今河南西部），东到海边，几乎都是颗粒不收，连逃荒也没处可去了。

灾情这样重，官府却还是和往日一样地向农民要税。农民缴不出来或是缴晚了，就得挨板子。为了完税，有的人家只好拆屋砍树，卖妻卖子。可是在那样的年月，田舍人口又能卖得了几个钱，得的钱常常连供下乡催税的差役们的吃喝还不够。租税之外，官府还要征调农民去服役。唐朝中央政府尽管也假仁假义地下令停征欠税，开仓赈济饥民，实际上只是一纸空文，农民的处境丝毫没有得到改善。

农民们没有法子再活下去，很多人自杀了，更多的人跑到深山港汉，拒绝纳税，打算跟官府拼一场。黄河下游地方常有水患，灾情特别严重，这一带地方人民中间流传着"金色虾蟆争努眼，翻却曹州（今山东曹县北）天下反"的民谣。反抗的呼声越来越高了。

唐僖宗乾符元年年底（875年初），私盐贩，濮州（今山东濮县东）人王仙芝和他的伙伴尚君长、尚让兄弟、柴存、毕师铎、曹师雄、刘汉宏、李重霸、徐唐莒等人，带领三千人在滑州（今河南滑县东）匡城县的长垣（今河南长垣县）起义了。起义军向各地发出宣言，指责唐朝官吏贪婪残暴，赋税繁重，赏罚不公，提出反抗唐朝统治的斗争目标。王仙芝自称是"天补平均大将军兼海内诸豪都统"，意思是说他要代表天来补足人间的不平，并明白宣称自己是一切反唐力量的首领。

乾符二年（875）五月，王仙芝的队伍攻下了曹州和濮州，被逼得无路可走的农民，纷纷离开苦难深重的家乡，投奔起义军。起义的队伍很快发展到好几万人，并且打败了驻在郓州（今山东东平西北）的天平节度使薛崇的进攻。

为什么这次起义首先由私盐贩发动起来呢？

原来，唐朝规定食盐由国家专卖，为了增加财政收入，政府把盐价定得很高。从政府那里承销食盐的商人又把卖价定得更高，有时竟超过官价的一倍，往往几斗谷子还换不到一升盐。在政府和商人的双重剥削下，贫苦的农民逼得只好淡食。于是就有些人组织起来贩运私盐，用比官价低的价钱卖给老百姓。江淮沿海是当时最重要的产盐区，山东西部和河南一带人口稠密，又不出盐，这些地方，特别是运河线一带，就成了私盐贩活动的重要地区。

私盐的贩运影响了唐朝政府的剥削收入，因而遭到政府的严厉禁止。唐朝政府把私盐贩叫做"盐贼"，派遣大批的士卒去缉捕他们。并且颁布法令，私盐贩贩盐一石到二石的，要受杖责和罚款；三石以上的，杖责以后充军到西北边疆去；带有武器并且拒捕的，按"盗贼"论，处以死刑。为了抗拒唐朝政府的搜捕，保护自己的营业，私盐贩们就成群结伙地武装起来，到处游动，和巡缉的士兵对抗。由于他们是有一定的组织，从结伙抗官的活动中得到了武装斗争的经验，在到处游动中熟悉了各地的情况，通过私盐的贩卖，又和贫苦百姓建立了一定的联系，因此，他们就自然而然地站在劳动人民一边，成为起义的发动者和领导者，成为反抗唐朝统治的斗争的核心力量。

王仙芝起义的消息像一阵风一样传遍了黄河中下游，也惊动了曹州冤句（今山东曹县北）的一个好汉黄巢。

黄巢出身于世代贩盐的富商家庭。他能文能武，骑马射箭、作诗写文章，样样都行，口才也很敏捷。为人十分豪爽，喜欢结纳豪杰，打抱不平，周济贫困的百姓，掩护一些受官府迫害的人，当地的老百姓都很拥护他。

黄巢曾去长安参加进士科的考试，想求得一官半职。可是政治那么黑暗，如果不向朝中大官或高级贵族钻营纳贿，就根本别想考上。黄巢在京中既没有门路，人家又因为他是个贩盐的出身，瞧不起他，所以考了好几次都没考上。进士没有考上，但唐朝政治的黑暗、剥削的残酷、政府的腐败无能、各地人民的痛苦生活，却被他了解了不少，从而增长了他对唐朝统治者的憎恨，也加强了他反抗唐朝统治的决心。从长安回来后，他曾做过一首菊花诗来发泄他的愤懑和不平：

> 待到秋来九月八，
>
> 我花开后百花杀。
>
> 冲天香阵透长安，
>
> 满城尽带黄金甲。

从这首诗可以看出，他当时已经有起兵反抗唐朝的意思了。

黄巢回家后，也从事贩运私盐，得到了不少斗争经验，又结识了一批志同道合的朋友。王仙芝起义的消息传来以后，他立刻召集七个本家兄弟计议，决定立即响应，并且分头去联络伙伴，集结人众。等到王仙芝打下曹、濮二州后，黄巢就同他的本家哥哥黄存、弟弟黄邺（又名思邺）、黄揆、黄钦、黄秉、黄万通、黄思厚共八人及数千群众在曹州北面二十里的冤句起兵。队伍很快就进入曹州，和王仙芝会合在一起。黄巢在王仙芝的队伍里担任"判官"的职务，充当起义军的副帅。

两支起义军会合后，力量更加雄厚。几万人的队伍，转战在山东南部，原先在这里活动的庞勋余部，也纷纷参加起义军。此外，从黄河到福建的广大土地上，还有许多反唐武装在活动，队伍多的有千余人，少的有几百人。全国性的农民大起义已经不可遏止了。

三、转战中原

乾符二年十二月（公元 876 年 1 月），王仙芝起义军东向进攻沂州（今山东临沂县），平卢节度使宋威从青州（今山东益都县）南下援救沂州，附近各道唐军也纷纷赶来。唐军和起义军在沂州城下大战，起义军失利撤退。宋威谎报战功，说农民军彻底失败，王仙芝已被杀死，要求各路兵马都撤回原驻地去，他自己也兴高采烈地回转青州。这个假的捷报传到长安，朝廷信以为真，百官纷纷上殿朝贺。不料刚过三天，地方上的急报传来，原来王仙芝不但没有死，而且带领队伍，胜利地避开了围攻的唐军，摆脱了不利的形势，打出山东，转战到黄河、淮河之间的广大地区，直接威胁着唐王朝的生命线——大运河了。

唐朝政府赶忙重新组织镇压的力量，任命宋威统一指挥各路兵马，加紧向王仙芝和黄巢的起义军进攻。各道唐军刚从沂州撤回休息，马上又接到紧急的征调命令，士兵们怨气冲天，士气低落，甚至发生骚乱。起义军抓住这个机会，采取了大胆机动的战略，突然向西进军，朝唐朝统治腹心地区的东都洛阳杀去。唐朝政府赶紧调兵防守洛阳和各处紧要地点，并且命令各路军队四处堵截起义军。

乾符三年(876)八月底，王仙芝率几万起义军攻到汝州(今河南临汝)城下，腐朽的唐政府在地方上并没有充分的武装力量，汝州刺史王镣临时派了500名士兵去城东二十里外的苦慕店抵挡，刚一交锋，便全军覆没。第二天，起义军一鼓作气，攻下汝州，俘虏了王镣。汝州是东都洛阳南面的屏障，离洛阳只有180里，也是起义军第一次攻克的重要城市。汝州失守的消息传来，东都大为震动，官僚贵族人心惶惶，纷纷携家带口，出城逃难。由于汝州和洛阳之间，横亘着险峻的山岭，唯一的通道是洛阳城南30里的伊阙，两山夹峙，一水中流，地势险要，易守难攻。起义军从汝州直接向北强攻，困难很多，于是改向东北迂回进攻，包围了郑州(今河南郑州市)，但是却被从郑州东面的中牟出击的昭义军打败。王仙芝见这一带唐军人数众多，防守严密，便放弃了进攻洛阳的打算，改向唐朝守备比较薄弱的河南西南发展。

这年十二月，王仙芝从河南经汉水流域攻到了蕲州(今湖北蕲春县)。到达蕲州城下的起义军一共是5000人。这时，起义军里发生了一个变故。

被起义军俘虏的汝州刺史王镣，是宰相王铎的堂兄弟，他随起义军到了蕲州。蕲州刺史裴偓，正好是王铎当考官时考中的进士，算是王铎的门生。于是，王镣为王仙芝写了一封信给裴偓。裴偓正为无法应付城外的义军发愁，接到信后，大喜过望，马上回信建议休战，由他为王仙芝向朝廷奏请招安、封官。王镣也极力劝说王仙芝答应。王仙芝受不住诱惑，开始动摇了，便答应停战，并且进城赴宴，接受了裴偓丰厚的赠礼。

裴偓的奏疏到了朝廷，引起宰相大臣们一场辩论。其他的宰相都反对，只有王铎力主招降。由于起义军实在不好应付，所以朝廷最后还是同意了王铎的主张，任命王仙芝为左神策军押牙兼监察御史，并且派了一个宦官把告身（即委任状）赶紧送到蕲州。

但是，投降的事遭到黄巢的坚决反对。他忿忿地对王仙芝说："我们最初曾经共同立下大誓，要横行天下，扫尽人间的不平。今天，你竟一个人到神策军去做起官来了。你忘了当初的誓言？你打算把这五千弟兄往哪里安置！"弟兄们也都愤愤不平，喧噪起来。黄巢义正辞严的斥责和弟兄们的愤激情绪，使王仙芝感到羞愧。他终于改变主意，拒绝了唐朝的任命，带领大家打进了蕲州城。

这场变故以后，黄巢不愿意再跟王仙芝继续合作，便带领 2000 多人向山东打回去，王仙芝和尚君长率领 3000 多人留在江汉地区。

在乾符四年（877）这一年里，起义军的声势越来越大了。南面，王仙芝在江汉平原活动，先后攻下了好几个州城，打得唐军只能被动防守，狼狈不堪。中路，尚让占据了嵖岈山作为根据地，活动在河南中南部。北边的黄巢更为活跃，乘着唐朝注意力集中在江汉淮南一带的机会，长驱北上，二月，攻下郓州，三月，攻克沂州，七月，包围宋州（今河南商丘南），十一月，黄巢又回到最初发动起义的地方，攻下了匡城、濮州。

面对着三路起义军在中原地区如火如荼的斗争，唐朝政府内部一片混乱。大臣们互相抱怨，争吵不休。宰相王铎、卢携支持老朽昏愦的宋威，另一个宰相郑畋则痛骂宋威谎报战功，欺骗朝廷，主张撤掉宋威和曾元裕的职务，由忠武节度使崔安潜、大将张自勉等代替。双方各持己见，互不相让。领兵大将之间，勾心斗角，矛盾很深，各路兵马，不服宋威调动。在这种情况下，唐朝政府一方面极力加强对起义军的军事镇压，同时，号召各地地主组织地方武装与农民军对抗，有功的可以升授官职，企图发动全部地主阶级来对付起义。另一方面唐朝政府又加强对农民军的分化诱降活动，扬言只要他们肯投降，首领可以授予官职，赏给钱财，起义群众可以由政府负责安置，或者编入官军，或者回家生产。

在军事上一再取得胜利使得唐军无可奈何的王仙芝，却又一次在唐朝阴险的诱降活动面前动摇了。

乾符四年（877）十一月，招讨副使曾元裕正在蕲、黄一带尾追再度西进的王仙芝，在曾元裕军中担任监军的宦官杨复光派判官吴彦宏去王仙芝军中诱降，王仙芝竟派大将尚君长和蔡温球、楚彦威去杨复光军中商洽。杨复光让尚君长等北去长安"请罪"和求官。不料这事被驻屯在亳州（今安徽亳县）一带的宋威探知。宋威因为出师无功，遭到各方面的攻击，如果杨复光招降王仙芝竟然成功，他的地位就更难保了。因此，他派兵在半道上劫走了尚君长等人，谎称是在颍州（今安徽阜阳县）西南的战斗中俘获的，以破坏杨复光的计划，把功劳算到自己账上。杨复光赶紧上疏申辩，说尚君长等实在是来投降的。唐朝政府派人前往审问，杨复光、宋威各执一辞，真象竟弄不清楚。最后，尚君长等人被唐朝当作"叛逆"解到长安东市斩首。

尚君长等人的被劫，使王仙芝放弃了妥协的幻想，再度发动猛攻。十二月，起义军攻打江陵（今湖北江陵县）。正当江陵眼看就要攻下时，襄州（今湖北襄樊市）李福的兵马出动了，同来的还有沙陀族骑兵五百人。襄州的援军和起义军在江陵北面二百四十多里的荆门（今湖北荆门县北）相遇。起义军缺乏对付骑兵的经验，经不住慓悍的沙陀骑兵的冲击，战斗失利。乾符五年正月六日（878年2月11日），王仙芝起义军的另一部在申州（今河南信阳市）东面被曾元裕击败，损失了两万人。

王仙芝的妥协活动及尚君长等人的被杀，再加上几次战斗失利，起义军的士气受了很大影响，战斗力也削弱了。唐军的气焰却高涨起来。当曾元裕在申州打了胜仗之后，唐朝政府终于解除了宋威的招讨使职务，由曾元裕接替，而由张自勉担任招讨副使。这年二月，东撤的王仙芝部和曾元裕在蕲州黄梅县大战，起义军被唐军击溃，五万多战士壮烈牺牲，王仙芝也被唐军斩首。农民军遭到起兵以来的第一次严重挫折。

王仙芝是唐末农民战争的发动者和最初的领导者，他带领起义军从山东一直转战到长江，最后在战争中牺牲。他虽然一度动摇，犯了严重的错误，但从他的全部活动看，仍然应当作为农民革命的领袖而载入史册。

四、南征

南面的起义军受到了重大的挫折，北方黄巢领导的起义军却得到了发展。

王仙芝战死时，黄巢正在围攻亳州。王仙芝在江北的余部由尚让率领北上，投奔黄巢。大家推黄巢为最高领袖，称他"冲天大将军"，意思是让他带领大家冲倒唐朝的天下。在黄巢领导之下，起义军建立了军事政权，任命了各级官属，并且宣布不再用唐朝的乾符年号，改元为"王霸"，表示和唐朝中央政权对抗到底。

当时，黄河以北的河北地区，是长期割据的半独立的"河北三镇"的地盘。地方军阀的武装力量比较强，不利于起义军的发展。黄河以南的山东、河南一带，是唐朝统治的腹心地区，军事据点不少，守御坚强，军队众多。而且，唐朝在这带地区又集中了很雄厚的机动兵力，极力追击和堵截起义军，地方上的地主武装也纷纷和起义军对抗，起义军的活动渐渐感到困难。王仙芝失败以后，唐朝政府又准备把原先对付王仙芝的唐军调过来进攻黄巢，形势对黄巢很不利。

为了避开集中的唐军的打击，为了使起义的火焰燃烧到更广大的地方，也为了和在江南地区活动的起义军取得联系，黄巢决定向南进军，打过长江，到唐朝统治比较薄弱的江南地区去。

乾符五年（878）三月，中国历史上有名的战略远征开始了。起义军从山东西南部出发，首先做出要去打唐朝的东都洛阳的样子。当唐军急急向洛阳集中的时候，黄巢却突然带领起义军急速南下，渡过淮河，河南的唐军只好眼睁睁地看着起义军向淮南地区杀去，毫无办法。这年夏天，起义军从和州（今安徽和县）和宣州（今安徽宣城）一带渡过长江，向宣、歙（今皖南）、两浙（今江苏南部和浙江）发展。黄巢的渡江使江南地区农民起义的火焰燃烧得更加炽烈。

黄巢起义军作战路线图

这年八月，起义军攻宣州（今安徽宣城），但在宣州西一百零五里的南陵作战失利。起义军继续东进，前锋进攻杭州（今浙江杭州市），未能攻克，便渡过钱塘江，在这年的九月攻下了浙东的首府越州（今浙江绍兴）。浙东观察使崔璆也在被俘后归顺了起义军。

尽管如此，两浙的局面还是很难打开。镇海节度使高骈是个残暴的军阀，军队战斗力也比较强。高骈派遣部将张璘、梁缵等人分路大举进攻，起义军受到不小的损失，越州很快又被张璘夺回。另一方面，两浙地区的地主武装——土团，也纷纷活动，像杭州附近就有八支地主武装，号称"杭州八都"。两浙地区狭窄，河汊密布，岗峦纵横，不利于大队人马流动作战。起义军在两浙遇到很多困难，于是，黄巢决定放弃浙江，向福建进军。

从浙江到福建去的路很不好走。走海路吧，队伍太多，一时找不到这么多的船只，只好走陆路。可是，陆路要通过浙江和福建交界处的仙霞岭，这里山峦起伏，绵延 200 多里，到处是悬崖峭壁，最高峰海拔达 1500 公尺以上，又有许多涨落无定的溪流，有的地方只有一条弯弯曲曲的小路，狭窄处行人只能贴着山岩通过，有的地方简直连路也没有。这条路，单身旅客走起来都很困难，更不用说带了好多武器和辎重的大队伍了。

起义军并没有被这些困难吓倒，他们自己动手，逢山开路，遇水搭桥，在短短的一两个月时间里，打通了从衢州（今浙江衢州）到福建建州（今福建建瓯县）之间的一条 700 多里的山路。起义军的大队人马就沿着这条道路浩浩荡荡地开进了福建。从此以后，这条起义军开通的山路就成了浙江和福建之间的交通要道。

乾符五年十二月十三日（878 年 1 月 9 日），起义军攻克福州（今福建福州市），福建的许多州县都被起义军占领。当时许多失意的地主阶级知识分子对唐政府很怨恨，在社会上形成了一股可能与农民起义相结合的力量。黄巢本人也是个多次投考进士不中的失意知识分子，他了解这些读书人的心理，并且注意争取他们。早在攻入福建之前，起义军中就流行着这样的口号："逢儒则肉，师必覆。"意思是说：如果随便杀死碰上的读书人，就一定要打败仗。进入福建以后，尊重读书人在起义军里竟成了一种风气，甚至许多被俘的地主，只要冒充是读书人，就可以得到释放。但是，对那些坚决跟起义队伍为敌的地主阶级知识分子，起义军也是毫不客气。有个在福建颇有点名气的诗人周朴，被黄巢请去参加起义军，他却大骂说："我连唐朝天子手下的官都不肯做，怎能从'贼'。"黄巢便把他杀掉。由于起义军这种正确的政策，不少地主阶级知识分子参加了起义军，另一些则采取中立、观望的态度，从而分化了地主阶级，削弱了唐朝的统治力量。

虽然唐朝在福建地区根本没有可以和起义军抗衡的力量，但是这一带地方狭小多山，缺乏充足的粮食、物资，不利于大部队的活动，因此，起义军在福建只停留了一个短时期，就继续南下，乾符六年（879）五月，来到了广州（今广东广州市）城下。

广州是唐朝重要的国际贸易商港，有人口十余万，相当富庶。攻占这个地方，不仅可以使起义军得到休整的基地，而且也是对唐朝的沉重打击。驻在广州的岭南东道节度使李迢眼见无法抵挡起义军的进攻，便建议朝廷招降黄巢。

唐朝政府虽然对起义军采取军事镇压和分化诱降两手相结合的政策，但是大臣中有的主"剿"，有的主"抚"，意见不一，矛盾重重。经过一场争论之后，唐朝政府决定授给黄巢一个率府率的四品官，并把告身送到广州去。

起义军知道了唐政府的招降阴谋之后，十分愤怒，立即进攻广州，当天就占领了全城，俘虏了岭南东道节度使李迢。随即分兵四出，占领了岭南各州县。然后，黄巢就命令队伍停下来休整，并对行军途中参加进来的大批农民加以训练。

在一年多的时间里，起义军从山东一直打到广州。在长途的行军和作战中，不仅得到了丰富的战斗经验，而且也发动了大批农民起来斗争，起义军从几千人扩大到了五十万人，已经成长了，壮大了，对腐朽的唐朝政权作最后冲击的时刻到了。

五、北伐

起义军在岭南进行了休整，解除了长途行军作战的疲劳，新参加队伍的战士也训练好了，将士们都换上新装，把刀枪磨得雪亮，个个精神奋发，急着要和唐军决一死战。另一方面，北方战士不适应岭南的气候，时疫在起义军里流行起来，好些人病死了，部队纷纷建议赶紧北上，去摧毁唐朝的统治。于是黄巢决定北伐。

乾符六年（879）深秋，黄巢带领着人强马壮、纪律严明的起义军出发了。起义军的北伐宣言像长了翅膀一样地飞传到各地。宣言指出唐朝的大权被宦官把持着，政治腐败，黑暗到了极点，大臣与宦官勾结起来贪污营私，选拔任用官员流弊百出，有才能有骨气的人都受到排斥；起义军这次北伐，就是要一直打到长安去，把这个可恶的政权连根拔掉。宣言里又宣布，唐朝文武官员如果投降，一概不究既往，并可得到奖赏，起义军所到之处，严禁官吏贪污，刺史不许添置财产，县令不许贪污，如果一旦查出，全家老小和亲属都要杀掉。宣言的署名是："百万义军都统黄巢。"宣言句句打动了人民的心，在起义军行军途中，大批大批的农民加入了黄巢的队伍。

这年十月，起义军到了桂州（今广西桂林市）。起义军砍了大量的竹子，编成几千大竹筏，趁着湘江涨水的机会，乘着竹筏，顺流而下，浩浩荡荡地杀向湖南。从桂州出发还不到一个月，起义军就攻下了永州（今湖南零陵）、衡州（今湖南衡阳市），很快地打到潭州（今湖南长沙市）。潭州城高池深，是唐军防守起义军北上的第一道防线。守将李系，是将门之子，口才虽好，实际是个草包，却被王铎看中，让他当行营副都统兼湖南观察使。李系手下有精兵五万，连同地主武装和杂牌部队，将近十万人。起义军攻到潭州，李系闭城不敢出战，起义军发动猛攻，仅仅一天，就打开了潭州城，十万唐军，全部溃散。李系向西逃往朗州（今湖南常德），起义军乘胜追击，从南面绕过洞庭湖，攻下朗州，直逼江陵。

江陵是唐朝军事要地，向北顺汉水经过襄阳可到陕西，西扼四川门户，东通江淮，商业和手工业十分发达，人口有20多万。专门对付黄巢的都统王铎就驻在这里。王铎的主力部队已在潭州被歼，起义军进兵又极其神速，各地唐军一时来不及调齐，驻在江陵的唐军一共还不到一万人。王铎着慌了，他左思右想，没有别的办法，只好将部将刘汉宏找来，宣称自己要到北面的襄阳去跟新任山南东道节度使的刘巨容的部队会合，命令刘汉宏率3000人马留守江陵。说完，王铎就带领大部分兵马逃跑了。

刘汉宏是土匪出身，等王铎一走，他就带着这3000人在江陵城里城外抢开了。他们挨家挨户抢过去，见到财物就往身上塞，见到年轻妇女就捆起来带走，老百姓要是抵抗或抗议，就被一刀杀死。他们又到处放火，把个繁华的江陵城烧成一片瓦砾。这伙强盗就在火光和哭声中带着抢来的财物和妇女跑了。侥幸没有被杀害的老百姓逃到城外山谷中去躲避匪徒的凶焰，可是又碰到一连好几天的大雪，他们又冷又饿，死了好些人。等到十几天后，尚让率领着起义军部队打到江陵的时候，江陵已经成了一座死城。

乾符六年（879）十一月，起义军从江陵向北进攻襄阳，中了唐军刘巨容部的伏击，受到一些损失，于是转过头来朝东前进。到了广明元年（880）年初，起义军已沿着长江南岸打到宣州、歙州（在今安徽南部）等地。黄巢面前的主要的敌人是淮南节度使高骈。他在淮南修缮城垒，招募士兵，积极备战。这时气焰更加嚣张。高骈派他最得力的大将张璘渡江向起义军进攻，起义军连续遭到失败，同时，长江天险挡住了起义军北上的进路，限制了起义军活动的范围，地方上又流行着时疫，不少起义军受到感染死亡，战斗力大为削弱。

为了摆脱困境，麻痹敌人，黄巢贿赂张璘一大笔金钱，借此缓和正面唐军的压力。又给高骈写信，假称要投降，请高骈替他向朝廷请求。阴险的高骈正想借这个机会消灭起义军，也就假意答应替黄巢请求节度使的官职。但是，高骈过低估计了起义军的力量和斗志，以为起义军已经到了山穷水尽的地步，真心想投降，不须再进行什么战斗了，因而放松了戒备。五月，正当高骈洋洋得意，以为可以立刻消灭起义军，立下不世的功勋的时候，黄巢突然向高骈宣布断绝一切往来，要求进行战斗。高骈又急又怒，轻率命令张璘立刻进攻，结果被经过充分准备的起义军一举击溃，高骈的精锐部队损失殆尽，张璘也阵亡了。黄巢于这年七月，乘胜率起义军从宣州当涂县的采石矶渡过长江，高骈辛辛苦苦经营了几个月的长江防线被突破了。高骈惊慌失措，只得龟缩在扬州城内，再也不敢出战。九月，起义军又顺利地渡过淮河，在北起宋州，南达申州的正面战线上向东面推进，而主力则从颍州（今安徽阜阳）经过汝州直指洛阳。

渡淮的起义军，队伍整肃，纪律严明，不烧杀不抢掠，跟腐朽混乱的唐军成为鲜明的对比。起义军号召农民参加队伍，壮大自己的力量，同时，又尽力分化唐朝统治阶级，孤立唐朝的中央政权，以便减少向长安进攻的阻力。黄巢曾给各地藩镇送去文牒说："你们应当停留在自己的驻地，不要妄图阻挡我的进攻。我们进军方向是东都洛阳，随后再到长安，目的是向中央政府问罪，你们没有什么干系。"事实上，起义军也很好地执行了这个方针。当起义军在淮南活动时，有个名声还好的庐州（今安徽合肥市）刺史郑棨，曾经给黄巢送去一份通牒，请起义军不要入境，黄巢同意了他的请求，起义军便没有进入庐州境内。这样，在起义军强大的军事和政治攻势面前，混乱无能的唐朝统治者几乎无法组织有效的抵抗。

六、潼关之战

自从三年前起义军南征之后，中原人民就一直盼望着起义军回来。广明元年（880）十一月，天气异常地暖和，简直跟春天一样，这样好的天气给从南方远征而来，未及置办冬装的起义军以很大的方便，也使得久盼起义军归来的中原人民心里洋溢着春天一样的喜悦心情。十一月十七日（880年12月22日），起义军在凯歌中行进，没有经过战斗，便进入东都洛阳。唐朝的东都留守刘允章见大势已去，只好率领大小官员前往迎接，表示归顺。只有李磎等少数几个官僚坚持反动立场，带着东部留守司的重要印信，逃过黄河，跑到河阳（今河南孟县西南）去了。

东都洛阳是全国仅次于长安的第二个大城市，城周围有五十多里，皇宫御苑，巍峨豪奢，城内纵横各有十条大街，又有几个大市场，人烟茂密，街道繁华。起义军占领了这样的大城市，军纪十分良好，城里秩序井然，人们依旧安心生活，做买卖。黄巢慰问了城里的老百姓，紧接着带领六十万大军，向西面的潼关进发。

潼关是长安的大门，关南是险峻的高山，关北是湍急的黄河，中间是一条盘旋曲折的小道，潼关关口就在山腰上面，正好锁住通向长安的道路，形势十分险要。从潼关西望，就是一马平川，河渠纵横，道路宽阔的关中平原，这里物产丰饶，人烟稠密。唐朝的国都长安就坐落在平原的中心。因此，潼关的得失关系到长安的命运。

潼关的守将是一再被黄巢杀得大败的齐克让。这时他带了一万名残兵败将守在关外，眼看起义军的 60 万雄兵就要到了，不由得他不着慌。告急的文书雪片似地送往长安。文书上说："我收兵退保潼关，在关外扎寨。部下经过多次战斗，食粮和武器早已不足。潼关一带因为常有军队来往和驻扎，骚扰得很利害，老百姓早都跑掉了，没处去找给养。士兵们又冻又饿，只想回家，不想打仗，队伍随时都有溃散的危险，希望朝廷赶紧运粮食、派援军来，不然就没法支持了。"

唐朝的皇帝接到告急的消息，想不出一点办法，只能对着宰相流泪，满朝文武也是慌做一团，后来只好从东、西两神策军里拼凑了 2800 人，令张承范等人率领，开赴潼关。同时，又赶紧下令，从长安城里召募新兵，补充禁军。

洛阳失守后的第八天，这支 2800 人的军队才从长安出发。由宦官指挥的神策军既然是天子的禁军，照理说应该是全国最精锐的军队了，可是实际上却是全国最腐败的军队。这支军队里的士兵多半是长安的富家子弟，他们因为贪图丰厚的军饷和赏赐，贿赂了宦官，才当上了禁军。他们平时只晓得穿着漂亮的军服，骑着高头大马，耍威风，摆架子，欺压老百姓，从来没有上过战场，根本不知道打仗是怎么一回事。这些冒牌的士兵和他们的家人听说要出征了，不禁大哭起来，有的素性花钱雇一些连兵器都扛不动的生病的乞丐和穷人来顶替，这支乱七八糟的队伍出发时，皇帝到城楼上送行，张承范着急地奏道："听说黄巢率领西进的人马有几十万。这边只有齐克让领着饥饿的士兵一万人，现在派我带着这两千多人去守关，又没听说有补充军备给养的打算。像这样来对抗黄巢，实在叫人寒心。希望陛下督促各地精兵早来救援。"听到这样丧气的话，皇帝只好假惺惺地安慰他们说："你们先走，援兵随后就到。"

十二月初一（881 年 1 月 4 日）张承范的军队到了潼关，好不容易抓到 100 多个村民来搬石运水，准备守关。这时无论是关外的齐克让军，还是关上的张承范军，都已绝粮，士气十分低落，只是挨一刻算一刻。

就在这天，起义军的先头部队来到关前。唐军从潼关城楼上远远望去，只见漫山遍野飘扬着无边无际的雪白的旗帜，不知起义军有多少人马。齐克让指挥部下勉强应战。两军接触，起义军先头部队的攻势暂时受阻。就在这时，黄巢赶到了阵前。起义军战士都知道这是有决定意义的一仗，又见到自己的领袖亲临前线指挥，禁不住齐声欢呼，奋勇向前冲去。这一阵排山倒海的攻击，夹着惊天动地的呼声，只震得黄河的急流怒吼如雷，华山的危崖仿佛颤颤发抖，唐军更是心胆都碎，加上又没有吃饭，勉强支持一阵就溃散了，关下的营盘也被溃兵烧掉，齐克让好不容易才从乱军中逃出，赶紧进关，再也不敢出战了。

潼关南面有一个山谷，可以通到关后。平时唐朝政府禁止商人旅客走这个谷道，规定过路人一律要经过潼关，因此，这谷就叫做"禁谷"。匆忙中，唐军忘了在这里设防，关前战斗之后，溃散的唐军大批大批地从这里逃入关内，一夜之间竟把原来长满藤萝和乱草的山谷踩出一条大路来。第二天，起义军探知有这条路，赶紧派兵从这里前进，去抄潼关的后路。这一天，起义军和唐军在关前激战了一整天，关外一条深壕，被起义军奋力运土填平，大军直抵关下。入夜，起义军发动火攻，一霎时，潼关城楼就化为灰烬。这时，张承范才想起禁谷没有设防，赶紧分兵 800 人去防守。等到唐军到达时，起义军早已在尚让率领下越过禁谷，到了关后。第三天一早，起义军从关前关后同时夹攻，唐军全部溃散，张承范化装后率领残兵西逃，天险潼关被起义军占领了。

张承范逃到野狐泉（今陕西华阴县西南）遇见从奉天（今陕西乾县）调来救援的两千名神策军，气急败坏地说："来晚了！来晚了！"说罢便一齐狼狈地继续后撤。另一支援军走到长安城外的渭桥，正好碰上田令孜从长安市民中招募来的新军。士兵们一见这批新军穿着温暖的衣着，便一哄而上，把这些新军抢个精光。一部分人趁机转回长安，又在西市大抢一通。一部分人索性留下来，准备给起义军带路。这样，从潼关到长安 300 多里的大路上，再也没有唐朝的守兵，通往长安的大路敞开了。起义军更不停留，黄巢派大将乔钤把守华州（今陕西华县），大军以每天 100 多里的速度向长安疾进。

七、占领长安，建立大齐政权

广明元年十二月五日（881年1月8日），溃散的唐军涌进长安城里，乱抢乱烧，潼关失守的消息已经证实，局势已无可挽回。唐僖宗和四个皇子几个妃子，由五百神策军护送，偷偷地出长安西面的金光门向兴元（今陕西汉中市）方向逃跑了。

皇帝逃跑的消息一传出去，城中顿时大乱，文武百官纷纷乱藏乱躲，有些士兵和市民就打进府库，把积存的金帛拿出来分掉。

到这天下午，起义军的先头部队由大将柴存率领，进入了长安。老百姓像潮水一样地涌向东门，去欢迎起义军。欢迎的人群中还夹杂着以金吾大将军张直方为首的几十名唐朝文武官员，他们并非真心归顺起义军，而是想去观观风色。

起义军一队又一队地从人前走过，步兵们缠着红色的头巾，穿着鲜明的衣服，扛着刀枪，一排排整齐地走着，顶盔带甲的骑兵，举着雪亮的长矛，挺坐在马上，轻快地跑过去，数不清的辎重车辆，满载着军器、粮食和物资，紧跟在后面，把宽广的大路塞得水泄不通。长长的队伍汇成一条巨流，走在过去一直是皇帝、官僚、贵族、军阀们耀武扬威的长安大道上。

黄巢从长安东面的春明门进城了，人群骚动起来，争着向他涌去，想更仔细地看看英雄的容貌。这时候，大将尚让出来对大家讲话了："黄王起兵，本是为了百姓，不像李家皇帝那样不爱惜你们，你们尽管安心过日子，不用害怕。"他的话音还没有落，欢呼声就像巨潮汹涌一样地响了起来。起义军又纷纷把财物和布帛散给路边的穷人。长安城里，出现了一片节日的欢腾景象。

起义军爱憎分明。他们对贵族、官僚、富人毫不容情。许多富人的财产被没收，一些作恶多端的唐朝皇室、贵族、官僚也受到了镇压。

十二月十三日（881年1月16日），黄巢在大明宫的正殿含元殿即皇帝位，定国号为"大齐"，建元"金统"，模仿唐朝的政府组织，建立了新政府。

新政府建立之后，立即下令整饬军纪，不许随便杀人，收缴散在民间的兵器，以防止歹徒扰乱社会秩序。同时，又下令长安城中的唐官一律到新政府报到，听候处置。许多没有来得及逃跑的唐朝官僚贵族不愿投降，四处藏匿，结果被搜出处死。曾"欢迎"起义军入城的唐金吾大将军张直方在家里隐藏了 100 多名唐朝的公卿贵族，企图组织暴乱，结果被人告发，全被逮捕处死。侥幸没有被捕的官僚贵族，纷纷逃出长安。唐懿宗的妃子郭氏流落民间，最后不知下落。

新建的大齐政权，直接控制着关中腹心地区。在关中地区之外，各地藩镇又多向新政权表示归顺。河中留后（驻蒲州，今山西运城西南）王重荣、忠武节度使周岌、东都留守刘允章、平卢军将王敬武等都归降了大齐政权。夏绥节度使诸葛爽，本来领着一支河东节度使（驻太原）的兵马屯驻栎阳（今陕西临潼北），准备进攻起义军，这时也投降了黄巢。黄巢命他为河阳节度使。诸葛爽带兵赴任，原节度使罗元杲出兵抵抗，士兵却自动放下武器，欢迎诸葛爽进城，罗元杲只好单身逃往成都。长安西面的军事重镇凤翔（今陕西凤翔），由坚决与起义军为敌的前宰相郑畋当节度使，起义军攻克长安以后，郑畋号召部下出兵，部下打算先观观风色，郑畋气得昏倒。这时黄巢的使者正好来到，监军袁敬柔就代表郑畋向使者表示归顺。这时，大齐政权的使者到处奔走，金统年号的文告四处发布。各地藩镇不是承认这个新的中央政权，就是表示观望，就连远在西北的敦煌，也采用了金统年号，宣布归顺。农民起义军的声势达到了顶点。

起义军转战两年，取得了这样辉煌的胜利，一方面固然是唐朝统治已经腐朽透顶，在全国起义形势成熟的情况下，无力抗拒农民起义军；另一方面，也是由于起义军战略和政治策略运用的成功，起义军看准了唐朝中央政权对各地统治力量的不平衡、各地藩镇与中央之间以及藩镇彼此间的矛盾，避开了唐朝中央政府统治力量较强及藩镇势力强大的北方，采取大规模流动作战的方式，转移到唐朝统治力量较弱、灾荒损害较小、物资比较丰富的南方，充实、壮大了自己，同时又阻扰和切断江南富饶之区与关中唐朝中央政权之间的联系，削弱了唐朝中央政权的经济力量。此外，黄巢利用唐朝中央政权的苟安心理和中央与藩镇之间的重重矛盾，集中力量进攻中央政权，直捣长安，而对各地藩镇则采取分化政策，争取他们中立，从而削弱了敌人的反抗力量。在军事上，起义军则采取既坚决而又灵活的作战方针。在北伐时，北上襄阳遇到阻碍，立刻转而东下，到了江南，又把防守严密的扬州撇在身后，采取大规模的战略机动，直指中原。而当进攻潼关，必须攻坚的时候，起义军又能奋不顾身，一鼓作气，拿下号称天险的潼关，打开通向长安的道路。这一切，都表现了农民的英勇、坚强和高度的智慧。

正是上述这些原因，使双方力量对比在短短两年里发生了根本的变化，使得起义军能在整个中国燃起一场燎原大火，并以摧枯拉朽之势，长驱直入长安，从根本上动摇了唐朝260多年的统治。

八、长安被围

打进长安，建立大齐政权，是起义军胜利的顶点，也是起义军失败的开始。

辉煌的胜利使得起义军骄傲和麻痹起来。他们以一天100多里的行军速度迅速攻克长安之后，却没有派兵去追击仓皇逃窜的唐僖宗。这个昏庸的小皇帝带着少数神策军，竟在起义军的眼前，以一天五六十里的速度，越过秦岭逃到兴元。然后又从兴元逃到成都，依靠田令孜的胞兄、西川节度使陈敬瑄的支持，在成都重新建立起唐朝的小朝廷，并号召各地地主、官僚、藩镇联合起来进攻起义军。逃散的唐朝百官，逐渐奔赴成都，各地的税收贡赋，也都开始向成都输送。这个本来已经濒于灭亡的唐朝中央政权竟然又逐渐缓过气来，露出它的狰狞面目。成都成了和长安对抗的反革命中心。在这个具有关键意义的时刻，起义军却在长安按兵不动，忙着定国号、称皇帝、封百官，为某些藩镇不可靠的输款纳降的消息所陶醉，却没有想到，这些藩镇只是慑于起义军的威势，又不知唐朝中央政权的命运如何，因此才暂时表示归顺，观观风色。他们尽管平日同唐朝中央政权闹矛盾，彼此之间又经常冲突，但在维护封建的经济剥削和政治统治这个根本问题上始终有着共同的利益。当他们发现起义军的发展直接威胁到地主阶级的根本利益和他们自己的具体利益时，他们就可能联合起来，支持唐朝中央政权，共同对抗起义军。

首先起来对抗黄巢的是已经公开投降了起义军的河中留后王重荣。他与领兵入关的义武节度使（驻定州，今河北定县）王处存结盟，进驻渭北（今陕西鄜县、宜川、黄陵一带），在长安的北面形成一条反对起义军的战线。在长安的东南、跟起义军打过多年交道的太监杨复光，这时正任忠武军监军，带着一部分军队驻扎在邓州（今河南邓县），唐朝政府任命他为京西南面行营都统。于是，在长安的东南面也出现了一条反革命战线。而真正充当进攻起义军的急先锋的则是凤翔节度使郑畋。郑畋杀掉黄巢派来的使者，又让他的儿子郑凝绩去投奔唐僖宗，表示他与起义军为敌到底的决心。中和元年（881）三月，唐朝任命郑畋为京城四面诸军行营都统，并给他以用"墨敕"任免官吏的特权。又根据郑畋的建议，任命泾原节度使（驻泾川，今甘肃泾川北）程宗楚为副都统，前朔方节度使（驻灵州，今宁夏回族自治区灵武县南）唐弘夫为行军司马，积极布置进攻长安。凤翔一时成为反革命的军事中心，成了插在起义军背上的一根芒刺。

起义军决心拔掉这根芒刺。黄巢派大将尚让、王播率领五万人进攻凤翔。双方相会于龙尾坡（今陕西岐山县东）。郑畋先派唐弘夫埋伏在要害地方，自己领了几千士兵，疏疏落落地列阵在一座高岗上。尚让等人过于骄傲，以为郑畋是个书生，一定不懂用兵打仗，就一拥攻上，队伍也乱了，不料埋伏的唐军突然杀出，起义军猝不及防，打了个败仗，损失了两万多人，只好向后退却。

起义军遭到挫折，敌人的气焰顿时嚣张起来。善于舞文弄墨的郑畋，乘机发布一道檄文，号召各地藩镇联合起来"讨贼"。不少藩镇纷纷出兵响应，唐军开始发动攻势。王重荣、王处存从东面和东北面，唐弘夫、程宗楚、拓拔思恭、朱玫等从西面和西北面，步步向长安进逼，其中以唐弘夫、程宗楚和王处存两支军队离长安最近。王处存屯兵在长安东北50里的渭桥，唐弘夫等则一直进到离长安城北20多里的渭河边上。

　　黄巢决心用计消灭敌人。中和元年四月五日（881年5月6日），黄巢领兵离开长安向东撤退。唐军得到消息，纷纷抢着进城，程宗楚先到，唐弘夫随后，他们怕其他部队争功，连凤翔军和鄜夏军都没有通知。当夜，王处存也领了五千精兵赶到。这些唐军不仅不去追击起义军，甚至连起义军的去向都不打听，他们只顾忙着强占民房，抢劫财物，掳掠妇女，盔甲兵器都扔到一边了。城里的一些流氓无赖也乘机活动，有些人缠上了唐军作为识别标志的白头巾，冒充官军进行抢劫。

　　起义军其实并没有走远，就露宿在城东20里的灞上。这时打听到城里唐军的混乱情况，并且知道其他各军并未继续开来，就连夜回军从各门突进长安，与唐军在城内展开大战。唐军既没有统一的指挥又没有后续部队，再加上抢来的财物太多，既背不动又舍不得扔掉，连跑都跑不动，哪里还能打仗。结果被起义军消灭了十分之八九，程宗楚、唐弘夫也死掉了。只有王处存收拾少数残兵败卒逃出城去。一夜之间，起义军再度克复了长安。

　　鉴于唐军入城时反动势力的猖獗情况，起义军收复长安之后，对他们进行了一次大规模的镇压，杀掉许多地主、官僚、贵族和坏分子，城里的秩序逐渐安定下来。

　　尽管起义军再度克复了长安并在打破唐军对长安的包围圈的战斗中取得了一连串的胜利，但是他们的战略地位并没有得到根本的改善，处境越来越困难了。过去他们虽然打下许多地方，因为没有派兵留守，又都被官僚、军阀和地主武装夺了回去。这时，起义军能够控制的只有长安附近南北不过几十里，东西也只有二三百里的一小片地区。这个地区人烟稠密，城市人口众多，统治阶级的剥削又十分残酷，粮食本来就不够吃，一向靠外地调运。经过残酷的战争和唐军的骚扰，大批农民或死或逃，许多土地荒废了，外地的粮食又运不进来。几十万起义军和长安一带人民的吃饭成了十分严重的问题。地主商人乘机囤积粮食，抬高粮价，大做投机生意。原先一二百文一斗的米，这时竟卖到三万文，起义军和老百姓只好吃树皮、野草和草籽。

　　中和二年（882）正月，唐朝政府重新调整军事部署，免去远在淮南，逗留不进的高骈诸道行营都统的职务。改令王铎为宰相兼诸道行营都统，跑到成都的郑畋也被任命为宰相，参预军务。对于各路兵马，也重新作了一番布置。王铎率东西川、兴元的唐军屯于长安东北富平的灵感寺；长安的西面是屯于京西的泾原军，屯于兴平的邠宁军和凤翔军，屯于武功（今陕西武功西）的忠武军；长安的北面是屯于东渭桥的保大军（即鄜延军）和定难军（即夏绥军），屯于渭北的义武军和河中军，十一路唐军再次缩紧了对长安的包围。起义军所能控制的地区，除去长安之外，只有华州和新攻占的同州（今陕西大荔县）了。

虽然起义军处于不利的地位，但仍四面出击，取得了不少胜利。西面把驻屯兴平的唐军逼到奉天，北面尚让从同州一直打到宜君寨（今陕西铜川市北）。不料在七月遇到一场大雪，起义军冻死两万多人，受到不小的损失。

在困难的形势下，有些起义军将领动摇、叛变了。这年八月，防守东面战线的同州防御使朱温借口黄巢没有答应他增加援军的请求，杀掉监军严实、大将马慕，献出同州，投降了王重荣，并无耻地认王重荣作舅父。唐朝政府得到朱温，如获至宝，马上任他为右金吾大将军、河中行营招讨副使，并且赐名"全忠"，以表扬这个叛徒的变节行为，希望他能始终忠于唐王朝。

受了朱温叛变的影响，华州守将李详也进行了投降活动，但被监军告发，黄巢立刻把李详杀掉，派他的弟弟黄邺去镇守华州。但不久以后，李详的一些部下又把黄邺赶走，把华州献给王重荣。这样，长安东面的战线被打开了一个缺口。

尽管起义军受到这些挫折，唐军还是无法改变相持的局面而取得更大的进展。不少唐朝将领出现了像王重荣所说"臣贼则负国，讨贼则力不足"的彷徨心情。于是在杨复光等人建议之下，唐朝政府决定召请在雁门关北面一带活动的沙陀族酋长李克用带领沙陀兵前来助战。

这年十一月，李克用得到唐朝召他前去镇压起义的命令，立即率沙陀兵四万人南下，驻在河中。黄巢派使者与李克用讲和，使者竟被杀掉。十二月，因为穿黑衣服而号称鸦儿军的沙陀兵从夏阳（今陕西郃阳县西）

渡过黄河，驻进同州，开到了镇压起义军的最前线，唐政府任命李克用为雁门节度使、东北面行营都统。力量对比变得不利于起义军了。

中和三年（883）正月，李克用的部将李存贞和黄巢的弟弟黄揆大战于同州南面的沙苑，起义军失败了。二月十六日（3月28日），十五万起义军在尚让等人的率领下，在梁田陂（今陕西蒲城县西）同以沙陀骑兵为主力的唐军大战。战斗从中午一直持续到黄昏，起义军败退，损失了好几万人。李克用乘胜以主力包围了被王播、黄邺重新占领的华州。

黄巢派尚让等去救华州，中途被李克用、王重荣的联军打败。沙陀兵一直进到长安北面的渭水边上，小股的沙陀骑兵每夜潜入长安城内进行骚扰，城内秩序开始混乱了。

起义军缺乏对付强悍的沙陀骑兵的有效办法，几次战斗，都吃了大亏。长安城的存粮又已吃尽，敌人四面合围，长安已无法再坚守下去了。黄巢看到了这一点，他派了三万起义军去守卫长安东南的蓝田道，预先留下退路，然后集结力量准备和唐军作战。

三月底，黄揆等人在华州坚持了一个多月之后，撤出了华州，长安外围最后一个重要据点失去了。长安已成孤城，唐军从西、北、东三面包围上来。李克用的沙陀兵和忠武军、河中军首先渡过渭河，起义军拼死抵抗，一日三战，唐军的后续部队源源而来，起义军且战且退。四月八日（5月18日），李克用从长安东北禁苑（皇家花园）的光泰门冲进禁苑。起义军苦战一天，不能取胜，第二天，黄巢焚烧了一部分宫室，率领15万人按原定计划向东南方向撤退。

进入长安的沙陀兵和其他各路唐军乱烧乱杀，长安城里，火光冲天，哭声不断，来不及撤退的起义军及其家属和长安市民纷纷被害。这座当时世界最大最繁华的城市，几乎全被烧光、抢光。

起义军十分了解唐军贪婪的特点。他们在撤退时，故意把一些珍宝沿途抛撒。果然，追击的唐军争着去攫取这些珍宝，不再急着追击。于是起义军从容地从蓝田越过秦岭，撤向河南。

占领长安使得唐朝统治阶级欣喜万分。他们赶紧奖赏有功的将领。李克用、朱玫等都加"同平章事"，即带宰相的职衔，其他有功之臣也纷纷升官晋爵。李克用由于功居第一，尤其得到唐朝的重视，不久，他就被任命为河东节度使（驻太原），从此割据了以太原为中心的晋中地区。叛徒朱全忠则被任命为宣武节度使，割据了控制运河交通线的汴州（今河南开封市）一带地区。

但是，统治阶级高兴得早了一点，起义军还在河南一带活跃着。

九、悲壮的结局

从长安撤出的十几万起义军向河南进发，大将孟楷率领精兵一万人为先锋，进攻蔡州（今河南汝南）。节度使秦宗权打了败仗，投降了起义军。起义军接着向陈州（今河南淮阳）进攻。

陈州刺史赵犨，是当地有势力的恶霸，本人又颇有谋略。他早已预料到黄巢如果不在长安决战，一定东撤，陈州正好是起义军必经之地。因此积极修筑城堑，整治军器盔甲，蓄积粮草，实行坚壁清野的政策。陈州附近六十里内的人民，只要家里有物资粮食的，全部强迫迁往城内。又大肆扩充军队，派他的弟弟、儿子统率。孟楷在蔡州得胜后，不免有些轻敌，赵犨故意示弱，乘孟楷没有防备，突然逆袭，起义军先头部队几乎全部损失，孟楷不幸被唐兵俘获，壮烈牺牲。

孟楷是黄巢手下有名的大将，他的失败使起义军受到沉重的打击。黄巢震怒非常，下令全军屯据陈州西南的溵水（今河南商水南），决心攻取陈州。这年六月，起义军和秦宗权的部队包围了陈州，掘了五重长堑，从四面八方发动猛烈的攻击。赵犨率领守兵极力抵御，还不时出城反击。黄巢一时不能得胜，更加气愤，在州北立下大营，修筑宫室衙门，在西华（今河南西华县）屯积粮食，由黄思邺守御，准备用长期围困的办法攻下陈州。

陈州之役，起义军完全放弃了他们过去擅长的游动作战方式。尽管进行了大小数百次战斗，由于唐军守御牢固，陈州始终未能攻克。河南一带，连年兵荒，生产早已破坏，百姓生活痛苦异常，起义军四出征集给养，远到洛阳、许、汝、唐、邓、孟、郑、汴、曹、濮、徐、兖等数十州，还是不能维持。这一带又是唐朝藩镇势力比较强大的地方，起义军久攻陈州不下，赵犨派人四出求救，各路藩镇军队又渐渐朝陈州地区包围上来。宣武节度使叛徒朱全忠被唐政府任为东北面招讨使，感化节度使（驻徐州）时溥驻屯溵水，被任为东面兵马都统，忠武节度使周岌也发兵援救陈州。这样，起义军又在河南大平原上同唐河南藩镇军队形成了相持状态。

朱全忠、时溥、周岌看到竭尽全力还是无法取胜，就共同向太原的李克用求援。中和四年（884）二月，李克用率领沙陀兵和汉兵五万人南下，三月底，与朱全忠、时溥、周岌以及兖州唐军会合于陈州外围。一场决战眼看就要爆发，可是黄巢却没有采取积极的对策，还在那里照旧猛攻陈州。

四月，唐军进攻尚让屯驻的陈州北面的太康，尚让失利撤退，接着唐军又攻陈州西面的西华，黄思邺又失利败走，起义军屯聚的粮草丧失了。黄巢只好指挥围城的起义军退回陈州北面的故阳里，放弃了攻下陈州的打算。

朱全忠见到黄巢向北退兵，恐怕他的老巢汴州有失，赶紧撤回部队。这年五月，故阳里一带大雨，平地水深三尺，起义军营地为水所淹，损失物资不少，又听说李克用的部队逼了上来，黄巢决定拔营北上，进攻汴州。尚让率领五千骑兵为前锋，一直攻到汴州城南五里的繁台。朱全忠的部下朱珍、庞师古等人拼死抵抗，才算勉强挡住起义军的攻势。朱全忠赶紧派人向在许州的李克用告急。李克用和忠武军从许州出发，在汴州西面中牟（今河南中牟县）的王满渡碰上了正在渡越汴河的起义军，李克用趁起义军渡河队伍散乱的机会，发起突然袭击，起义军缺乏准备，吃了个大败仗，牺牲了一万多人，队伍溃散了。在这样严重的时刻，不少起义军将领变节投降，尚让领了一些人投降了时溥，李谠、霍存、葛从周、张归霸和他的弟弟归厚等投降了朱全忠。进攻汴州的计划失败了。黄巢只好率领余下的人马向北撤退，打算回到老家曹州一带，继续坚持战斗。

然而，由于李克用的沙陀骑兵的穷追，起义军始终没有得到喘息的机会，从中牟经封丘（今河南封丘县）过匡城到冤句，一连四天，急行军400多里，队伍大部散失，黄巢手下只余下1000多人向兖州方向退去，连六岁的儿子和乘舆、器物、印信等也全被唐军所获。但是李克用手下的骑兵能跑的也只剩下200多人了，只好收兵回汴州，准备补充一些粮草再去追击。

李克用回到汴州，朱全忠设宴招待，这两个各怀野心又互相忌恨的军阀在宴席间起了冲突，朱全忠在宴后围攻李克用居住的馆舍，李克用的随从和监军都被杀掉，李克用翻城逃跑，收兵退回太原，从此和朱全忠结下深仇大恨，双方互相攻打了将近40年。

李克用、朱全忠自相火并，顾不上追击起义军了。感化节度使时溥派大将李师悦率兵万人继续追击黄巢，叛徒尚让也跟随前往。中和四年（884）六月，唐军追到瑕丘（今山东曲阜西25里），和起义军遭遇，起义军战败，人马几乎全数损失。黄巢继续向东北撤退，来到泰山东南的狼虎谷（今山东莱芜县境内），住到一个姓翁的老百姓家里。黄巢看看身旁跟随的部众，包括当年一同起义的几个兄弟在内，总共剩不了几个人了。而且个个尘土满身，疲惫不堪。追兵从后紧逼，再往东北去，是平卢节度使驻屯的青州地区，往北渡过黄河，则是沧景节度使的地界，四面都是唐军，不可能再有什么出路了。于是他向大家说："我本想带领你们推翻万恶的唐朝，做一番事业，可是这个愿望不能实现了，我只好和你们告别了。"说完，他让外甥林言把他杀掉，林言不忍下手，黄巢自己夺过刀来自刎了，他的七个兄弟及他们的妻子也随着一起自杀。正在这时，一支沙陀骑兵和博野军的混合部队追了上来，把林言也杀掉了。轰轰烈烈的农民大起义，就这样悲壮地失败了。这是中和四年六月十七日（884年7月13日）的事。

黄巢死后，人民始终没有在封建统治者的屠刀下屈服，小股的农民起义仍旧不时地在这里那里爆发，延续了几十年。黄巢的起义军也保存了一部分力量，由他的侄子黄浩率领。这支7000人的队伍号称"浪荡军"，在长江中下游一带转战，又继续坚持了将近20年，直到昭宗天复（901—903）年间，才在湖南湘阴遭到土豪邓进思、邓进忠兄弟的突然袭击而失败。

人民也始终忘记不了自己的领袖黄巢。好多人不相信他真的牺牲了。陕西、河南一带的老百姓中间长久流行着这样的传说：机智的黄巢在最后关头逃脱了敌人的追捕，出家当了和尚，隐姓埋名，住在洛阳，直到老死。在长安、明州（今浙江宁波）还有传说的黄巢墓，每年都有不少人去祭扫。黄巢起义军所到的地区，都有不少关于起义军和黄巢本人的古迹、传说，有些甚至一直留传到了今天。

十、这次起义的历史意义

黄巢起义在中国历史上写下了可歌可泣的一页。在十年的时间里，黄巢领导的农民军跋山涉水，行军几万里，走过今天 13 个省的地区，克服无数自然的险阻，抗击了优势敌人的堵截追击。他们运用了机智灵活的战略战术，避实击虚，屡次给优势的敌人以沉重打击，使自己从弱小变为强大，充分显示了起义农民的机智勇敢和卓越的军事才能。

起义军在斗争中提出了推翻唐政权的口号，指斥腐朽的唐政权的弊政，这是那个时代最进步的政治思想。起义军在当时的历史条件下，仿照封建政权的形式建立起农民政权，运用它来组织战斗，镇压敌人，并且实行一些有利于革命势力发展的政策，如分化山东、河南一带的藩镇，以便把主要斗争目标集中在唐朝中央政权身上等，充分显示了起义农民在政治上的创造性。

起义的失败是不可避免的，这是旧中国没有先进阶级领导的一切农民起义的共同命运。但是，中国历史上某些农民起义尽管不能从根本上推翻封建的经济关系和封建的政治制度，却曾取得直接推翻腐朽的旧封建王朝，建立新的封建王朝这样的结果。可是，黄巢起义尽管打进长安，却终于功败垂成，没有取得这样的结果，这是什么原故呢？

从客观方面说，当时各地藩镇分裂割据的局面虽然在起义初期便利了起义的发展，但等到起义军夺取了长安，开始准备把自己的势力扩展到全国时，却也遇到了极大的阻力，而各地割据势力由于利害关系，也在这时联合起来对付起义军。再加上唐政府又无耻地勾引少数民族的沙陀骑兵前来镇压农民军，这就使得起义后期双方力量的对比有利于唐军而不利于起义军了。

从主观方面看，起义军前期流动作战，没有建立一块根据地，攻城占地，旋得旋失，既未留兵戍守，也没有建立地方政权，更没有重视打击地方上的地主官僚势力。起义军一旦离开，原先占领的地区又重新落到唐朝政权或当地地主土豪的手里。结果占领长安之后，起义军所能控制的只是关中的一小块地方，而这一小块地方，人烟稠密，粮食匮乏，地主官僚势力强大，又是唐军围攻的焦点，无法巩固和扩展，因而使得起义军无法在这里坚持斗争下去。

从军事上看，起义军在前期运用机动灵活的流动作战方式打击敌人，横扫全国，占据了主动，取得很大胜利。但是进入长安以后，却留恋大城市，逐渐丧失了原来作战的特色。起先困守长安，等到长安不守，被迫转移到河南之后，又屯兵陈州，攻城不下，围攻300天，甚至营建宫室，准备久居。战败之后，又不向唐朝统治比较薄弱的江淮地区转移，而去进攻易受包围的汴州，接着又向藩镇林立、回旋余地狭窄的山东方向撤退。这就难免处在被动挨打的地位，以致最后失败。

从政治上看，起义前期的那些朴素的口号纲领，对于分化瓦解敌人，号召群众，壮大起义力量，起了很大作用。但在进入长安、建立大齐政权以后，起义军却没有制定出什么严密可行的纲领制度，特别是在农民最关心的获得土地、减轻负担和安顿生产等问题上，大齐政权没有拿出一点办法来。而且，当时即使采取了某些类似措施，在战争形势十分紧张，根据地十分狭窄，四周都是唐朝割据势力的情况之下，这些措施也不可能真正实行，这就使得大齐政权不免逐渐脱离群众，失去号召群众、团结群众的力量。

最后，在进入大城市以后，起义军首领们也逐渐发生了变化。他们麻痹轻敌，没有抓紧时机，追歼逃跑的唐朝皇帝，打仗有时又轻敌冒进。有的将领生活开始腐化堕落，强夺民宅、财物一类的事经常出现，革命意志衰退了，在艰苦的形势下，动摇叛变的情况就不断发生。这样，起义军队的性质渐渐变化，渐渐变得跟藩镇军队区分不清了。

在人民群众支持下发展壮大起来的起义军，在优势敌人的围攻下，由于本身的弱点和错误，竟然渐渐脱离了群众，失去人民的支持，这就是这次农民战争失败在主观方面的根本原因。

黄巢起义失败了，但是唐王朝及其所代表的地主阶级腐朽势力却受到致命的打击，不能再照旧统治下去了。在镇压起义中强大起来的军阀们不把朝廷放在眼里，他们各霸一方，互相攻打。最后叛徒朱全忠篡夺了唐朝政权，建立了梁朝。但是各国割据，互相争战，几十年的时间，竟然换了五个朝代，直到北宋时候，中国才重新得到统一。由于最腐朽的封建势力在农民起义和后来的割据混战中被消灭了，农民所受的剥削和压迫多少减轻了一些，所以到了五代末期，社会又开始出现了安定、繁荣的景象，经济文化也出现了进一步发展的趋势，这就为北宋的发展繁荣奠定了基础。

农民起义的浪潮冲垮了唐朝的封建统治，扫荡了最腐朽的地主、贵族、太监的势力，归根到底促进了社会的繁荣和发展，这就是这次农民起义对历史发展所作出的重要贡献。

原题《黄巢起义》（中国历史小丛书），中华书局1959年版；增补后收入《历代农民起义史话》上，中华书局1985年版；2019年，收入"新编历史小丛书"系列，由北京人民出版社再版

郭良玉《唐太宗演义》序言

郭良玉同志的《唐太宗演义》，名为"演义"，却不是通常意义上的历史小说，因为它的叙事乃至人物对话多据史实，并非自撰。然而它也不是通常理解的那种历史著作，因为它在细节、人物性格、心理活动等方面，在不违反历史背景的前提下也曾略加点染，稍事铺排，使之带有若干文学气息。它也许可算是介乎历史与文学之间的一种体裁，与其说它近于文，毋宁说更近于史。我相信，这种体裁有存在的价值，会发挥其应有的作用。过去如此，今后也仍将如此。

这是因为，史学的一个重要特点是它的具体性。它应当尽可能近似地摹写历史发展的真实的具体的过程，使它的生命和运动得以再现。历史的规律和价值正是通过这种摹写表现出来，而不是抽象出来，是融合在具体历史过程的叙述之中而不是升华于具体历史过程的叙述之外。使人们认识的不仅是历史的无生命的骨骼，而且还有它的血肉和灵魂，它的活生生的形象和活动。这种"演义"的体裁无疑有助于形成这样的历史认识，至少是粗略的近似的认识。

这也是因为，史学工作有提高的方面也有普及的方面。普及性的通俗读物往往拥有更多的读者，在更大范围内更直接地显示历史学的社会作用。实现普及性通俗性读物的社会作用的前提是它的科学性，这是与历史小说或戏曲的不同之处。然而也需要相当的艺术性、趣味性，使之比诸专门著作能在更广大的读者群中传播，"演义"似乎正是满足这些要求的一种体裁。

随着社会的进展，人们总是要不断提高、充实和更新自己对历史的认识。蔡东藩的《二十四史演义》跳出了《三国演义》这类传统的历史小说的格局，开创了这种更接近于信史的"演义"体裁，然而终究显得陈旧了。这正是今天需要编写新的"演义"体历史的原因。郭良玉同志的这本《唐太宗演义》尽管采取了传统的章回体形式，但在历史的观点、素材的选择、历史事件和人物的评价等方面，却是汲取了新的研究成果和认识的。"演义"名为唐太宗，但写的不仅仅是唐太宗个人，而是环绕着唐太宗这样一个主要历史人物的活动，具体生动地展现了隋末唐初这一段波澜壮阔、有声有色的历史过程。因此，我相信它是会受到读者的欢迎的。

1987 年 8 月

原载于郭良玉著《唐太宗演义》，河南人民出版社 1988 年版

在中国商业史专题研讨会上的发言

（一）

经过四天半的讨论和一天半的考察参观，我们的会议就要结束了。

这是中国商业史学会成立以来的第一次专题研讨会，在全国，恐怕也是第一次举行商业史及西南民族贸易史的学术讨论。应该说，这是一个很好的开始。

这次会议的一个特点或成就是：研究人员、教师和实际工作同志会聚一堂，各自从自己工作岗位的角度来共同研讨，互相学习，这应当是理论联系实际，学术与实际工作相结合的一种好办法。

这次会议的另一个特点或成就是：展开了不同意见的争论，贯彻了百家争鸣的方针，从而使研讨得以深入。

（二）

这次研讨会分为两个阶段，即有关中国古代商业政策的三个专题，及西南民族贸易史。

关于中国古代商业政策的三个专题，大家认为讨论比过去深入了，而且提出了一些新观点。

关于中国古代的经济干预政策，一致的意见是，中国古代国家对经济的干预是中国历史的一个重要特点。或者换句话说，中国古代专制主义中央集权国家管理经济的职能比较突出，这是古代中国不同于其它国家的一个突出特点。叶世昌同志就此作了系统的发言，着重分析了国家对工商业的管理，如管理的目的、类型，不同时期不同政权的不同态度，发展趋势和对这种管理的评价，等等。讨论中，关于国家对经济的作用的评价问题取得了一致意见，即归根到底要看这种作用是否对生产发展有利。

关于抑商政策，讨论很热烈，分歧也较大。一种意见是，抑商政策基本上应否定，一种意见则认为不能否定，至少不能完全否定。讨论比较集中在对汉武帝及桑弘羊的政策措施的评价上。再一个争论的问题是明清时期有无抑商，这是过去较少涉及的问题，一种意见认为没有，一种认为有，最后大家比较倾向于认为当时抑商思想与不抑商的思想均有。政策则随封建社会的发展而较过去为宽。自然，究竟有无抑商，还是有不同意见。此外，关于抑商与重农是否有必然联系，"重本抑末"的"末"，是否即是指商业，一些同志也发表了意见。

关于闭关自守政策。夏秀瑞同志系统地讲了清代对外贸易额较之前代是增长的，在鸦片战争前一百多年中也是在逐步增长着，结论是前代因非闭关自守。清代也不能说是闭关自守。这是一个新的课题。对于夏秀瑞同志所列举的事实，大家表示同意。但有的同志认为闭关自守是一种思想或政治态度或政策措施，非仅指贸易或主要指贸易，闭关的"关"不能仅仅认为是海关。这是一个需要进一步研究的问题。

会议的第二阶段讨论西南民族贸易史问题，除听了夏秀瑞同志关于西南丝路的系统发言外，大理白族自治州的同志就大理地区的商业、民族贸易的历史作了发言，说明对这些问题有深入的调查了解，也有研究，使与会者获益非浅，丰富了大家对西南民族贸易史的认识，特别是有关大理地区的商帮、马帮，中缅边境贸易和"三月街"的问题，给大家印象更深刻。大家得知大理的同志正在把这些问题整理为论文和书，都希望能早日见到。

（三）

这次会议通过讨论，可不可以说，我们在研究的指导思想和研究方法方面也有一些收获。

第一，注意到应当把商业史和商业政策放到整个国家的商品经济乃至整个社会经济的发展以及其它方面（如政治、国防、财政等）的背景下来考察。注意到它与经济以及社会生活的其它方面的关系。这样，才能正确地理解它们何以形成，在历史上起何作用，才能对之进行科学的评价。叶世昌同志强调指出：一个政策之能长久执行，总有它的社会条件，不是偶然的个人意志的产物。余鑫炎同志指出，国家对经济的干预的评价，归根到底要看它对生产的作用。杨能裕同志指出，讲三月街，不能仅就三月街谈三月街的历史，应看三月街在历史上对大理地区经济发展的作用，我想都是这个意思。

像古代国家的商业政策，是国家对经济的反作用的一个方面。恩格斯讲过，国家对经济的作用可以是巨大的，作用无非两种：一是适应经济规律，对经济发展起促进作用；一是违反经济规律，结果经济受到破坏，政策乃至国家本身也维持不下去。再就是使经济偏离发展轨道，其结果最后也还是归结为前二种中的一种。因此，归根到底是经济在起着决定的作用。我们对国家政策的作用要充分估计，但不能认为它是无所不能的。

又如商业。商品流通是商品经济存在和发展的必要条件，但生产总是第一位的。特别是在封建社会，自然经济占主要地位，农业是最重要的生产部门，商品经济是以农业与家庭手工业相结合的自然经济的必要的补充。从这样的角度来考虑商业的地位和作用，可以使我们不致孤立地就商业谈商业，当会使我们的研究更为深入，探讨更多的带规律性的问题。

第二，与此相应，大家在讨论中都谈到，要看到中国封建社会经济的全过程的发展变化，由此来探讨商业和商业政策的变化，或政策不变而其作用因社会变化而发生变化。

第三，与此相应，有的同志认为还应当看到商业和商人中的不同阶层、行业，如经营奢侈性商品的行业，生活必需品如盐铁的经营，以及大、中、小商人，等等，在不同历史时期的不同作用，应当作历史的具体的分析。

第四，对于一些概念，如抑商、闭关自守，往往理解不一，争论也由之而起。各人认识不可能完全一致，但在讨论中需要弄清自己和对方对这些概念含义的理解。这样，有的问题经过讨论可以达到一致的理解，有的虽不一致，但也能明确分歧的真正所在，不致越讨论越糊涂。

总之，这次讨论应当说是在马克思主义的基本理论（基础与上层建筑的关系，经济生活中的生产、分配、流通、消费等）指导下，对具体问题进行了具体分析，以全面、整体与局部、具体相结合的角度，从发展变化上来探讨问题。我想，这应当是商业史研究的指导思想和基本方法。

（四）

这次会议，还谈到了商业史学科建设中的一些问题，像商业史的教学与研究如何为现实服务就为大家所关注。对财经院校商业史教材的建设也发表了意见。另外，也专门讨论了如何开展民族贸易史的研究问题。对今后应当研讨的问题也交换了意见。

如果说这次会议有不足之处，那就是准备似乎还可以更充分一点，会议收到的论文不算多，有的同志发言论点鲜明，条理清楚，如能有必要的史实作证，那就更好了。

这次会议是成功的。这里，特别要感谢大理白族自治州的领导同志和州财贸办公室的关怀与支持，使我们能在这样一个历史名城而又有悠久的商业发展历史的胜地开会。而且，大理的同志把自己的长年研究的商业史成果介绍出来，丰富了大家的认识，为会议增色不少。大理的同志和会议发起者之一的云兴公司的同志为会议做了出色的组织工作，付出了巨大的劳动，保证了会议及参观考察的顺利进行。在此，我代表与会同志向大理白族自治州的领导和有关部门有关同志及云兴公司的同志表示感谢。

原载于《平准学刊》第五辑（下册），光明日报出版社1989年版

北朝至隋唐五代的女人结社

在东晋至隋唐五代间流行的各种私社中，①有一种由女人结成的私社颇为引人注目。本文拟对这种私社略作探讨。

东晋至南北朝时期，佛教结社广为流行。这类私社大多由在家的与出家的佛教信徒组成，多数从事以造像为中心的佛教活动。这类佛教结社一般称为邑、邑义、邑会、法义等。为了叙述方便，我们把这类私社统称为佛社。②由女人结成的邑、邑义、法义，也是佛社的一种。

就我们所知，由女人结成的佛社最早出现于北朝东魏时期。最早的一条材料是在东魏元象元年（538）。但我们所见的比较完整的材料是在东魏武定三年（545）。此略引这条材料如下："大魏武定三年岁在乙丑五月己卯八日丙戌，郑清合邑义六十人等，敬造迦叶石像一躯，上为皇帝陛下，臣僚伯（百）官，州郡令长，师僧父母，因缘眷属，普及法界众生，有形之类，一时成佛。奇哉邑母，识知无常，缘乡劝花（化），造石金刚，舍此秽形，杲（早）登天堂。合邑诸母，善根宿殖。昼夜忧惶，造像永讹，释迦已过，弥勒愿值。刘苌、邑子王伏、邑子李仵、李法容、邑子吕乐堂、邑子郑华容、李母女、邑子张保姬、邑子杨男姬、窦小光、邑子窦双、邑子窦明……"③这是一篇《邑义造迦叶像记》，文中将邑义成员称为

---

① 关于魏晋至隋唐五代私社的一般情况，请参看宁可《述"社邑"》，载《北京师院学报》1985 年第 1 期。

② 关于这类佛社的情况，我们另有专文探讨，此处不赘。

③ 文载日本学者大村西崖：《支那美术史·雕塑篇》，东京：国书刊行会 1972 年版（以下简称"雕"），第 267 页。

"邑母"、"合邑诸母"，则这个邑义当主要是由已至母辈的中老年妇女组成。①

东魏以后，由于北齐统治者推崇佛教，其时佛教结社盛行，故此期女人结邑的材料也较多。② 从这些材料来看，女人邑的规模大致在二十几人至七十几人之间。邑义的首领有法义主、像主、都维那、维那等名目。邑义的成员称邑母、邑子、法义或直书姓名，有的则书某某母等。女人邑的结合以地域为主，往往由某一村邑的女人自愿组成。如《北齐天保四年二月廿日公孙村母人三十一人合邑造像记》所记邑义是由公孙村的女人组成，③《北齐乾明元年四月十五日大交村邑义母人七十五人造观音像记》所记邑义是由大交村的女人组成，④ 等等。由于这些佛社是由信奉佛教的女人自愿组成的，所以，不是村邑内的所有女人都参加，而是村邑内部分女人的结合。

这种由女人结成的佛社与其它佛社一样，大多是佛教寺院的外围组织，受到寺院僧尼的影响与控制。如《北齐天保十年二月十五日比丘惠祖等合邑造像记》就是一例。现引这个造像记如下："惟大齐天保十年岁次己卯二月十五日，像主比丘惠祖、比丘智元、像主□□吉母人等，敬造龙树思惟像一躯，通光□大三尺半，仰为皇帝万民，有为含识，受苦众生，一时成佛。后为师僧父母，七世先亡，见存眷属，同发（登）□果。比丘尼道惠、比丘尼道□、比丘尼净晕、比丘尼玄会、比丘尼亥湛、比丘尼明艳、比丘尼智崇、□头母傅、□达母吴、李良母杨、李峰母马、元长母王、钟仁母孔、元景母吴、清统母刘、王祥母张、万受妻刘、得生母刘、僧德母吕、明远母杨、延贵母王赵、赵□妻张、都维那张思□、都维那像

---

① 从"雕"第325页所载《北齐天保十年二月十五日比丘惠祖等合邑造像记》来看，邑母是子女已成年的中老年妇女。

② 分见"雕"第316页至317页、第325页、第326页至327页、第327页至328页、第335页所载女人邑造像记。

③ 见"雕"第316页至317页。

④ 见"雕"第327页至328页。

主比丘智元、□告亡祖贰、亡父业、亡叔业、亡叔伯、亡叔遵。"①这个佛社内有比丘二人，比丘尼七人，两位比丘又任像主之职，则这些僧尼当是这个佛社的发起人和组织者。另前面提到的《北齐乾明元年四月十五日大交村邑义母人七十五人造观世音像记》后的题名中，第一列首先是两个比丘尼，这个女人邑也有可能是排在前面的两个比丘尼劝化的结果，这个邑义与这两个比丘尼所在寺院当亦有联系。一些女人邑的造像记虽无僧、尼题名，但这些由佛教信徒组成的专门从事佛教活动的佛社也很难不与寺院、僧尼发生联系。

这种女人邑成员还往往会成为社内富人的附庸。如《北齐天保十年七月三日周双仁等合邑造像记》云："大齐天保十年岁在己卯七月丙辰朔三日戊午，佛弟子文海珍妻周双仁，仰为忘（亡）夫敬造石像一躯。力不独济，劝率□得邑仪（义）七十一人，共同□愿，像身得成，举高五尺事具。自亡夫在时，身遇□议入朝紫开国□委德间补南阳郡事，□受（寿）早终，形郸幽里，言念之怀，刊石建石。生明殒闇，愿还复晓，亡者得脱天堂。邑子七十一人等，并己身等，及所生父母，长寿百年。富贵子孙，资财□□，国王帝主，位极无穷，州郡令长，普同所愿。比丘僧道□、宁远将军前吏部令史文海珍妻维那周双仁、□伏生妻维那文花胜、□□□妻维那周优奂、□□将军文业安妻维那宋丑女、维那文徽悦……"②这个邑义建立的起因是周双仁要为其亡夫建功德而造石佛像，因"力不独济"，故"劝率"合邑义七十一人共造。从以上引文来看，这个造像记简直可以说是周双仁亡夫的追福功德记。出资参加造像的邑义成员，在愿文中只被略提一句。邑义成员当是主要出资者，但在造像记中她们却成了周双仁亡夫的陪衬。

唐五代时期，私社大盛。通称社、社邑、义社、义邑、邑义等。这些私社大体有两种类型，一类承东晋南北朝佛社之绪，主要从事佛教活动；一类主要从事经济和生活的互助，其中最重要的是营办丧葬，也有的还兼

---

① 转引自"雕"第 325 页。
② 转引自"雕"第 326 页至 327 页。

营社人的婚嫁、立庄造舍的操办襄助，以及困难的周济、疾病的慰问、宴集娱乐、远行、回归的慰劳等。有些社则兼具上述两类社的职能。① 而以营葬活动为主，兼及其它互助活动的私社，已成为私社的主体。② 与此相适应，唐五代时期的女人结社，也发生了若干变化。

敦煌遗书中保存了两件唐五代时期的女人社社条，我们从中可以看到此期女人社发生的变化。

首先引起我们注意的是这一时期女人社立社的指导思想已与北朝的女人邑大不相同。北朝的女人邑一般是结邑造佛像以祈福。而此时是"夫邑仪（义）者，父母生其身，朋友长其值；危则相扶，难则相救；与朋友交，言如信，结交朋友，世语相续。大者若姊，小者若妹，让语先登"③。从这些话来看，此时的女人社已很少有佛教的宗教色彩，具有明显的结义互助性质。

其次是与以上变化相关，社的主要活动已不再是佛教活动，而是帮助社人营葬。伯三四八九《戊辰年正月廿四日□坊巷女人社社条》略云："戊辰年正月廿四日□坊巷女人团座商仪（义）立条。合社商量为定，各自荣生死者，纳面壹斗，须得齐同，不得怠慢。或若怠慢者，捉二人后到，罚（酒）一角；全不来者，罚（酒）半瓮，众团破除。或有凶事荣亲者，告保（报）录事，行文放帖，各自兢兢，一一指实"。又斯五二七《后周显德六年正月女人社社条》略云："社内荣凶逐吉，亲痛之名，便于社格。人各油一合，白面一斤，粟一斗。便须驱驱济造食饭及酒者。若本身死亡者，仰众社盖白耽拽，便送赠例，同前一般。其主人看待，不拣厚薄轻重，亦无罚责"。从这些规定来看，女人社的丧葬互助活动与当时同类私社举行这种活动一样。在社的成员及其家属死亡以后，马上向社司报告，由社的首领录事向社人发转帖通知社人。社人接到通知以后，按指定时间带着助葬物品到营葬地点帮助凶家营葬。如有人不按时或不参加，就按规

① 参见上引宁可《述"社邑"》。

② 参见郝春文《隋唐五代宋初传统私社与寺院的关系》（即刊）。编者补注：已刊于《中国史研究》1991 年第 2 期。

③ 见斯五二七《显德六年女人社社条》。

定进行处罚。① 从上引斯五二七社条的有关规定来看，在有的女人社，社人本身死亡要比家属死亡享受的待遇高一些。这些以营葬为主的女人社，与寺院、僧尼仍有联系。如上引斯五二七社条中的社官是"尼功德进"，伯三四八九社条中的录事是孔阇梨、虞候是安阇梨。这些比丘尼加入女人社的目的不是为了传播佛教，而是由于己身与家人的营葬需要他人的帮助。但她们到底是比丘尼，社的活动很难不受其比丘尼身份及其所属寺院的影响。② 所以，有的女人社在举行丧葬互助活动的同时，也举行一些佛教活动。如前引斯五二七社条略云："社内正月建福一日，人各税粟一斗，灯油一盏，脱塔印沙。一则报君王恩泰，二乃以父母作福。"则这个女人社每年正月要建斋一次，举行燃灯与印沙佛等活动。

另一个值得注意的现象是此期女人社的成员比北朝由女人结成的佛社人数减少了。伯三四八九社条的题名是："录事孔阇梨、虞候安阇梨、社人连真、社人恩子、社人福子、社人吴阇梨女、社人连保、社人富连、社人胜子、社人员泰、社人子富、社人员意"，计十二人。斯五二七社条的题名是："社官尼功德进、社长侯富子、录事印定磨柴家娘、社老女子、社人张家富子、社人涡子、社人李延德、社人吴富子、社人段子、社人富胜、社人意定、社人善富、社人烧阿朵、社人富连、社人住连"，计十五人。女人社成员的减少与社的活动变化有关。北朝的佛社以造像为主要活动，组织比较松散，其中一部分造完像后大概就不再举行活动了。因这类团体组织不甚稳固，参加者随意性较强，故参加的人也往往较多。另一方面，造一座像的花费大体是固定的，故出资参加造像邑的人愈多，每个人分摊的部分就愈少。所以，造像邑的组织者也是欢迎更多的人来参加。但以营葬为主的女人社情况就不同了。因这类社本身带有结义互助性质，为保证社内成员能够轮流享受互助待遇，必须保持社的稳定。没有社的相对

① 关于一般私社的丧葬互助，请参看宁可、郝春文《敦煌社邑的丧葬互助》（即将在港刊出）。编者补注：已刊于《首都师范大学学报》1995 年第 6 期；复收于《中古时期社邑研究》，上海古籍出版社 2019 年版。

② 参见郝春文《隋唐五代宋初传统私社与寺院的关系》（即刊）。编者补注：已刊于《中国史研究》1991 年第 2 期。

稳定，社人帮助他人的支出就不能得到回报，所谓"互助"也就无法实现。故斯六五三七 10 这类社的社条样式中云："凡为立社，切要久居，本身若去亡，便须子孙承受。"如果有人要加入这类私社，要先由本人提出申请，① 再经社的首领与全体社人讨论批准方能加入。一旦获准入社，一般不准退出。如果提出退社，则要受到严厉的处罚。如斯五二七社条最后规定："若要出社之者，各人决杖叁棒后，罚醴局席一筵，的无免者。"面对这种情况，人们对加入这类私社，要比加入佛社慎重得多。

从上列女人社成员题名我们可以看到，此期女人社的首领名称也与北朝不同，有社官、社长、社老、录事、虞候等名目。社的成员不再称邑母、邑子等，而是称为社人。上引材料还说明，此期女人社比北朝由女人结成的佛社组织要紧密得多。首先，立社要有类似章程的社条，入社、出社都有一定手续、规定。社的成员不按时或不参加社的活动等都要受到处罚。此外，在活动中撒野闹事者，也要受到处罚。如斯五二七社条规定："或有社内不谏大小，无格在席上喧拳，不听上人言教者，便仰众社就门罚醴酰一筵，众社破用。"又伯三四八九社条规定："或有大人颠言倒仪，罚醴酰（一）筵；小人不听上人，罚羖羊一口，酒一瓮。"

最后，唐五代时期还出现了按阶级、阶层结社的现象。前述北朝女人组成的佛社多由各阶级、阶层混合组成。但从我们上列唐五代时期两个女人社成员的题名来看，这两个社都是由下层妇女组成。日本学者那波利贞甚至认为伯三四八九中之女人社是由□坊巷的婢女组成的。② 此外，伯四九〇七《某寺庚寅年至辛卯年诸色入破历》中又有"夫人大社、小社"等名称，这种"夫人社"或者就是由沙州地方官吏的夫人们组成。

北朝至隋唐间女人结社现象的出现当与这一时期妇女的社会地位较高有关。西晋以后，北部中国长期在少数民族统治之下。这些入主中原的少数民族相继为中原的先进文化所征服。同时，他们的一些风俗习惯也给中

---

① 参看伯三二一六：《显德二年正月十三日投社人何清清状》。此状虽非申请加入女人社，但投社人所要加入的，是与女人社性质相同的以营葬为主的社，故亦可用来说明女人社的入社情况。

② 见那波利贞：《关于唐代的社邑》（中），载《史林》第 23 卷第 3 号。

原人民带来了深远的影响。北朝至隋唐五代间妇女社会地位较高，在很大程度上是受了少数民族的影响。颜之推在《颜氏家训》中，对当时北部中国的妇女社会地位有生动描述。他写到："邺下风俗，专以妇持门户，争讼曲直，造请逢迎，车乘填街衢，绮罗盈府寺。代子求官，为夫诉屈，此乃恒、代之遗风乎？"隋唐承北朝之遗风，再加统治者本身多有少数民族血统，故这一时期妇女的社会地位亦非以后的宋代所能比拟。正是在这种"妇持门户"的社会条件下，女子以独立的身份结成女性群众团体才成为可能。

北朝至隋唐五代时期，妇女们除了自己组织邑、社以外，还常常和男人们混合结社。① 在这种男女混合组成的邑、社中，女人的地位也不比男人低。

与郝春文合著，原载于《北京师院学报》1990 年第 5 期

---

① 参见《东魏武定元年八月苏叔哲等合邑五百人造功德记》（载《北京图书馆藏中国历代石刻拓本汇编》第六册，第 96—97 页），《东魏合邑道俗九十人等造像赞碑并两侧》，载《八琼室金石补正》卷 19，中州古籍出版社 1989 年版，类似材料甚多，不备举。

敦煌遗书散录二则

一、英藏 S. 10 号《毛诗郑笺》卷背字音录补

　　S.10 号《毛诗郑笺》残卷存《邶风·燕燕》至《静女》各章。英国国家图书馆整修后分为三片，即 S.10-1、S.10-2、S.10-3。其中 S.10-1 右上角分离的一小片并不与左面大片直接相续，而系在其前的一个片段。S.10-3 后另有一张小纸粘有碎片十二片，大者高 7cm，宽 3cm，小者 0.3cm 见方。其中有些是从大片上脱落下来的（如有"矣而"二字及半个"者"字的两片，是从 S.10-1 第十二行上部侧边上脱落的，有"古"字的一小片是第六行"宁不我顾"下传的第一字"故"的左半）。传、笺皆夹行书写，连右上角的一小片并残行共九十七行。此卷背面有很小的字写的字音，间有字义，适对应于所音的卷正面的经、传、笺之字。这种书写方式对于阅览册页书籍自然很不方便，但对于展读卷子较之将音义书于卷末则有近便之利。这类书写方式在敦煌遗书中时有所见。潘重规先生在《敦煌毛诗诂训传残卷题记》（收入《敦煌诗经卷子研究论文集》）认定六朝以"隐"名书如《毛诗音隐》《礼记隐义》等，即指此类著于卷背之书。英国国家图书馆所摄缩微胶卷没有拍摄此卷卷背的字音，S.10-3 后所附的小残片也未摄入。《英藏敦煌文献（汉文佛经以外部分）》第一卷收入了此卷背面的照片。王重民先生的《敦煌古籍叙录》以不避唐讳定 S.10 为六朝写本，认为背面字音多与《经典释文》及 S.2729《诗音》卷同，虽不能考定撰

人为谁，但无疑是六朝人旧音，并择其中四十七字字音录出。潘重规先生在《伦敦藏斯二七二九号暨列宁格勒藏一五一七号敦煌毛诗音残卷缀合写定题记》中考定 S.2729 为刘炫毛诗音；在《伦敦斯一〇号毛诗传笺残卷校勘记》中云此卷背的音切，颇与 S.2729 相合，殆亦同时之作（均见《敦煌诗经卷子研究论文集》），并录了一百一十三个字的字音，改正了王重民先生所录的一些错误。但审原卷，有字音个别及有标识者共一百四十四字（包括卷正面一字），仍有一些字音潘先生未录出，但可辨识。潘先生所录亦有误识、录漏或可议者。兹将潘先生未录的三十一字及录漏、误识及可议者二十一字字音共五十二字补录如下。

行数章名		经传笺本文	卷背对应之字音	附记
S.10–1				
3	燕燕	（传）寔是	岚雨反	
3		其心塞渊	桑则反	
12	终风	谑浪笑敖	向略反	
12		谑浪笑敖	五号反	
13		囝风且霾	埋	
14		终风且曀	宴计反	"宴"字残下半
14		不日有曀	宴计反	
14		愿言则	帝 肯代反	潘落"帝"字
21	击鼓	爰丧其马	息? 浪反	"息"字漫漶
22		死生契阔	苦活反	潘做"苦结"
22		与子诚说	说 悦_	潘做"悦于"
24		余嗟洵兮	血县反	
24		不我信兮	毛囗音_ 郑息	"毛"字残右半，囗残右半，似为"申"字，潘作"郑自九二"
29	凯风	睍睆黄鸟	下显反	
29		睍睆黄鸟	胡板反	
31右	雄雉	（传）悉于夷姜	之仍反	
34		悠悠我思	四音注中如字	
37右	匏有苦叶	（传）匏谓之瓠	胡故反	

续表

行数章名	经传笺本文	卷背对应之字音	附记
S.10–2			
41_左	（笺）雁者随阴阳而处	杵	
45　谷风	偝偣同心	黾 _	偝偣二字音潘连书
45	偝偣同心	武忍反	作"武忍反黾 _"
45_左	（传）蔓青与葍之类也	蒲北反　富 _	潘作"蒲□反"
48	燕尔新婚	燕显反	潘作"□显"
52_左/53_右	（笺）家事无难易乎	（横书一"反"字）	
53	反以我为雠	市由反	潘作"市□反"
53_左	（笺）以恩骄乐我	洛	
55	我有旨蓄	勑六反	王重民为"勑六反"，潘作"勑六"
55	亦以御冬	言吕反圉驭次下句同	潘作"言吕反同驭次下句同"似可议
56	有洸有愦	光　古黄反	潘作"光黄反"
56	既诒我肄	怡	
57	伊余来墍	许气反	潘作"□气反"
62_左　旄丘	（笺）叔与伯	羊诸反	潘作"羊渚反"
69　简兮	（笺）入学舍菜合舞	赦	
71_{正面行上}		淳厚　殊唇反	"淳"字残上半
S.10–3			
75　泉水	娈彼诸姬	力软反	
76	出宿于济	毛礼反	潘作"□礼反"
76	饮饯于祢	年礼反	
78	载脂载舝	行瞎反	潘作"行□反"
79	不瑕有害	毛如字郑何割	潘作"毛□□郑何割"
82　北门	忧心殷殷	隐　殷 ＝	潘作"隐殷"
82	终窭且贫	其矩反	
85	王事敦我	都回反　都温反 ＝	潘作"都回"
85	政事一埤遗我	与季反	
88　北风	携手同行	如字	
88	其虚其邪	余徐 ＝	潘作"余余二"

续表

行数章名		经传笺本文	卷背对应之字音	附记
89		既亟只且	子余反下同	
89		雨雪其霏	孚非反	
90		既亟只且	巳（己）力反	
92	静女	（传）乃可说也	悦	
95		彤管有炜	于尾反	
95		悦怿女美	悦怿 上毛容雪郑束锐 下羊石舒石反	潘落"悦怿"二字
95		自牧归荑	目	

二、敦煌卷子中的孟姜女诗 (S.8466、S.8467)

斯坦因卷子中未经翟理斯编目的 S.6981 号以后的各件虽多残片，但亦有相当数量较长的重要文书。S.8466、S.8467 即为其中的两号。

S.8466 最长处 44.5cm，最高处 13.5cm，一张纸。右侧有另一张纸的粘贴接缝，并残存另一张纸上部一小部分，上有一行的十一个字和一个残字，以及其外一行的七个残字。左侧亦为纸边，但其边连同粘贴的另一张纸已被撕去，接缝亦不存。该号连残行共二十六行。S.8467 最长处 39.5cm，最高处 13.7cm，亦为一张纸，纸右侧已撕去一部分，外侧的一残行存十二字和一个残字，以及更外一残行的五个残字。纸左侧有粘贴另一张纸的接缝，并有另一张纸残留的小片，上有三个残字，该号连残行共二十四行。

这两号文书的纸张质地、颜色、规格和笔迹均一致，内容亦相关联，本为一件，为一个卷子的中间部分，但被横剪去一段成为上下两片，用作绢画衬底，现背面所涂浆糊及绢纹痕迹犹存。

从内容看，这是一首或一组长诗中的一部分。诗为七言，间有五言二句，一般为四句一行，每行写不下时有几字转到该行右下侧，但第二十五行以后未从此例，一行不到四句，第二十五行末句"壮平（卒）提戈行幽塞"，"幽塞"二字提到次行之顶，给这二号文书的拼接提供了依据。再加上从二纸的长短、纸边、接缝以及文义，可以准确地把它们拼接起来。从一行为四句诗的书写方法，亦可推测上下两纸剪断部分之间各行各缺失一字至四字不等。

这首长诗的留存部分顺序为在家思念征夫之妇为其夫织锦、捣练、缝衣，问使及托使送寒衣至塞北，是唐代流行的文学题材。这首诗留存部分的最后几句是驿使答征夫之妇："答言今欲向长城。长将士卒皆劳苦，利（离）家兄弟从戎伍。秦王间□□□㤠（?），北筑长城押（压）柱（狂）虏。壮平（卒）提戈行幽塞，弱者驱驰令运□。□□□托送寒衣，未委夫人问何义？"通篇虽未见征人及其妇名，由上述引文可知是咏孟姜女事。古代文学作品中有关孟姜女的不少，但以长叙事诗的形式出之，此为仅见。敦煌卷子中以孟姜女为题材的文学作品如孟姜女变文（P.5039），曲子词捣练子（P.2809、P.3319、P.3911、P.3718）等，涉及辞家、思夫、制衣、送衣、问使、哭城、寻夫骨等事。这首诗留存部分有思夫、织锦、捣练、缝衣、问使等事，已达六百余条。如果全篇是对孟姜女事有首有尾的铺叙的话，篇长将超过韦庄的《秦妇吟》，成为敦煌文学作品中最长的诗篇。即在中国古代，也是少有的长诗。

诗第十行下半有"赠祷（捣）练篇一首"字样，其下行即叙捣练事。敦煌诗文写法，题目时常写于前题末行之下。则此诗也许是一首分为若干小题的长诗。但其他小题未见。

诗辞较工，与孟姜女变文、捣练子的风格不一样。铺排颇盛，而意境多重复。作者不明。至于时代，从灰褐色纸质看，当属归义军时期写本，则作品可能产生于此时或稍前。

此二号照相图版已刊于《英藏敦煌文献（汉文佛经以外部分）》第十一卷，但有些字迹仍不够明晰。现按所见原卷将该诗逐录，以为研究者提供材料。录文尽量照顾原件的书写习惯与通假方式，别异体字或通假之字已为诸家释校过者径注出，不再说明，间亦有以己意度之者。录文后附少数字辞的简注。残字用□号，缺字用[]号，漫漶的字用☒号。

录 文

1. □□□[行]（?）难（?）度（?）远（?），托倩（情）仰□□□

2. 良人带甲远从征，去时何（河）畔草□□□

3. 机上锦文由（犹）未织，更深托雁□□□□

4. 青云万里无霞墢，碧海青□□□□

5. 知君寒（塞）北深相忆，遣妾倭（悽）（？）□□□□□静仰□

6. 夫聟（婿）连年累不放，将军启（欲）[俽]似[ ]仰[ ]。[ ]钅□[①]千里尘掩面，沙（纱）窗百过细罗笼。

7. 傥遇飞鸿出寒（塞）北，为传锦[字]（?）[ ]□达。语以（已）独坐乃思惟，叹息良人可唉（?）期。

8. 寒（塞）外风霜切骨冷，征夫寒冻阿[ ][ ]，□妾洞居佰（恒）独守，啥啼夜静上金机。

9. 织锦成满一百尺，闺人相命出[罗][ ]。□[②]山本来辛苦地，一别千金数载离。

10. 女伴相将营祷（捣）练，为其征客送[ ][ ]。赠祷（捣）练篇一首。

11. 秋树寒飞夜消索，寒雁哀[鸣][ ][ ]□。不卢（虑）闺律（里）罗帐䩥（单），遥愁寒（塞）地征衣薄。

12. 今年征容（客）未言皈，秋来须与[造][ ][ ]，玳瑁棱（楼）前疊（叠）玉练，珍珠帘外碒余（馀）律（沥?）。

13. 可年（怜）夜脸带红妆，徒伴骞（攘）伟（帏）[ ][ ]□。争向砧前竞弄杵，一队风来一队香。

14. 更深北斗参转回，罗袖风吹[捻]（?）[ ][ ]。[ ]月砧前处（杵）影榣（摇），风吹陌上声得逺（远）。

15. 一时鼎（鼎）座（坐）[③]堂阶下，鼎（鼎）定还[来][ ][ ][ ]。□

---

① 此字可能为“镜”。

② 此字下存四点，可能为“燕”。

③ 鼎坐，三人相合而坐。

知褕（摇）落凤凰钗，眼看栿（振＝震）破盘龙计（髻）。

16. 明日更深西龙邺（郭?），北斗横河 参 □ □。□练擎将尽（进）堂内，珊瑚床内急表①衣。

17. 玉户珠簾须巷（卷）却，窗边宝 □ □ □ □，今朝各自叛家去，明朝还共一时来。

18. 归去洞居更已久，女伴相将助 □ □。□暗频铫（挑）金烛灯，怕热时时私（支?）②尉（熨）斜（斗）。

19. 纵横尉（熨）钭（斗）占文章，欣（欲）逢直 为 □ □ □。珊瑚组（匣）里取尺量，玓瑝箱中检 ⊘ □。

20. 明朝择（驿）使榆林过，此夜表缝 □ □ □。忽忽忘结三条绵，往往虚行一度针。

21. 沙场寒多人总闻，露变霜 □ □ □ □。表中厚絮重重暖，炉上添香遍遍熏。

22. 咸威逺（远）寄向金微，唅啼问 使 □ □ □。殷勤为报征夫道，明③还着别时裳。

23. 一叹一长呼，月落上 □ □。□ □ 俄 闻锺（钟）鼓声，忽觉街衢车马闲。

24. 引顶门前侧耳聪，见使 □ □ □ □问，答言今欣（欲）伺（向）长城。长将士卒皆劳苦，

25. 利（离?）家兄弟从戎伍。秦王问 □ □ □ 恟（?），北筑长城押

---

① 表即褾制绵衣，丝绵絮外需衬纸之类一层，或即为褾。

② 私，似当即"支"。北图光 94、P. 3079《维摩诘经讲经文》："山林中无可支恭"，（潘重规校）"支恭"即同卷之"祇恭"、"祇供"，"支""祇"可通假；"祇"敦煌卷子亦作"秖"其变体为"秖"；P.2292《维摩诘经讲经文》又有"秖"字，乃"祇"的俗字（《集韵·支韵》）（《敦煌变文集校议》第 234、235、324、333 页）。则"秖"亦可书作"秖"，笔划略变即为"私"。

③ "明"字下落一字。

（压）柱（狂）^① 虏。壮平（卒）^② 提戈行

26. 幽塞，弱者驱驰令运□。□ □ □托送寒衣，未委夫人问何萩

（义）？

27. ▭▭自▭▭青（?）罗（?）

原载于《敦煌吐鲁番研究》第 1 卷，北京大学出版社 1996 年版

---

① 敦煌卷子中"狂"时作"柱"。此处增一点做"柱"，当即"狂"。

② 《龙龛手鉴》卷三"卒"："坴，俗；平，今；卒，正。"其从卒之字，亦多可作"平"。
S.85《春秋左传杜注》："华耦平而使荡虺为司马。"则此处之"平"，殆为省笔之"平"，
亦即"卒"。

《历代食货志注释》评述

经济史料，是我国浩瀚古籍中的宝贵财富，只是记载比较分散，搜集实属不易。但正史中的《食货志》（包括《平准书》《货殖列传》），却基本上能够反映一代王朝经济的特点。因此，对历代《食货志》进行校勘、注释和整理，已经成为经济学界和史学界的共同愿望。

《二十六史》中的《食货志》多达16部54卷，其卷帙之浩繁往往使欲对其进行全面注释者望而却步。王雷鸣先生锲而不舍，竭个人精力编注了《历代食货志注释》（以下简称《注释》）5册，上起《史记·平准书》，下迄《清史稿·食货志》，为人们利用和研究提供了极大的方便。农业出版社重视社会效益，前后用7年时间陆续将这套5册150余万字的鸿篇巨著出齐，这是值得称道的。

《注释》主要有以下特色：

一，着眼于通变。历代《食货志》所记载的内容跨度大，上起先秦，下止清末。每一朝代都有各自的特点和体系，但它又不是孤立存在，而有经济规律可循。《注释》在整理、铨释每一朝代经济制度时，既追本溯源，又清楚地指出变化去向，并在各志志首注释中作了比较详尽的题解。如《汉书·食货志》题解指出，班固认为"井田"制度为"先王制土处民富而教之"的最佳模式，倍加称赞，"至于春秋战国迄于汉代社会之发展、经济生活之变化，则视为反常现象，认为商业、赋税、贪污与奢侈、战争同属造成社会贫富悬殊、农民生活困敝的原因，而对商业之畸形发展，尤为反感"①。

---

① 王雷鸣编注：《历代食货志注释》第1册，农业出版社1984年版，第62页。

这使我们在阅读原志时，对春秋战国及秦汉的社会变革有一个比较明确的理解，在班固较保守的记述中看到社会发展变化的必然趋势。又如《明史·食货志》题解："明清为中国封建社会之末期，明末出现许多问题如资本主义萌芽、中华民族进一步融合、西洋商业资本主义之东来、西方科技文化之影响等，至清代又有进一步发展，其事将于《清史稿·食货志》中见之。"①这是将某朝经济变化置于我国古代社会的某一阶段乃至国际社会大背景中进行考察，是《注释》自始至终遵循的一个原则，这有助于读者把握我国古代经济通变的总体趋势，审视经济递嬗演进的基本脉络和内在规律。

此外在具体注释中，编注者亦将通变原则贯穿始终。如唐代建中元年（780）实行的两税法，在我国经济史上占有重要的地位，对当时及后世影响颇大。《明史·食货志》在"赋役"条中指出，"自杨炎作两税法，简而易行，历代相沿，至明不改"。《注释》认为：明代"仿行"唐代两税法。②道出了明代"两税法"的真相，即有唐代两税法之名，而无两税法之实。又如注释《清史稿·食货志》"盐法"，"盐税为国家一项最基本之财政收入，历代王朝皆视为利薮，实行专卖"。接着重点回顾了明代盐务实行"开中法"及其变化过程。最后强调指出，清人"入关后依明之'引盐'制度设官统管盐产，置盐引，由商人纳银购买引纸，凭以在产地领盐并凭以运赴一定地区分散出售"；清代"定有严密之稽查手续，而未太多地采行明代'开中'之法"。③将清代盐法的渊源及特点交代得十分清楚。凡此种种，不胜枚举。

二，对重要经济事件、政策等作必要的铨释。如《史记·平准书》在记述汉武帝时发动对匈奴长期战争的原因时，仅用"王恢设谋马邑"寥寥数字，很难明白究竟。《注释》比较全面地交代了匈奴从秦汉之际就时扰边地、掠夺人畜财物的经过，汉高祖曾遭匈奴平城之围，后代用"和

---

① 王雷鸣编注：《历代食货志注释》第4册，农业出版社1984年版，第5—6页。
② 王雷鸣编注：《历代食货志注释》第4册，农业出版社1984年版，第51页。
③ 王雷鸣编注：《历代食货志注释》第5册，农业出版社1984年版，第231—232页。

亲"来维系安宁，但时战时和，没有从根本上解决问题。据统计，从文帝到昭帝的近百年间，匈奴大规模沿北边入塞约 20 次，掠夺财物，杀掠人口。"马邑事件"仅是汉代发动对匈奴长期战争的导火线。① 如果没有这些必要的交代，仅凭《食货志》原文就不会对汉武帝竭尽全国之财力攻打匈奴有深刻的理解。又如辽代圣宗挖掘大安山的藏钱使之流通一事，《辽史·食货志》没有提及刘守光之父刘仁恭贪婪暴虐，曾以泥钱强令民间流通使用，而将包括民间的大量铜钱强征后窖藏于今北京房山县西北的大安山高地，为使"后人莫知其处"，竟惨无人道地杀害所有参与藏钱的工人。注释引《新五代史·刘守光传》补充了史实，且考证出凿山取钱是于辽圣宗统和十四年（996）开始的。②

三，充分利用古籍史料，校勘志中错误，弥补原志的缺陷。如在《宋史·食货志》注释中，除引用《宋史》其他材料外，编注者所引用的史料包括《礼记》、《宋会要辑稿》、《宋大诏令集》、《续资治通鉴》、《宋史纪事本末》、《周礼》、《王荆公年谱考略》、《渭南文集》、《朝野杂记》、《王文公文集》、《温国文正司马公集》、《东坡先生墓志铭》、《孟子》、《建炎以来系年要录》、《朝野类要》、《朱子大同集》、《范石湖集》、《汉书》、《元丰类稿》、《嘉祐集》、《欧阳文忠公集》、《旧唐书》、《遂昌杂记》、《御批历代通鉴辑览》、《梦溪笔谈》、《苏东坡奏议》、《昌谷集》、《诗经》、《泉货汇考》、《小说词语汇释》、《大金国志》、《涑水记闻》、《宋代钞盐制度研究》③、《包拯集》、《黄庭坚诗选》、《文献通考》、《东坡志林》、《归田录》、《茶董补》、《北苑茶录》、《乾淳岁时记》、《金史》、《天下郡国利病书》等。又如注释《明史·食货志》充分利用《明实录》中的有关资料，注释《清史稿·食货志》注意发掘地方志及其文集。广征博引，注释就比较全面和可信，提高了注释质量。且在一定程度上扩充了内容，弥补了原志的不足。

另外值得一提的是，对于原志中的有些内容，限于材料，《注释》只

---

① 王雷鸣编注：《历代食货志注释》第 1 册，农业出版社 1984 年版，第 8 页。

② 王雷鸣编注：《历代食货志注释》第 3 册，农业出版社 1984 年版，第 29 页。

③ 编者补注：该书资料性质明显。作者戴裔煊先生在"自序"中说，"希望读者把它当做一本资料性质的参考书"。参见《宋代钞盐制度研究》，中华书局 1981 年版，第 4 页。

好存疑，并且直言不讳地指出来。这种认真严肃的治学态度是值得倡导的。

四，注意基础知识注释，便于一般读者阅读。

历代《食货志》中均涉及相关的理财者、思想者、政治家、军事家等等，《注释》酌情分别作简要介绍。除此之外，历代帝王即位年龄的长幼、在位时间的长短、主要大臣的变更、宫廷寺宦的变化等，往往会左右政局和影响经济政策，对当时国民经济产生直接或间接的影响，《注释》对此比较关注，作了相应的交代。

在古代历史长河中，地名沿革、职官名称、经济术语、度量衡、器物名称等屡有变化，就连一些字词的意义及读音与今日也有较大的差异。《注释》对此均作了必要的说明，有些地方则注明今名。并对于一些关键或生僻字词，不厌其烦地作了注释。

五，以眉批的方式标明重要经济事件、经济政策、人物活动的内容要点。这种边注往往只用数字，就比较准确地概括出书中内容，其难度是比较大的。通读全书，这些边注言简意赅，在注文中起到了画龙点睛的效果。历代《食货志》汇集在一起部头比较大，如果利用这种眉批，翻检起来就十分便当。

总之，《注释》裒集历代经济史料，用客观的、实事求是的态度对正史《食货志》进行了整理、辑释，不失为一部质量上乘的学术著作，并对正文内容作了鉴定、校勘和铨释，为经济史和历史学研究做出了不可低估的贡献。

《注释》作为一部科学的学术著作，也并非无疵可指。据笔者愚见，《注释》主要有以下不足：

一，删减欠当。《史记》南朝宋裴骃《集解》、唐司马贞《索引》、张守节《正义》"三家注"很有特色，因注者均为大学问家且离原书作者年代较近，又利用了今已佚散的不少史籍，故其注释比较接近原意，具有较高的科学价值。《注释》将《平准书》及《货殖列传》删去"三家注"，颇感遗憾。同样，《汉书》唐颜师古注《注释》未予保留，也值得商榷。对已有的注释本，《注释》多未作必要的参考和利用。

二，详略不一。《注释》详后而略前，如对首篇《史记·平准书》的题解仅 400 余字，而对《明史·食货志》《清史稿·食货志》的题解多达 6000 言。同样，《注释》对正文的铨释也是详后而略前。如果将前代注释较为详细，对后代的理解就相对容易得多。

三，利用当代成果不够。《注释》充分利用古籍史料，或铨释一个问题，或互证，取得了较大收获。相形之下，该书对今人的成果利用却显得不够。如汉简及其他考古资料的发现，促使秦汉经济史研究进一步深入，敦煌吐鲁番文书的发现，为活跃魏晋南北朝隋唐经济史的研究提供了可能，《注释》对此均没有注意吸收。

此外，有些注释前后不一致，若干注释有误，都令读者不无遗憾。

与魏明孔合著，原载于《古籍整理情况简报》1997 年第 5 期

《中国农业百科全书·农业历史卷》品评

　　我国是一个有着悠久历史的农业大国。在漫长的历史长河中，劳动人民经过辛勤耕耘，积累了丰富的农业生产经验，其许多发明创造均居于世界前列。自阶级社会以来，"重农轻末"一直成为历代统治者的指导思想，其对农业生产经验的总结和推广十分重视。从夏代的《夏小正》到清代的《农言著实》，大量农书著作相继问世并保留至今。像北魏贾思勰所著《齐民要术》、明代徐光启的《农政全书》等农业典籍，更是公认的古代农业百科全书，在世界农业史上占有十分重要的一页，时至今日仍为国内外学者所珍视。20世纪即将过去，对我国农业生产的历史作一总结，是历史赋予农史学者义不容辞的职责。因此，《中国农业百科全书·农业历史卷》(农业出版社1995年版。以下简称《农业历史卷》)的出版，是一件值得称道的事，它不但是农史工作者必不可少的参考书，而且还是历史学、经济学等学科工作者的重要工具书。

　　《农业历史卷》凡110余万言，计有彩图152幅，另有数量可观的黑白插图，卷帙之浩繁、内容之丰富，在我国农史著作中前所未有。数十名作者系对农史研究有素的老中青专家，这种研究者队伍具有较佳的知识结构，再加上注意充分吸收学术界已有的研究成果，保证了《农业历史卷》是一部目前这一领域的上乘之作。

　　从内容上看，《农业历史卷》整体上反映了比较高的研究成果，其中相当一部分内容是目前我国农史研究的最高最新成果。如"中国农业经济史"部分，以条目形式比较全面、系统地论述和介绍了我国从奴隶社会到近代农业的发展演变过程，作者不以经济事件的描述和典章制度的考察为重点，而是着力揭示历史上农业经济结构与情态、农业经济的运行与机制。这使内容具有浓厚的学术研究色彩，并且自成体系，成一家之言。"中国农业科学技术史"部分结合历史发展的特点，侧重于工具和技术实用方面的介绍。其中将土地利用分为 8 类，基本上包括了历史上土地利用的形式；农具发展分为农用动力发展史、整地农具发展史、播种农具发展史、田间管理农具发展史、排灌农具发展史、收获农具发展史、脱粒农具发展史、加工工具发展史、农业劳动保护工具史等，计有 60 余种农具，并对每种农具的形制、功能、发明者、渊源流变等作了比较清晰的介绍。"中国古代农书"部分颇有特色，按类区分为综合、植物·农业气象、农具、水利·营田、荒政·害虫防治、农作物、园艺、畜牧兽医、蚕桑·养蜂、水产等，内容多达 110 余种，对每个条目的介绍相当细致、全面，评价中肯，是比较出色的部分。就目前而言，我国农史学界已形成了中国农业遗产研究室、西北农业大学古农学研究室、华南农大农业历史遗产研究室、北京农大农业史研究室及中国农业博物馆等研究基地，其在农史研究中取得的成果令世人瞩目。《农业历史卷》不但注意充分吸收这几个研究基地的成果，而且还邀请这些研究基地的部分专家亲自参与了此书的撰写，这对于提高全书的质量无疑是至关重要的。《农业历史卷》反映了我国学者最新最高成果的地方很多，这里仅举一例来说明这一问题。唐代陆龟蒙在《耒耜经》中所记述的江东犁（亦称曲辕犁），在人类农业史上占有重要的地位，古今中外的学者对此投入了极大的热情，并且已做出了不少有益的探讨。其中国外学者以英国李约瑟和日本天野元之助的研究成果最具权威性。李约瑟《中国科学技术史》第六卷第二部（剑桥大学 1984 年版，第 181—185 页）侧重于对江东犁的部件进行考证，并与历史上的犁进行了有益的对照；天野元之助《中国古农书考》（农业出版社 1992 年版，第 53—60 页）则以考订版本的渊源流变见长，考证之功夫令人佩服。但两部著作对江东犁功能的论述均有局限：前者认为这种新式犁只适应于中国长江流域的农耕；后者也认为"直到近年见于江南的旧式犁，仍和它很相似"。可见这种犁不适应于北方地区。《农业历史卷》在"耒耜经"条目中在论述江东犁功能时指出：这种犁"特别适应于在小田块中转弯。克服直辕犁回转相妨的弊病"；它"特别适于土质粘重、田块较小的南方水田使用，同时也适于南北的旱地"。这种结论更为符合历史实际，因为在唐代后期及其以后各朝代，我国南北东西的耕犁均以曲辕犁为主，它是先在江南发明而逐渐向北方推广的。因此《农业历史卷》关于江东犁功能的解释比较准确，弥补了李氏和天野氏解释之不足。显而易见，《农业历史卷》关于江东犁的研究，水准远远高于国外学者。

从体例上看，《农业历史卷》门类齐全，框架结构完备。除了总论外，将主要内容分为中国古代农书、农史人物、中国农业经济史、中国农业科学技术史、世界农业史等部分，基本上涵盖了农业历史的各个层面，具有大而全的特点。既有对我国整个农业发展历史的总条目，使读者对此有比较准确的把握，同时也有详细的子条目，有助于对具体知识的了解，这种点面结合的体例，对于我们全面而又深入地了解农业历史发展的进程十分有益。与此同时，《农业历史卷》在叙述纵向农业历史发展脉络的同时，又能关照某一时期的具体情况，这种纵横兼顾的处理方法，也是比较妥当的。中国古代农业尽管在当时处于世界领先地位，即使今日也在世界上仍占有重要位置，但是它毕竟只是世界农业的一部分，要真正对我国农业历史有深入而全面的了解，只中国论中国有许多地方是难以说清楚的，只有将其置于世界范围之内才能找到参照系。《农业历史卷》设有"世界农业史"部分，虽然篇幅不大，却是不可或缺的。通过对世界古代、中世纪及近代农业简明扼要的介绍，对我国农业在世界农业中所处的地位就会有更为深刻的印象，就会对我国农业的发展阶段与世界农业进程有一个较全面的比较。任何一种辞书，都因体例限制而难以对一些历史发展情况作无一遗漏的交代。为了弥补这一缺陷，附录有"中国农业历史大事记"，按年代排比，检阅起来比较方便。附录"中国古农书存目"搜罗全面，包括农业典籍综合类 104 种，植物、气象、占候类 31 种，农具类 6 种，耕作、农田水利类 56 种，荒政、治虫类 29 种，农作物类 218 种，竹木、茶类 55 种，畜牧兽医类 40 种，蚕桑类 161 种，水产类 23 种。在每种下面列有书名、作者及成书时间等。读者或通过此对我国丰富的古代农书的保存情况有个整体了解，或按图索骥，各取所需。另外，《农业历史卷》在辞条分类编辑方面有较强的实用性，既可按专题翻阅，获得较系统全面的知识，也可以就某一具体问题寻求答案。正文前面是"条目分类目录"，正文后面有"条目汉字笔画索引"、"条目外文索引"和"内容索引"等，配合起来使用十分便当。

从语言文字上看，《农业历史卷》符合大百科全书体，语言朴实准确，叙述规范无误，不求辞藻华丽，但求简明扼要；论述提纲挈领，并无繁琐冗长之感。全书无晦涩之辞，语言之准确与精炼是其值得称道的一点。

《农业历史卷》也存在一些不足之处，据笔者愚见，主要有以下两点。一是有遗漏重要条目的情况。如在"中国古代田制"中无"营田"条。实际上营田在一定历史时期内是相当重要的田制，有时甚至达到了营田、屯田不分的程度。清代学者黄辅辰编有《营田辑要》一书，《农业历史卷》在"中国古代农书"中专设条目，就足以说明营田之重要。不设"营田"条，实属疏漏。再如在"地区农业发展史"中，分别设有关中、河西、河套、黄淮海、太湖、珠江三角洲、东北地区农业史条目，但这并未将主要农业区包括殆尽，如成都平原农业在我国地区农业发展史上占有重要地位，只要举出都江堰水利工程和"天府之国"的例子，就足以说明这一点。二是有些观点值得商榷。如认为"传统农业"指在"长期的封建社会中形成的农业发展阶段。其特点是利用铁农具和畜力及水动力以辅人力的不足；采用增加复种等多种措施以提高单位面积产量，形成一整套行之有效的精耕细作的技术经验"。而近代农业则是"采用机械、电力以结合人、畜力，使用化学肥料以补充天然有机肥料之不足，用人工培育品种以替代农家原有品种，从而明显地提高农业劳动生产率的农业发展阶段"。以此为标准，作者认为明末清初是我国近代农业的萌芽时期，从农业科学技术思想孕育、农业科学技术体系构成、引进西方成果、教育和科学的影响4个方面作了论述，并进而认为"中国近代型农业科技体系是在20世纪20—40年代形成起来的。这种体系的形成得益于新式农业教育与中国农业实际的结合"。众所周知的史实是，我国在明清时期是精耕细作的个体小生产农业。按上面传统农业与近代农业的标准，我国近代不失为传统农业占绝对优势，即使在今日，因受农业人口过多、可耕土地少的影响和制约，传统农业生产仍在广大农村占有相当比例。因此,《农业历史卷》关于我国近代农业的论述,有套用西方近代农业概念之嫌,给人一种概念模糊的感觉。

总之,《农业历史卷》集学术性、资料性、知识性、工具性于一体,既反映了学术界的最新研究成果,又作了全面、系统、专门的知识介绍;既有对数千年农业历史的发展变化的整体论述,又有对具体的某一时期的情况的叙述,一册在手,对农业历史的情况一览无遗,足供读者参考、咨询、备览和进一步研究。《农业历史卷》是一部质量优良的百科全书专卷,不但是对我国农业发展的科学总结,而且还是 20 世纪农史研究的集大成者。

与魏明孔合著,原载于《农业考古》1997 年第 3 期;《博览群书》1997 年第 3 期、《光明日报》1997 年 3 月 18 日 (改写)

刘振中《中国民族关系史》序言

刘振中，1962年毕业于北京师范学院历史系，师从成庆华教授。1978年在北师院历史系讲授中国古代史和中国民族史，还担任外系通史和校公共选修课的教学。他治学严谨，教学认真。他的课讲得既充实又生动，深得学生好评。1998年他参加了中学教师《专业合格证书》和历史教材《中国古代史》的主要编写工作。

1990年3月，刘振中同志在成庆华教授的指导下完成了《中国民族关系史（古代部分）》的编撰，从搜集资料到完成书稿整整用了5年时间。这是一部饱含自己研究成果的教材。全书以马克思主义民族理论为指导，材料翔实，论述全面，条理清晰，要而不繁，具有以下几方面的特点：

1. 把历史上各民族放在共同创建统一多民族国家的平等地位上，科学地论述了中国古代各民族之间的关系。

2. 分析中国历史上民族关系发展的进程与规律，注意总结历史上民族关系处理方面的经验教训。

3. 着眼于通史的全局，着重分析了对整个中国历史进程产生过重大影响的民族关系事件及留给后人的启示。

此书原本拟用北京师范学院院长基金于1990年出版，后刘振中得病动手术住院，就将此基金让给青年教师出书了，出版一事因此而耽搁下来。

1998年7月，刘振中同志不幸病逝了。他的一生心血应该有所交待。此书的出版是对他和他的导师成庆华教授的最好纪念。相信此书的出版对高校师生、中学教师、民族工作者以及一般读者都会有良好的指导作用。

1999年4月14日

原载于刘振中著《中国民族关系史》，中国青年出版社1999年版

《中国经济通史·隋唐五代经济卷》后记

隋唐五代是继秦汉之后，中国封建社会历史上的第二个鼎盛时期，也是中国封建社会历史上的一个承上启下的时期。中国历史上继战国秦汉之后的第二个商品经济发展的高峰，也是从这个时期特别是唐朝后期开始的。

这段时期的经济史的研究，中国和日本学者的著述非常丰富，涉及的方面很广，不少研究深入、细致。本书就是在尽力汲取已有的成果的基础上写成的。凡汲取已有研究成果的地方，尽量注出。但因著述非常之多，仍难免会有脱漏之处。

比之丰富复杂、方面众多的隋唐五代经济生活，比之浩瀚的研究成果，本书只能算是隋唐五代经济的一个概述。着重之处是土地关系特别是商品经济的发展。对于原已有过充分研究的地方则简略叙之，对于研究不足之处只好从略或割弃了。

本书第一、第四、第七章为阎守诚同志所写，第二章为宋家钰同志所写，第三、第八章为魏明孔同志所写，第五章为宋杰同志所写，第六章为宁欣同志所写。各章作者中，有些过去已发表过有关问题的书、文，此次撰写时多已重写或做了删改增补。我所做的只是对全书总的设想及各章主旨提供了意见，并提供了某些章节的草稿。

还有一点说明的是，本书引用的《吐鲁番出土文书》《中国古代籍帐研究》等文献，其中 [] □ ▭ ▭ 等表示缺漏之处，系按原样刊出文献，不一一注明。

1999 年 5 月

原载于《中国经济通史·隋唐五代经济卷》，经济日
报出版社 2000 年版；第二版：《中国经济通史·隋
唐五代》，经济日报出版社 2007 年版。经编者比对，
两篇文字完全相同

《成庆华史学文存》序

　　成庆华教授是首都师范大学历史系最早的创建人之一，曾担任中国古代中世纪史教研室主任，历史系临时党总支书记、总支委员等职务，在教学、青年教师培养、文物室的建立发展等方面都作出了重大贡献。1959年曾被评为北京市文教战线群英会的先进工作者。

　　成庆华教授1915年9月1日生于河北省钜鹿县张威村，其父成铭斋在清末毕业于保定陆军军官学校、同盟会会员，参加过辛亥革命，曾任广西出发的北伐军的副总指挥。第二次国内革命战争时期寓居北平。其父对子女的家庭教育很重视，曾请家庭教师为其讲授国学、英语等课程，所以成庆华先生从小受过良好的教育。1936年高中毕业后，考入北京大学历史系，主攻世界史专业。"七七事变"后，国难当头，他拒绝上日伪统治的北大。不久，他两个弟弟去革命圣地延安参加抗日，他又因身患肺病未能前往。这时，他去北平图书馆研究室自学，读了明末清初具有强烈民族意识的著作等，萌发为自己同胞写一部中国通史的心愿，并着手起草了名为《中国通史总论》的序言。他没有职业，每天出入于北平图书馆，引起了日伪宪警的注意，盘问他何以没有职业。因此，1940年他考入教会办的辅仁大学读书，并于1943年毕业于辅仁大学史学系。在这期间，他听了陈垣先生的中国史学名著选读与评论、史源学实习、中国佛教史籍名著四门课程，有的课程的作业和笔记至今保存完好。1942年他参加了共产党和八路军领导的地下工作，这个工作直属八路军总部滕代远同志领导，主要作伪治安军高级将领的反正工作，最后工作虽然作通，但由于联络困难等原因没有发动，功败垂成。

　　抗战胜利后，在他的老师郑天挺先生推荐下，1946 年在朝阳法政学院任讲师，讲授中国通史，并在辅仁中学作兼职历史教师。由于发表了《中国历史传统论——中国历史之精神》等文章，北平研究院历史语言研究所所长徐旭生（炳昶）教授见文后，要调他到研究所工作。他在法政学院教学虽受学生欢迎，但由于特务骚扰，为不暴露自己地下工作者的身份，遂主动离去。解放战争期间，他根据地下党团结知识分子的指示，参加组建了"三立学会"，1945 年 9 月 2 日召开了成立大会。这个学会一直活动到北平和平解放。

　　北平和平解放后，先生继续在辅仁中学（后改名为北京第十三中学）工作。由于他有系统、深厚的历史知识，教学成绩卓著，品德高尚，以及参加地下工作的经历，已成为一位受人敬仰的名师。所以，先生被选为北京市中等学校历史研究会总干事，1951 年 8 月任北京市教育局中学师资训练班讲师，1952 年冬调北京市教育局工作，1953 年 8 月任北京教师进修学院历史科讲师。在这期间，他编写了《高级中学中国历史提纲》；编写了《中国古代史教学参考资料》，有系统、前后连贯，约 40 万字，油印发给受培训的中学教师学习；受《人民日报》之约，代表北京市中学教师写了《我们对初级中学课本〈中国历史〉第一册的意见》，发表于《人民日报》1953 年 4 月 14 日。

　　1954 年 8 月北京师范学院成立，先生在历史科 (1955 年改为历史系) 任教，为该校历史科、系最早的副教授。最初担任中国古代史、史学要籍介绍及选读两门课，每周十多个课时；要编写教学大纲、教材和编史料选读、论文选读等；教学不仅内容详实，而且注重治学方法和优良学风的培养。在教学中，先生注意实地参观和用实物教学，在他建议下历史系建立了文物室（现改名历史博物馆）。先生有一种殚精竭虑、全心全意为教学、为学生服务的精神。学生反映说："四年大学生活，教学方面最受益的是成先生的课。"再加上先生实事求是的作风，严于律己、为人正直的做人原则和高尚的道德风貌，遂使先生成为学生心目中的楷模、典范。先生身上有一种人格的力量，这是非常难得的。

　　先生能从大局出发先公后私、公而忘私对待自己的工作问题。如：

1953 年南开大学等大学请他前往任教，1954 年北平研究院邀他去工作、中国科学院历史研究所成立时调他去工作，都因工作需要、北京市教育局挽留而未去。1958 年，筹建中国历史博物馆，经国务院批准调他前往工作也因种种原因未去。先生对自己工作要求是高标准的，1954 年北京有个出版社要出版他写的中国古代史教学参考书，并说如果他同意，马上就排版，由于他说还需要修改而作罢。国家困难时期，他的老同学中华书局总编辑金灿然来看望他，想给他出本书，那时他写的讲义已出来了，可能他还想修改，所以没答应。

现在这本《成庆华史学文存》是在他逝世十周年的时候，由他的同事、学生和家属参与编成的。这本文集收集了先生各个时期一些主要著述：

一、抗日战争时期的有：《史源学实习十六题》是先生在辅仁大学三年级陈垣先生授课时的作业，从中可以了解清朝一些史学家用考据学治史的得失，有利于我们在马克思主义的指导下运用考据学的方法促进新史学的发展。《中国古代政治、宗教综合演进述略》主要论述从黄帝开始政教合一的出现、发展，到东周出现政教分离等有关问题。《两汉史籍要目》一文简略概述了史籍目录学的发展，并分纪传、编年、会要、传记、杂史等不同体裁分类详录了两汉有关史籍书目，其中一部分是现在见不到的，值得注意。另外，在《叙例》中简明精粹地说明了史部目录学的出现、发展、形成，价值高。

二、抗战胜利后发表的《中国古史朝代系统考论》《中国历史传统论——中国历史之精神》等文章。文章发表后，受到了徐旭生、翁独健等学者的赞赏。这些文章是 1946 年先生在朝阳法政学院讲稿《中国通史总论》的一部分。先生自己在思想总结中说这个《总论》是抗战初期写成的。这些文章有高度的民族自豪感和爱国主义精神，并在学术上归纳出了值得注意的富有新意的见解。如讲地理环境与历史发展关系时指出："上古时代……地理决定历史"，"近世……地理虽影响历史而不足以决定历史。"讲春秋战国民族意识时说："夷狄而中国者则中国之，超种族之文化标准……一视平等……高尚伟大，亘绝古今。"讲孔子时说："人道集大成者……教人之所以为人，及人之所以异于禽兽者。"如果现在再研究这两个题目，先生这些文章仍然具有不可忽视的参考价值。

三、新中国成立后有三篇文章：1953 年发表在《人民日报》上的《我们对初级中学课本〈中国历史〉（第一册）的意见》，对课本修改，起了重要作用。1980 年写的未发表的《略论历史唯物主义与历史科学》一文谈了对马克思一些论断的个人的理解与认识，以及对地理环境、对人类社会发展的影响等问题提出了个人的意见，说明先生老年时对新中国史学的发展仍然非常关注。1982 年写的《怀念先师郑天挺同志的教诲》，表达了先生对他的启蒙老师深切的怀念与真挚的感情。

四、1960—1961 学年度油印发给同学的《中国古代》与《中世纪史》两本讲义。先生对中国历史有其个人的见解，如认为：战国至东汉末是中国封建社会形成时期，魏晋至唐末是其成长时期。在形成、成长两个时期之末，各设文化一章，讲经学、宗教、文学、科技、艺术等之发展。先生讲义的明显特点是：史实详实，通过事实的叙述阐明历史发展的过程及其内在原因；寓论于史，寓褒贬于历史事实的陈述之中。这两本讲义曾受学生欢迎。本集中《周代的文化状况》《中国封建社会形成时期（战国秦汉）的文化》等六篇文章都是从这两本讲义中编选的。

成庆华教授与我在一起工作多年，他高尚的人格与认真负责的工作态度，我深有感受。现在编辑出版成庆华教授的文存，我由衷地感到高兴。此为序。

2005 年 12 月 22 日

原载于成庆华著《成庆华史学文存》，中国社会科学出版社 2006 年版

对历史科学理论的不懈探讨

——访宁可教授

宁可简介：湖南浏阳人，1928 年生。1947 年入北京大学史学系学习。1948 年参加革命工作。1954 年到北京师范学院（现首都师范大学）工作。现任首都师范大学历史系教授，博士生导师。从事中国古代经济史、隋唐五代史、敦煌学、史学理论的教学与研究工作。主要论著：《宁可史学论集》、《敦煌社邑文书辑校》（合作）、《敦煌的历史和文化》（合作）、《史学理论研讨讲义》，主编和参加主编《中国经济发展史》《中国经济通史·隋唐五代经济卷》《中华五千年纪事本末》《中华文化通志·地域文化典》《敦煌学大辞典》《英藏敦煌文献（汉文佛经以外部分）》等。

邹兆辰：宁先生，您一生的学术活动比较广泛，长期以来从事中国古代史特别是古代经济史的教学与研究，取得了很大成绩，并且带出了一大批研究生、博士生；您在敦煌学方面也取得了很大成绩，记得您在 60 岁的时候亲赴伦敦研究英藏敦煌文献，大家都很敬佩。但对我来说，您对史学理论的研讨给我留下的印象最深刻。当我还是一个大三学生的时候就在系里参与您主持的史学概论教材的编写工作了。那时距离现在已经 40 多年了。在我的印象里，您自上世纪 50 年代中期就参加了中国古代历史中的一些理论问题的讨论，到 2005 年您的《史学理论研讨讲义》出版，在这半个世纪中，您对史学理论问题的研讨始终没有止息，今天想专就这个方面和您谈几个问题。

（一）

邹兆辰：在谈史学理论方面问题以前，我还想了解一下您从事历史学专业的背景。您是在 1947 年进入北京大学史学系学习的，但是您在北大学习的时间并不很长，第二年就去参加革命工作了。那么当年您为什么要选择学历史？在北大的短暂时间给您留下最深刻的印象是什么？您可以回忆一些片断吗？

宁可：我选择学历史是在高中毕业以后。上中学时，少年心性，想学航海，当海军，因高度近视只好放弃了。又迷上了天文学，到处找书来看，连重庆沙坪坝一家旧书店里的清末山西新军学堂翻译的彩色日本星图也买来了。还向天文学家张钰哲教授和陈遵妫教授请教，曾蒙他们热情鼓励，还借了几本书，并参加了中国天文学会，成了永久会员。不久，发现自己数学基础不好，只好放弃学天文。后又想继承父业，去考大学新闻系。那时国内只有两个大学有新闻系，复旦和燕京。我打听了一下课程，觉得太空，不实际，还是要学点实实在在的东西吧。这样就选择了历史系。那时是想搞天文史的，连大学毕业论文的题目都想好了，叫做"中国天文初期史"。这样我就考上了北京大学，由先修班而本科。我的历史学专业就是这样选择的。

读了史学系我确实对学习历史感到极大的兴趣。你问我在北大印象最深的事情是什么，有三个：第一个是上课。当时我像海绵一样尽量地吸收知识，对有些老师讲课感受很深。像张政烺先生学识非常渊博，你问他什么，从甲骨金文到宋元话本，他都能侃侃而谈，详细回答。但上起课来声音很小，很吃力很零乱，常常是满头大汗。但他给你的东西很多。别人的最新的研究成果，他自己的见解，都一股脑儿地教给你。我们收获很大，都愿意听他的课。邓广铭先生也是这样，但他讲的就有条理多了。到了大二，开始允许选一部分选修课，我就到处听课"赶场"。有裴文中先生的考古学，梁思成先生的建筑史，邵循正先生的中国近代史，唐兰先生的文字学，周祖谟先生的文字学史，还有向达先生的中印交通史、韩寿萱先生的博物馆学，赵万里先生的史料目录学我都去听了。胡适在沙滩北楼一层大教室讲《水经注》，我也听了。当时已临近北平解放，听过两次就离开学校了。

第二是读一些进步的书，如郭沫若、范文澜、翦伯赞、吕振羽、侯外庐、胡绳的历史著作，都找来看了。还有艾思奇的《大众哲学》，王亚南、许涤新的经济学也找来了。这些书对我思想的转变，有很大的影响，可以称作参加革命工作的启蒙读物吧。

第三是参加北大的学生运动。当时北大是学生运动的中心，1946年12月美国兵强奸女学生沈崇，基于义愤我也参加了游行示威。以后差不多每次罢课、游行示威都参加了。1948年8月，国民党政府公布黑名单大肆逮捕，许多学运积极分子纷纷离开学校。我那时参加了一个诗刊的工作，只写过几首诗和一篇文章，还参加过校对和卖书。当时感到留在学校有些危险，也就随着一大批同学离开了学校，去解放区参加工作。

邹兆辰：您参加工作以后，为什么又回到了历史学专业呢？是不是这个专业使您感到情有独钟呢？

宁可：当时我对历史的兴趣很广泛，工作以后还是对历史感兴趣，平时和人聊天也总是谈历史，什么历史分期呀等等，聊得津津有味。当时的大环境，总是强调服从分配，全心全意为人民服务，干好自己的本职工作，所以我就决心不谈历史了，老老实实地当我的基层干部。并且为此还做了检讨。但是，刚做了检讨，情况发生了变化。我所在的单位是教育刊物，上级决定停办，人员要分到各处去。当时，我所在的北京市教育局决定成立一个教师进修学院，以后进一步准备成立师范学院，我就被分配到历史组去了。我很高兴。组内有三个人，组长是戚国淦先生，成员还有成庆华先生，再一个就是我。以后我们都来到了北京师范学院历史系，这样我就走上了历史教学的道路，也不是我对它情有独钟。

邹兆辰：在北京师范学院历史系您是教中国古代史的，但是在五六十年代您就写了一些历史理论方面的文章，比如对中国古代的农民战争问题、历史人物评价问题等，您对于理论问题的重视是出于个人的兴趣吗？

宁可：我教中国古代史兴趣很大，但是我也关注史学界的动向和争论的问题。我最初的意愿是搞中国古代经济史，我觉得搞经济史要抓住一个问题的结合点，50 年代中期农民战争问题讨论很热烈，当时我认为这个结合点就是农民战争问题。农民战争是一个王朝矛盾的总爆发，接着又开创出一个新王朝，新时代，经济也发生了变化。所以，我的农民战争问题就是这样搞起来的，最后还是为了搞经济史。1956 年发表解放后的第一篇论文，是在《光明日报》上发表的。虽然以前也发表过文章，但是不属于学术研究、论争性质的。以后，我又写过关于岳飞的评价的文章。当时对理论问题是有个人的兴趣，但讨论的问题是随潮流。但是，参加进去以后，就一篇一篇写下去。其中，有个人兴趣的成分，也有对当时史学发展潮流的关心，也有自己对研究方向的设想吧！

（二）

邹兆辰：记得在上世纪 50 年代末、60 年代初，"大跃进"已经结束，进入了困难时期，各方面的事情都进入了低潮，但是您却给我们开了《历史科学概论》这门课，并且带领一些同学搞教材建设。直到"文革"前，我们系一直坚持开这门课，您还参加了黎澍先生主持的《历史科学概论》教材编写的工作。您能回忆一些当时的情况吗？

宁可：在"大跃进"时期，每个高校都要把住几门课程的建设，是师生结合进行的。当时全国许多大学如北大、师大都设了史学概论这门课。搞这门课要联系到上世纪的五六十年代的那场"史学革命"。在那个革命的高潮中，提倡大搞村史、厂史、社史，学生自编教材。在教学中要求打破王朝体系，以农民战争划分历史阶段，还提出什么"以论带史"的要求。在这种情况下，一些头脑比较冷静的老同志感到应该开设一门"史学概论"性质的课程，讲清楚一些历史学的基本问题。但大家都不知道应该讲什么、怎么讲法，国内各大学开的史学概论课都停下来了。当时我们系也开了这门课，并且认为要有一些自己的特色，所以保留了一些史学方面的热门话题，有争议的东西。我曾经借用鲁迅"两间余一卒，荷戟独彷徨"的诗句来形容当时的孤独之感。

邹兆辰：后来您去参加高校文科教材《历史科学概论》的编写，那时的情况你可以回忆一些吗?

宁可：那是在 1962 年春天，中宣部和高教部联合成立了高校文科教材办公室，从各高校调集一百多人编写各种文科教材。当时，确定《历史科学概论》教材的主编是从中央政治研究室新调来的《历史研究》杂志主编、近代史研究所副所长黎澍同志。黎澍同志在各方面推荐下，于 1962 年夏天从高校借调了三个年轻教师来编书，就是吉林大学历史系的李时岳、复旦大学历史系的胡绳武和北京师范学院历史系的我。

那时候，我们都是三十岁出头，而黎澍同志也刚到五十，精力充沛，谈吐风趣。我们三个背后都以"主编"称呼他。当时商定，每个星期去他家一次，请求指教，并商量一些问题。当时从近代史研究所借来一批书，摆了五六个书架。有人传言三个人借了一屋子书，在那里乱翻，那意思可能是估计我们编不出来吧！

那时黎澍编辑的《马克思主义经典作家论历史科学》于 1961 年出版。我记得第一次印得很多，高校历史系师生几乎人手一册。有了这本书，我们就以此为圭臬，依照该书为骨架，编出了一个编写提纲。黎澍一看不满意，认为那是摘录而不是著作，亲自在一张卡片上写了一个简单的提纲。计划分四部分：第一部分为历史研究之成为科学，胡绳武执笔；第二部分为历史和历史科学，由我执笔；第三部分为历史研究方法，李时岳执笔；第四部分为总论性质，黎澍同志准备亲自动手。

我们安心读书，每星期三下午去他家。开始，他还做一些具体的指点，或给一两张卡片，以后就变成聊天了。他很关心学术界的动向，每次去他那里总要问"有什么消息?"他不大臧否人物，偶尔提到一些人和文章，他常说的话是："这个人（或某文章）有思想"或"没有思想"，"他对这个问题是做了研究（或没有研究）的"，给人的印象是他的规格很高。这两句话后来就成了我们的口头禅。

邹兆辰：这部书后来编写得如何呢?

宁可：我们在 1962 年到 1964 年进行编写，写作过程遇到很多困难，进展很缓慢。我们也曾向黎澍同志做过汇报，担心书编不出来。他只是说："编不出也罢，有时间读点书也是好的!"这样到 1964 年春夏之交，李时岳、胡绳武的稿子都写出来了，我的也交了两个题目。黎澍同志看了，不置可否。我们抱着忐忑不安的心情，下边私议："主编大概规格太高了，我们的恐怕都不行吧！"但究竟是没有思想还是缺乏研究，谁也不清楚。1964 年秋，中苏公开交恶，黎澍同志受命组织写批判"苏修"和中俄历史关系方面的文章，于是宣布"历史科学概论"工作停止。借的书也都归还了近代史所。

邹兆辰：1963 年到 1964 年，您参加了当时学术界开展的一场历史主义与阶级观点的讨论，写了两篇很有分量的文章，这件事在史学界影响很大，研究那一段的史学史论著都要提到这件事。这场讨论是如何引起的？在当时的学术观点上主要分歧是什么呢？现在您是如何看这场讨论的意义呢？

宁可：我所知道历史主义的概念是赵俪生先生解放后在《中国建设》杂志上最先提出的。再有是范文澜在修订本《中国通史简编》的绪言中提出过，他检讨在延安时编的《中国通史简编》中有非历史主义倾向。翦伯赞也检查在解放前所写的文章中有借古说今的倾向，是反历史主义的。"大跃进"中讲阶级观点讲的很多，有片面性和绝对性的毛病。首先提出异议的是翦伯赞，他提出对于编写中国史纲要的意见，在《光明日报》上发表了。后来他又在南京大学讲过历史研究中的一些问题，1962 年在《江海学刊》上发表。他在这篇题为《目前史学研究中存在的几个问题》一文中说：历史学是具有阶级性的科学，应该用阶级观点来分析历史问题，但是除了阶级观点以外，还要有历史主义，必须把阶级观点和历史主义结合起来。他说，如果只有阶级观点而忘记了历史主义，就容易片面地否定一切，只有历史主义而忘记了阶级观点就会片面地肯定一切，只有把二者结合起来，才能对历史事实作出全面的公平的论断。他虽然谈的是二者的"结合"，但是大家都可以看出他的重点是提倡历史主义，用历史主义纠正片面的阶级观点。这样就引起了一场规模很大的争论，许多人都赞同他的观点。

我参与的过程是这样：1962 年，我写了一篇关于农民战争的文章，是《红旗》杂志约我写的。我这篇文章原文很长，《红旗》杂志摘选了其中的一段名为中国农民战争的自发性和觉悟性发表了，原稿最后讲到了当前学术倾向，涉及到历史主义的问题。后来，《红旗》编辑邵铁真同志又找我，希望我以最后涉及历史主义为题再写一篇文章。我这时已经参加历史科学概论的编写了。我一方面要写历史科学概论的教材，一方面又要写这篇文章，所以当时搞得很苦。星期六我回到家里，闷一天，写《红旗》杂志这篇文章，星期一到星期六到中央党校宿舍去，又写历史科学概论的教材。这样干到 1963 年，写了五六个小题目。这时，林甘泉同志的文章出来了，在《新建设》上发表。他强调历史主义与阶级观点是马克思主义史学的统一体，马克思主义的阶级观点浸透了历史主义的精神，阶级观点和历史主义是完全一致的、统一的。不存在没有历史主义的阶级观点，也不存在没有阶级观点的历史主义。脱离阶级观点和阶级分析的方法，实际上不可能真正历史主义地看问题。

我最初看了觉得很高兴，觉得我想说的话他都说了，我的文章可以不写了。他当时不点名地批评了三个人：吴晗、翦伯赞、蔡美彪。我的文章中也提到了这三个人，也没有点名。这时，黎澍找到我，让我写一篇针对林甘泉的文章，要开展争论。他提出，你可以指名批评林甘泉，同时要说明历史主义和阶级观点，是两个不是一个。我接受了任务以后就开始写，因为我准备了很长时间，所以脑子很灵，写得很快。我在中央党校的宿舍里日夜赶工，写了 9 天，写出了 3 万字，交给了黎澍。第二天我问黎澍有什么意见，有什么要修改的地方。他说，没什么修改的，已经拿去发排了。只加了一句话，就是"阶级观点是唯物主义历史观的核心，历史主义是辩证法对历史过程的理解"。《历史研究》以《论历史主义和阶级观点》为题发表了。我的观点是：阶级观点是唯物主义历史观的核心，历史主义是辩证法对历史过程的理解。如果把历史主义与阶级观点割裂、对立起来，或是看成两个不相关的东西，或者在二者之间求得平衡，那当然是不正确的。但是如果把阶级观点同历史主义的统一看做是内容完全一致的，把它们之间的联系看做是必然的，只要有了阶级观点自然就有了历史主义，也不免是一种机械的、简单化的理解。

文章发表以后反响很大，很多人不知宁可是什么人，甚至以为是个老的马克思主义历史学者，没有想到是个青年。还有一些人则反对我的观点，于是展开了讨论。没过多久，林甘泉写了第二篇文章，批评我。强调历史主义和阶级观点作为唯物史观统一的观点和方法，有着不容分割的内在必然联系。我当时想，我的观点已经写出来了，就不必再回应他了。但黎澍找我，让我继续写文章。强调一是历史主义与阶级观点是两个东西，不是一个；再就是要指名批评林甘泉。当时发表的文章多数是批评我的。翦伯赞在医院养病，他跟黎澍说我的文章很好，以理服人。我与翦伯赞并没有直接交往。不过，翦伯赞曾托人给我捎话，说文章应该怎样怎样写，不过我并没有听进去，还是按照我的思路写的。这样就写了关于历史主义的第二篇文章《论马克思主义的历史主义》，在《历史研究》发表。我说明历史主义与阶级观点这两个概念的侧重点是不同的。历史主义侧重的是从发展的角度看问题，阶级观点侧重根据阶级划分和阶级斗争的规律对所研究的对象作出科学的解释。二者的统一是有条件的。历史主义和阶级观点是从不同角度认识统一的历史过程的两个原则或方法。在第二篇文章里我说"阶级观点是马克思主义的基本观点"，《历史研究》的丁守和同志在后面加上了"之一"两个字，没有告诉我。以致"文革"中造反派审我为什么加上"之一"两个字，我瞠目不知所对，"文革"以后丁守和才告诉了我。

在第一篇文章发表以后，《人民日报》理论部找我，让我把它摘要出来，发了一整版13000字。后来《北京日报》又让我摘要5000字，发了半版。所以那篇文章一共发了3次。第二篇文章是1964年发的，《人民日报》曾经要转载其中论历史局限性一章，后来没有发，我也没有再写。但以后形势变了，开始听说要批判我，感到压力很大。后来又听说定下来，学术界有两个批判，两个讨论。批判的是周谷城的时代精神汇合论和李秀成自述，讨论的就是农民战争和历史主义问题。有一段时间没有人来约稿；后来又放松了，又有人来约稿了。1965年，开始"四清"，接着"文革"就开始了。戚本禹发表"为革命而学习历史"的文章，开始批翦伯赞、批吴晗，我们也都跟着倒霉了。

在当时的背景下，林甘泉的文章我分析是这样来的。"大跃进"和"史学革命"的一些做法，一些老学者很有意见。当时，有些老学者提出应该纠风。于是，另外一些同志很不高兴，认为这是阶级斗争新动向。在这个基础上，林甘泉写文章，批评翦伯赞的观点。他大约写了一年，文章就这样出来了。我的文章写得很苦，也差不多写了有一年。别人都不知道我在给《红旗》写稿。也没有人出过什么主意。《历史研究》的第一篇文章出来以后，黎澍很高兴，以为我9天就写出了3万字，很能写，他不知道我以前写得苦极了。"文化大革命"开始，1966年6月2日《人民日报》发表社论《夺取资产阶级霸占的史学阵地》，于是就把黎澍从《历史研究》主编的位置轰跑了，翦伯赞在这以前就垮了，我也跟着挨了批。过程就是这样。

以前这个问题一开始是不同学术观点的争论，后来变成政治批判。发表了几十篇争论文章，多数文章是赞成林甘泉的观点的，讲历史主义与阶级观点是统一的，也有的认为是两回事。后来人民出版社出了一个集子，没有公开发行，登载了这几十篇文章。我现在看马克思的著作中，没有讲过历史主义，他曾经在批判法的历史学派时提到过"反动的历史主义"，但那是一个贬词。不过后来列宁讲过两次，毛泽东也讲过，如他说"我们是马克思主义的历史主义者"。西方学者讲历史主义的有不少，我们不去管它了。这个争论在当时的条件下，使用这个概念还说得过去，但是从理论角度上看我觉得不要这样提，因为它们本身就是不对应的，历史主义与阶级观点不是一回事，不要把两个概念搅在一起来说。

邹兆辰：那就是说在1966年"批判"翦伯赞以前，关于历史主义与阶级观点的讨论还是一场不同学术观点的争论？

宁可：我认为确实是这样。

（三）

邹兆辰："文革"以后您还是一直关注着历史学的理论建设，我记得您在1984年的《历史研究》上发表了一篇《什么是历史科学理论》的文章，受到史学理论界的关注。您当时是否主要是提出历史学本身的理论建设问题，应该与一般的历史理论区分开，为此您当时还曾提出建立"史学学"的意见？

宁可：在上世纪 80 年代初期，历史科学理论问题受到前所未有的重视，大家都希望史学理论能够成为历史学的一门分支学科，而且确实存在着形成一门学科的趋势。比如很多高等学校历史系都开设了史学概论这门课，我们学校当时也开了；当时有的高等学校已经编写了史学概论的教材。但是对于这门学科建设中的一些带根本性的问题还不是搞得很清楚，比如说历史科学理论究竟是什么，它应该包括哪些内容，它与历史唯物主义应该是什么关系，它与历史学的各个分支学科之间又应该是什么关系，它本身能不能形成一个完整的学术体系，这些问题都有待于进一步的探讨。

邹兆辰：您当时提出区分广泛意义上的历史科学理论和严格意义上的历史科学理论，这两者的主要区别在哪呢？

宁可：当时有的历史科学概论教材和高校历史系开设的史学概论课可以说囊括了史学领域中的所有理论问题。比如，一是历史唯物主义一般原理或规律的探讨，包括像历史发展动力问题、五种社会经济形态的问题、历史人物评价标准问题等；二是关于客观历史发展的辩证法问题，如历史发展中的统一性与多样性、必然性与偶然性等问题；三是历史唯物主义原理或规律在特定时代、地区、民族和社会现象领域的具体化，比如阶级、阶层、宗族、民族、农民战争、封建经济结构、古代史分期、封建土地制度、资本主义萌芽等问题；四是历史学本身的理论和方法问题，如历史学的对象、任务、特点、历史与现实的关系、历史认识的特点、历史学的层次与结构、历史学的方法等；五是史学史和当代各种史学思潮、流派、观点的研究和评论；六是对当前历史研究和历史教育的任务、问题与倾向的研究与评论。如果归纳一下，这六个问题可以分为两大类，前三个问题是以客观历史为研究对象的理论问题，后三个则是以历史学本身为研究对象的问题。如果我们从广泛的意义上说，这些问题都应该属于历史科学理论的研究对象；但是从严格的意义上说，作为历史学的一个分支学科的历史科学理论应该有自己专门的概念、范畴、原理和规律，并且构成一个严整的科学体系，那么只有上述六个方面的第四个方面，也就是只有历史学自身的理论和方法问题才属于历史科学的研究对象。

邹兆辰： 您这个观点当时是不是得到了史学理论工作者的广泛认同？

宁可： 应该说当时许多学者也是这样主张的。我们可以看到在90年代以后出版的史学概论教材大多数都是专讲历史学本身的理论问题。后来，有学者写文章主张历史科学理论应该包括历史本体论、历史认识论、史学方法论这样三部分。许多教材也是按照这三部分内容写的。

关于这个问题，你可以看一看最近《历史研究》杂志社为《历史研究》创刊五十周年选录出版的论文集，其中有一集是关于"理论与方法"的文章，其中收入了我的两篇文章，一篇是关于历史主义的，另一篇就是你上面说的这一篇。在这一集前面有一篇王和同志写的序言，一开始就谈史学理论与历史理论的区别问题。他说，有的史学工作者主张把史学理论分为历史本体论、历史认识论和史学方法论三部分，但是历史本体论实际上就相当于我们所说的历史理论问题，历史认识论和史学方法论则相当于我们所说的史学理论问题。所以说，把历史科学理论分为有关客观历史的理论和有关史学本身的理论这两部分，实际上已经得到了许多史学工作者的认同。

邹兆辰： 1984年的那篇文章您用的副标题是《历史理论学科建设探讨之一》，而在2004年您又在《河北学刊》上发表了《历史理论学科建设探讨之二》，正标题是《什么是历史？》，您在这里又谈了一些什么问题呢？

宁可： 我在前一篇文章中所谈到的主要是区分历史理论和史学理论的问题。历史理论所要回答的是客观历史是什么样子，结构如何，运动的规律如何，也就是对历史的内容的认识；而史学理论是以历史学或历史科学为对象，概括人们认识客观历史过程中的理论和方法，即要回答的是怎么才能正确地认识和阐明历史的问题。而在这篇文章中所谈的就是文章标题所表明的，是我对于"什么是历史"这个问题的总的看法。因为只有搞清楚这个问题才能有正确的认识历史、阐述历史的理论和方法。

我觉得"历史"这个概念应该包括三种意思：一是指人类社会过去的发展过程，也就是所谓"过去的事"；二是指对过去的事的记载；三是指人们意识中的过去，或者说就是人的历史认识。过去人们往往注意到"历史"一词的前面两层的意思，而不太注意第三层的涵义。以历史为认识对象所形成的一门学问，就是史学或历史学、历史科学，它是一种知识体系。我们的历史认识可以有四个层次，就是历史意识、历史知识、历史学、历史科学。历史科学就是建立在科学基础上的历史学，它的任务是求真，就是把我们的历史认识与真实客观的历史一致起来，能反映客观历史的真实；同时，还要求把过去的历史描述出来，使过去的东西能够重新呈现在人们的眼前。但是，过去的东西是无法还原的，实际上只是过去历史的一个摹本或一个影像。

历史学或历史科学本身不是客观存在的历史，而是以客观存在的历史为对象的一门学科。进一步说，以历史学或历史科学为对象，概括人们认识客观历史过程中的理论和方法，就是史学理论，也可以称为严格意义上的历史科学理论。这里我们所说的历史科学理论中的"历史"，就是前面我们所说的历史一词的第三个意思。史学理论要回答的不是历史是什么，而是怎样才能正确地认识和阐明历史，它不直接研究客观历史，而是研究如何研究历史。所以，"史学理论"不单单是历史学，而是"史学学"，它就如同"科学学"一样，它是历史认识论。

我这篇文章虽然发表不久，但是这里的观点是我在多年之前就已经形成了。

邹兆辰：在上世纪八九十年代，您除了探讨什么是历史科学理论的问题之外，还实际研究了一些历史理论和史学理论的问题。像您写的《关于历史发展的动力》《地理环境在社会发展中的作用》《中国古代历史发展的地理环境》《中国封建社会的人口问题》《中国历史上的皇权和忠君观念》等文章，就应该属于广泛意义上的历史科学理论问题；而《从事实出发是历史认识的规律》《充分发挥史学的社会功能》等文章，就应该属于严格意义上的历史科学理论，即史学理论问题吧？

宁可：大体是这样的。比如我那篇《地理环境在社会发展中的作用》是 1986 年在《历史研究》上发表的。当时，关于地理环境与社会发展的关系问题已经引起了一些学者的关注，但是总的来说，在新中国成立以后的 30 年间，这个问题被完全冷落了。尽管马克思、恩格斯多次论到过这个问题，普列汉诺夫更是反复进行过论述。实际上这个问题不仅具有人类社会发展究竟由哪些因素决定的理论意义，而且还具有涉及经济、政治、军事乃至文化的发展和决策的现实意义。所以，我十分注意这个问题。我这篇文章主要是从理论上探讨地理环境的作用，我还专门论述了中国古代历史发展的地理环境问题，是在《平准学刊》上发表的。我觉得这个问题的重大意义，需要进行多方面的、长时间的探索，尤其需要把它与中国古代历史研究中的一些重大问题，如中国古代历史发展的特点和道路问题、社会结构问题、古史分期问题、专制主义中央集权问题、民族问题、资本主义萌芽问题、文化特点等问题联系起来探讨；也需要与中国古代各地区、各民族和社会生活的各个部门的研究结合起来。另外，我还考虑到应该与世界其他地区、国家、民族的历史发展结合起来探讨，这样才能真正了解中国社会历史发展的特点。这种研究，对于我们当前的社会主义建设也是有实际意义的。这就是我所以特别注意研究这个问题的原因。

（四）

邹兆辰：2005 年鹭江出版社出版的"名师讲义"丛书中，选入了您的《史学理论研讨讲义》，这是您多年来讲述史学理论课程的基本内容的结晶。您一直主张"史学理论"不单单是历史学，而是"史学学"，如同"科学学"一样。您的"史学理论研讨"就是力图建立这样一门学科，它主要是讲历史认识论。那么您是怎样以历史认识论来贯穿整个课程的过程呢？

宁可：按我的设想，这门课应该有这样一些内容：首先是导言，主要讲历史是什么；第一部分讲历史本体论，当然这里不是讲客观历史的具体内容，而是讲从历史认识论的角度看，要注意客观历史的哪些方面；第二部分是历史认识论，就是讲怎样认识历史；第三部分是历史价值论，讲怎样评价历史，是历史认识论的延续；第四部分是史学方法论，是从历史认识的层次、规律看认识历史的方法；最后是历史学的任务和史学工作者的素养，主要讲为什么要探究历史和史学工作者应具备的条件。对于这些问题，大家都有各色各样的看法，我这里主要是提出一些需要探讨的问题。不过这本书还没有写完。

邹兆辰：您在历史本体论中用很大篇幅对"人类社会"进行分析。大家都知道，历史是人类史，是人类的活动，但是你对人类社会的分析包含了很多的层次，这是出于什么样的考虑呢？

宁可：这个问题我考虑了很久，逐步形成这个样子。因为历史学就是要研究人类社会的历史，所以对于什么是人类社会必须有清楚的认识。人类社会可以包括一个一个的个人，也可以包括人类社会的整体。这其中还有群、区、面、层、结构，等等。这里面，人、群、区、面、层等在人类社会中各自占有自己的地位，又形成一种错综复杂的关系，这就形成各色各样的社会结构以至一个社会的整体结构。历史就是这些极为复杂的关系的相互作用的产物。这样看来，那些相距千万里，时隔千百年，看来毫不相干的东西，也会在各种环节和中介的作用下发生若干联系。这样我们可以看到个别的历史事物、历史现象和历史活动具有一种比它们直接表现出来的效应更深远、更复杂的关系和效应。历史活动就是一个一个、一群一群的有意识有目的的人所创造出来的。他们的意识、目的各自不同，甚至互相矛盾、互相冲突，于是就增加了历史的丰富性、多样性、复杂性、不可捉摸性，甚至可以说是诡异性。这样就会让我们想到，历史到底是有序的还是无序的，有组织的还是无组织的，是各种偶然性的凑合还是具有某种规律性，以及历史是由于这种规律性的作用而使它形成一个进步和发展的过程，还是完全不是这样。

邹兆辰：我觉得在对个人、群、区、面、层等构成人类社会各种因素的分析中，您很重视对"层"的分析，特别是强调对影响历史的较深层次的事物的作用。是不是这样？

宁可：不错。我觉得只要不限于简单陈述一些事件和人物的活动，而是去认真探讨它们产生的原因，那我们就会感到历史的脉搏在深沉的地方的规律性的跳动，而探寻那些表层之下的深沉的东西，广大的人民群众的生活、愿望，不同地位、不同利益的民族、阶级、阶层和集团，社会的结构、各部分的关系和它的运动，也就是那些较深和更深层次的东西，我们就会发现，那些表层的东西，无非是无数偶然性集合下的深层次的东西、规律性的东西的一种表现。

我曾经在讲课中举了一个深层活动的历史效应的例子。比如说吃饭，这是属于基础性的深层的东西，饮食结构的变化所形成的历史效应，看起来是不大的，也是不明显的，但是绝不是不重要的。而且，它还会引起其他深层的、浅层的一系列变化，进而形成一种明显的甚至巨大的历史效应。

邹兆辰：您在讲这一点时，曾经提到地理大发现以后，美洲传到欧洲的重要作物如土豆、玉米、红薯、烟草、可可、花生、番茄等对欧洲人的生活的影响。

宁可：玉米和红薯在中国的作用也是明显的。它们都是在 400 年前的明末传入中国的。它们产量高，对栽培条件要求低，因此传入中国后立即被大面积推广，在各地普遍种植，尤其是在贫困地区。但是，这只是一个现象。你要进一步联想到，当玉米、红薯传入中国时，中国的人口正跃上一个新的台阶。人口从 1 亿多跃迁到 4 亿以上。当时可开垦的土地不多了，提高单位面积产量成了急迫的任务，靠原来的作物已经有困难了，这时玉米、红薯的输入，正适应了这一历史条件，多少缓和了巨大的人口压力。

由此我们可以看出，任何一个历史活动都不是孤立的，它是由许多过去的和当时的历史因素、历史条件综合起来的结果。而一个历史活动的作用、效应影响又是许多个人、群体、层面等因素、历史条件的相互作用的结果。这就告诉我们不要孤立静止地看待历史，而要从各个方面的相互关系、运动的角度来把握历史。我还曾经举望远镜的发明这件事情来说明一个个人的小目的甚至无目的的活动，其实是各种大大小小、远远近近、直接间接的因素的复杂的交互作用处在一个关节点上的产物，而且产生了巨大的历史效应。

邹兆辰：您曾经提到，从一定意义上说，历史活动的关系和作用，可能比历史活动本身还更值得我们注意。

宁可：确实是这样。历史的效应，也就是历史作用吧，它可以有不同的情况。有的是正效应，有的是负效应；有的是直接效应，有的是间接效应；有的是长期效应，有的是短期效应。而且这些效应可能是不一致的，因时因地的不同会有不同结果。

邹兆辰：您的这些论述都是非常深刻的，它说明历史本身是非常复杂的。因而，认识历史、研究历史的方法也是非常复杂的。在历史认识论这部分您讲的内容非常丰富，特别是在讲历史认识与史料的关系这部分，对史料的类型和考证史料的方法讲得非常详细。这里的丰富内容可以说是您本人的或其他学者的治史经验的总结。我也读过许多史学概论或史学方法论的教材，但是很少见到如此丰富的治史经验。而且这里不是一般地讲方法，而是把它提高到历史认识论的高度来讲。后面，您在总结历史认识的过程时提到一个完整的历史认识过程或人们历史活动的完整认识应该包括十个方面，即 9 个"W"和 1 个"E"，过去我们只听说过 5 个"W"，您能给我们解释一下您在这方面的新发展吗？

宁可：是的。过去我们讲过一个完整的历史认识应该搞清楚 when、where、who、what 以及 why 这五个方面，这是对于新闻记者在从事报道时所提出的要求。后来我进一步考虑，一个完整的历史认识或对人们历史活动的完整认识，或者按其认识的先后次序来讲，无论是严格的逻辑次序，或者在发生上的现实历史次序，应当包括十个方面，我就用英文的第一个字母显示，可以称为 9 个"W"加 1 个"E"。这就是 when（何时）、where（何地）、who（何人、何物）、work（何事、何状态）、how（如何）、what（是何）、why（因何）、effect（效应、结果）、worth（历史价值）、want（历史需求）。也就是说，一个完整的历史认识有一个由表及里、由此及彼、由浅入深、由局部走向全面的过程。这里面的前五个因素，可以说是历史认识的基础的、表层的、个别的、局部的部分，但又是不可或缺的部分；再往后三个开始接触到了展开的、深层的、全局的、相互关系的东西；至于最后两个，即历史价值和历史需求，应该贯注在历史认识过程的各个阶段和各个层次之中。也可以说，越是往后分量越重。这样，我们就可以把历史认识的过程归纳为，从事实出发，得到历史经验，发现原则或规律，最后到规律化的历史过程的再现。这样一个历史认识过程，我们可以称为历史认识的规律。当然，我用这些"W"字头的英文来表示历史认识全过程，可能有一些不甚确切之处。但不妨体会它们的本来意义，做到所谓"得意而忘言"吧。

邹兆辰：您认为在您的《史学理论研讨讲义》的这部书中，您所要突出的基本的主题是什么呢？

宁可：这就是如何认识真实的历史。我曾经写过一篇文章题目是《从事实出发是历史认识的规律》，在《讲义》中作为附录也收了进来。我觉得，历史认识就是从掌握个别的、具体的历史事实开始，经过对历史经验的概括、总结，最后上升为规律和理论。这就是事实—经验—规律的过程，最后是历史过程规律化的再现，是历史认识的四个互相承续的阶段，也就是毛泽东说的"实事求是"的过程。现在，史学界受后现代主义影响，有的人不承认有基本的历史事实存在，强调历史是个人的解释，我不赞成这种观点。我认为，历史科学的目的还是要探讨真实的历史事实。

邹兆辰：史学理论研讨这门课您在"文革"以后也讲了 20 年了，您对于讲这门课有什么感受？

宁可：我的感觉是这样：一个是不要离开历史。宁愿把它讲成一些史学研究的例证，而不要讲成抽象枯燥的教条，应当让材料与观点相结合，让学生对历史有兴趣，形成一种"历史感"。我上课时感到这门课对学生还是有些吸引力的，有一位博士生我每年讲课他都来听，也许这与我在讲课时有一大堆史学趣闻和历史故事有关吧！再一个是不必严守章法。我没有成体系的史学思想和史学理论，这与我读书泛而杂有关。我只是尽量想法讲最简单的道理结合历史作一些发挥，这一发挥有时不免东拉西扯，但我也注意不要离题太远。三是注意启发式。我尽量在有限的上课时间内提出问题引导学生思考，回答一个问题又引发下一个更深层次的问题，像层层剥笋一样，希望学生能够跟着教师动脑筋，留下一个个为什么，以便日后去读书、思考。

现在，我所设想的六个专题中，还有一些问题没有写，所以我这本讲义还是不完整的，那些没有写完的部分只有留待他日了。

邹兆辰：好！我们希望您能够早日完成您所设想的史学理论体系，但是首先要保持身体的健康，不能操之过急。今天我们所谈的都是有关史学理论方面的问题，这里已经体现了您在近半个世纪的过程中在史学理论方面的辛勤耕耘和所得到的收获，这些都是对史学理论学科建设的贡献。不过这只是您的学术活动的一个方面，有关其他方面的问题，还想再找时间与您谈谈。谢谢您！

（邹兆辰系首都师范大学教授，北京师范大学史学理论与史学史研究中心兼职研究人员）

原载于《历史教学问题》2006 年第 4 期

我的"奥运情结"

第 29 届奥运会就要在北京开幕了，人们热切地期待着它。看到电视上热火朝天的火炬传递活动，可以想到那将是一场令人振奋的盛典。

我的"奥运情结"由来已久，那还是上世纪 30 年代中期在南京读小学的时候。时间虽已过去了 70 多年，儿时的记忆却还没有被岁月磨平。那是一个多灾多难的时代，是一个屈辱的时代，也是一个愤懑的时代。但是，在沉默和悲愤中也不免闪现一抹亮色——那就是体育带给我们的快乐。当时小学生的体育运动不外是跳田鸡，"挤油渣"，再加上踢小皮球。记得音乐老师还教我们唱过一首踢足球的拉拉队歌，歌词忘了，曲调却至今还记得。

关于真正的体育比赛的消息，当时只知道有华北运动会和远东运动会，好像中国队在篮球上有过一点表现。另外，曾听同学津津乐道足球球王李惠堂，说他一记劲射把英国队的球门网都射穿了。这其中想来也添加了几分爱国色彩。到了 1936 年，新的一届奥运会在柏林举行了。中国组织了一个空前的代表团参赛，报刊上大肆渲染美人鱼杨秀琼、短跑健将钱行素等如何如何，好像对他们寄予了很大希望。结果呢，全被淘汰了，除了撑竿跳运动员符保卢外，别说名次，连预赛都没有一个人能通过。代表团出发时的一片欢腾和期望转瞬变成了失望和沮丧，还出现了大量的嘲讽文字和漫画。印象最深刻的漫画是一群运动员在操场上推一个大鸭蛋，还有一个篮球运动员坐在球筐上向着地下的一堆鸭蛋发呆。体育的落后使中国人近代以来的屈辱又添上了新的感受。

再一转眼，全面抗战爆发了。中国人背着沉重的负担，走过了八年抗日救亡的艰苦历程。那时我在后方上中学，体育老师告诉我们，刘长春百米短跑纪录是 10 秒零 7，而欧文斯的短跑世界纪录是 10 秒零 3，如果我们要是跑进 12 秒就很好了，跑到 13 秒也不错。但是，当时我们没有一个人跑进 13 秒的，对于我们来说奥运始终是一个可望而不可及的梦想。

中华人民共和国成立之后，中国体育运动也开始了艰难跋涉的新历程。1950 年赫尔辛基奥运会，中国只选派了一个游泳运动员吴传玉参赛，但在会场上终于升起了五星红旗。当时的情景同 1932 年中国唯一的短跑运动员刘长春参加洛杉矶奥运会的境况一样。

新中国成立初期，我们参加奥运会的权力曾经受到过一些阻挠，但是中国的体育仍取得了很大的发展，那是从一个小球——乒乓球开始的。早期乒乓名将姜永宁、傅其芳、王传耀、杨瑞华、容国团、庄则栋、李富荣、徐寅生、周兰荪、张燮林、孙梅英、邱钟惠、林慧卿、郑敏之，后来的游泳健将穆祥雄，跳高选手郑凤荣、朱建华，还有六连冠的中国女排，以及台湾运动员纪政和铁人杨传广等，都创造了各自的辉煌，他们的名字在当时脍炙人口，并将永远铭记在中国体育运动史的光荣榜上。

风云变幻，走出"文革"阴影的新中国，终于胜利地参加了 1984 年洛杉矶奥运会，此时距离刘长春 1932 年参加上一次洛杉矶奥运会已经整整 52 年了。人们永远忘不了第一块奥运金牌得主射击选手许海峰。此后参加历次奥运会的选手成绩越来越好，也为祖国赢得了越来越多的荣誉，体育的腾飞是我们的综合国力不断提高的生动反映。

从参加奥运到举办奥运，中国已经经历了 70 多年的期待和努力。现在，人们带着热切的心情，期待着第 29 届奥运会的成功举办，也热切期待着参加奥运的中国选手创造出辉煌的成绩，为体育事业增光，为中国加油。

原载于《光明日报》"奥运专栏"2008 年 7 月 12 日

看似偶然　势所必至

——记第一架望远镜诞生 400 周年

17 世纪初叶，一件小小的发明引起了欧洲人的巨大兴趣。一石激起千层浪，它引发的巨大历史效应，推进了科学，震撼了世界，迄今未见衰歇。这就是望远镜的发明。

这说明了一个历史活动，不管它多么细小、多么偶然，往往是许许多多的历史活动和它们所面临的各种历史条件、创造的种种历史效应直接或间接地交汇而成的。而它所形成的历史效应又取决于大大小小的历史条件和这些条件的历史效应的互动。事物间彼此相互作用、相互关联，有些看来不搭界的东西实际上通过多种中介也形成了某种联系。不少偶然发生的事件可以纯属偶然，但有些看来是偶然的事件却是必然性的一种表现。

一

望远镜是 1608 年秋天由一个荷兰小城密德尔堡的普通眼镜师李帕西发明的。据说，他一时心血来潮（也许是想替某一位深度近视的顾客配一副合适的眼镜），把一块玻璃的凹透镜（这是矫正近视眼的）和一块玻璃的凸透镜（这是矫正远视眼或老花眼的，也可以作放大镜用），一前一后放着，透过两块镜片去看景物，发现远处的物体被放大了，其实应该说是拉近了。他用一张羊皮纸卷成一个筒，把两个镜片固定下来，第一架望远镜就这样被发明了。李帕西叫它"明晰器"，并立刻认识到它的用处，如用于航海、军事和旅行（当时荷兰航海事业发达，又在打仗），马上于 1608 年 10 月中向密德尔堡市议会报告并申请专利 30 年。市议会组织了一个委员会审查，委员们轮流用望远镜望远，一致认为有用。但没有给他专利，因为他们听到消息后，已应法国大使请求，准备送一具给法国国王，不再可能保守秘密了。于是市议会给了李帕西一份奖金（原定 900 佛罗林金币，由于又让他做一个双筒的，奖金加倍）。不给专利还因为稍后市议会又收到一个叫梅西斯的人的申请，说他经过两年的试验，发明了同样的望远工具，而且比李帕西的要好，看起来清楚得多。这样，专利的事就不好再提了。但这个梅西斯说是要改进一番，却一直没有拿出来，结果连人都不见了，多半是没有做出来，也可能是个骗子。但据说还有第三个发明者，那就是与李帕西居于同一城市的另一位眼镜师詹森，他同父亲老詹森（在 1590 年发明了显微镜，但一说发明者不一定就是他）一起发明了望远镜。还有这样一个传说，好像是梅西斯去找詹森，却错走到李帕西的店里去了，李帕西从梅西斯那里得到启发，因而造成了那架神奇的工具，等等。

这里有好些是传闻，但说明了一个问题，在 17 世纪初，这种简单的工具是任何一个眼镜师用两个现成的镜片都可以做出来的。而发明者落到了李帕西头上，倒是有点偶然，因为他的目的并不是想制造一架望远镜，结果歪打正着。历史上有许多发明发现都是这样的，像 X 射线和镭的发现、哥伦布的发现美洲、青霉素的发明等就是如此。

李帕西发明望远镜的消息很快传遍整个欧洲，这种被称为"荷兰管"的玩意也在欧洲各国流传开来，贵族们认为它新奇好玩，但其对航海、打仗的实用价值也是明显的，因此受到重视。不像公元 1 世纪希腊科学家希罗发明的"风神球"（最早的蒸汽轮机）那样找不到实际的用处，只好作为玩具而终于失传。中国古代许多所谓"奇技淫巧"的发明的命运也是如此。

二

1609 年 5 月，意大利科学家伽利略听到"荷兰管"的消息，虽然没有看到实物，但他有丰富的光学知识，知道原理，立刻独立制作一具，装到一根据说是从教堂管风琴上拆下来的铜管的两头，做出一具放大三倍的望远镜。他很快发现放大倍率与透镜焦距的关系。随后，伽利略改用当时最好的威尼斯玻璃做镜片，又做了好多架倍率更大的望远镜，最后的一架放大 32 倍，并给它取名为望远镜 (telescope)，这个名称一直沿用到今天。

伽利略的望远镜不是指向地面，而是立刻指向天空，得到了一系列天象上的重大发现。从而彻底地打破了过去的旧说，尤其是被教会奉为圭臬的旧说。他首先发现月亮表面是凹凸不平的，教会崇奉的亚里士多德的"平滑理想的星球"的说法不攻自破。他发现天上星星的数目远比人眼所见为多，这只能解释为星星的距离远近不等而有明有暗（后来知道还因为星球大小不等和亮度不一），教会肯定的托勒密认为星球全都等距嵌附在光滑平整的天球上的理论不行了。银河也是由无数小星组成，因此看来密集在一起以致肉眼看来成为一条光带，过去人们认为它是地上热气蒸发到天上的说法给否定了。他还发现木星的四个卫星及其绕木星旋转，土星光环在土星转动时因对地球的角度不一样时而出现，时而看不到（当光环与地球轨道在同一平面时）。当时的望远镜还分辨不出光环，只看到土星两侧两个凸起和它的消失与再现。伽利略用谜样的语言表达他的发现：我看到土星是个三角形；土星吃了自己的儿子（土星光环的真象是 1656 年惠更斯用倍率更大、分辨率更高的望远镜发现的）。金星盈亏现象和太阳黑子也发现了，等等。这些发现粉碎了统治一千多年而为教会所崇奉的托勒密以地球为中心的宇宙体系，刚提出不久的哥白尼的日心说得到了确证（古希腊就有地心说与日心说之争，后来地心说占了统治地位），这对近代科学的进展起到了极大的作用，对人们宇宙观的影响之大，是不待言的。也正因为如此，哥白尼的学说被教会禁止，伽利略因支持日心说受到教会的迫害。据说在审判席上的伽利略自言自语：不管怎样，地球还在转动。

直到 300 年后，罗马教廷才正式宣布为伽利略平反。

制造望远镜观测天空得到重大发现的殊荣落到伽利略头上，伽利略的科学素养和创新意识也当得上这样的殊荣。但也并非一定是伽利略才能做到，其他的科学家进行这种发现和创造也并非不可能。

据说有个叫马略斯的人，有着伽利略类似的经历，他用望远镜观测天象似乎比伽利略还早一点。马略斯在听到传遍欧洲的"荷兰管"的消息以后，就自己设法制造了一架，并且用以观测天象，发现了木星的三个卫星，第四个是他用更好的威尼斯玻璃做成镜片之后发现的。

一般认为，马略斯有剽窃伽利略发现的嫌疑，谁也不承认他应当享有第一个发现木星卫星的荣誉。

在马略斯 1610 年出的一本书里有一幅他的画像，左手拿着一个烧瓶，右手拿着一支鹅毛笔，面前摊开一个小本子，头的两边，一边画着地球，另一边就是木星和它的四个卫星，这说明了他科学家和发现者的身份。在他面前的桌子上，放着一个一头大一头小的管子，上边用拉丁文写着"明晰器"的字样。这是望远镜的第一张印刷图（伽利略最早制作的望远镜没有保存下来，现存的两架是后来制作的）。

这个图如果可信，那么 1610 年（这一年伽利略送了 100 多架望远镜给欧洲的王公贵族，好让他们观测他发现的天象），望远镜已经有了不同长度与不同倍率，有了可伸缩的能对焦距的镜筒，比李帕西那个简陋的"荷兰管"已经大大改进了。用它来观测，发现木卫之类并非难事。这说明，第一个荣誉落到伽利略头上也许有点偶然性，因为那时已具备了可以观测天象的工具和条件，不止一位科学家可以做这件事，不过伽利略得了个第一罢了。但这个第一"含金量"是很高的，不仅由于发现的东西多，而且伽利略对之作了正确的说明。这是伽利略伟大之处，是马略斯（如果他不是骗子）之类远赶不上的（当时有些人用伽利略的望远镜去观测伽利略所看到的天象，可就是不信，他们认为是人眼的幻觉，或仪器的问题，更有人认为这是魔鬼诱惑人的表演）。

李帕西发明望远镜和伽利略据之以观天，对他们个人来说，可能都具有某些偶然性，但二者集中出现在 17 世纪的第一个 10 年，却有其必然。

这是当时的科学技术发展水平和人文环境、社会环境的产物。

三

望远镜是用两个或几组透镜组成的。李帕西和伽利略的望远镜用的是一个凸透镜和一个凹透镜，此后更普遍的是用两个或两组凸透镜（还有其他种种组合形式）。把两个透镜组在一起似乎是很容易的事，但望远镜的发明却走过了从人类文明开始起的几千年的很长的一段路。

望远镜的发明条件有三，一是玻璃的制作技艺特别是透镜的制作技艺；二是光学理论；三是社会的需要。前二者都走过很长的一段路，到 17 世纪初才比较成熟，并在社会的需要促成下汇合在一起，这才有了望远镜。

玻璃的主要成分是硅酸盐，它在自然界的天然形态是石英（花岗岩中就有），它的结晶形态是可透光、可折射光的水晶，把石英熔炼就可以得到玻璃。但纯玻璃的熔点高达 1500℃，在早期是达不到的，因此从公元前 4000 年起（一说前 5500 年），埃及、两河流域和中国都有了早期玻璃制品。这种玻璃实际上是含各种元素杂质、不纯、不怎么透明的、带色的玻璃和陶釉。后来，透明的玻璃造出来了。约在公元前后，腓尼基的西顿有人发明了吹制玻璃的方法，各种形状的平滑透明的玻璃制品造出来了。当然，数量不多，价钱昂贵。公元 1 世纪，欧洲的西班牙和高卢有了小规模的玻璃作坊。对欧洲人来说，玻璃开始不再是远方来的稀世珍品。公元 7 世纪，玻璃开始找到了它的新用途。从 7 世纪起，教堂用上了玻璃窗，12 世纪以后用于私人住宅，到 14 世纪已相当普及（当然还是限于贵族和富人）。14 世纪末，玻璃找到它的另一个新用途——用透镜制成眼镜，这距离造出望远镜来似乎只有一步之遥了。然而，这一步却走了 300 多年。而且还是靠了一次偶然的机遇。

早在古希腊时，有弯曲弧面的玻璃——凸透镜已经有了。这种凸透镜形的玻璃的第一个用途是聚焦、取火。1850 年在古亚述遗址中发掘到一枚这样的凸透镜。在古希腊，凸透镜已经可以在商店里买到。剧作家阿里斯托芬在公元前 423 年写的喜剧《云》里，就有用火镜——玻璃凸透镜折射阳光聚焦熔化涂蜡写字板上字迹的描写（另一种以青铜凹面镜反射阳光聚焦取火的镜子，也被称为火镜，比玻璃透镜用的更多。中国古代也有，称之为"阳燧"。相传公元前 3 世纪大科学家阿基米德用以焚毁罗马船队的火镜，即是这种青铜制的凹面反射镜）。中国西汉也有用凸透镜取火的记载，有趣的是所用材料不是玻璃而是冰（《淮南万毕术》）。其实这时中国已经造出了透明的玻璃，也有了玻璃透镜的记载（被称为"火齐"或"火珠"）。可用以聚焦取火和放大，至少在 940 年谭峭的《化书》里已经记下了透镜可放大和缩小所视物体的特性。谭峭关于透镜的四种型式的系统的记载要早于欧洲的记载（1593 年 G.B. 德拉·拨波塔）600 多年。至于眼镜和望远镜则是明末传入中国的。玻璃凸透镜的第二个作用是放大。公元 1 世纪时，罗马学者老普林尼曾在其 37 卷的巨著《自然史》中记载了玻璃的制造，以及通过充水的球形玻璃鱼缸可以看到缸内鱼的放大形象。凹透镜矫正近视眼的作用似乎也已为人所知。传说罗马暴君尼禄高度近视，曾通过一片凹透镜来看角斗，但那不是玻璃而是不很透明的翡翠打磨而成的，可知用这种镜片看过去景象模糊之极。不知道尼禄是不是也透过这样的凹透镜去看自己烧掉的罗马城的大火。然而，这只是一个传说。

光学原理也经历了一段很长的发展时期。公元前 4 世纪古希腊的欧几里德提出了光的直线性原理和反射性规律。这时中国的墨家也提出了类似的但更细致的表述。公元前 50 年，希腊天文学家克莱奥美德指出了太阳光在大气层中的折射现象。公元 120 年，埃及天文学家托勒密研究了光在水中和空气中的折射现象（折射定律则是 1621 年斯纳尔公布的），公元 11 世纪阿拉伯学者阿尔哈曾研究了光在各类镜上的反射和折射，确定光是通过物体映入眼帘，而不是像古希腊人认为的那样，是从眼睛射向物体。13 世纪特重实验的英国学者罗吉尔·培根通过拿着透镜翻来覆去地观察试验，在他的书《大著作》里写下：透镜可以放大、缩小观察的物体。可以说，培根根据自己对光的研究，已经找到了望远镜的原理。比他稍晚一些的意大利人波增和英国人狄杰斯也提到了相似的原理。培根在他的书里甚至提到公元 1 世纪罗马的恺撒在进攻英国时就曾拿出一架望远镜来窥探海峡对岸的动静，但这也和公元前 3 世纪亚历山大港口的灯塔上有一块玻璃镜可用以望到远方肉眼难见的船只的传说一样属于子虚乌有之谈。事实是，培根他们也只是从光学原理上推演，并没有做出一架真正可用的望远镜来。

这是因为 13 世纪时的那种混浊不匀、有很多气泡和疖子的玻璃，用来做放大镜和取火还可以，若是像望远镜需择用两片玻璃组合起来望出去，就很难看得清楚了。还有，当时透镜很少，用途不大，磨制用作望远镜的合适镜片的机会不多。

但是，培根的《大著作》完成不到 20 年，玻璃透镜找到了一个新用途——做眼镜。时间在 1280 年，发明者是意大利的阿尔马提斯。也同望远镜的发明者一样，记载下来的发明制作者分别有好几个人。

四

最初制出的眼镜是矫正远视眼的凸透镜片，那是因为社会的需要。人们通常到四十五岁左右眼睛就会老花，也就是远视眼。当时欧洲日益繁荣的城市手工作坊的技艺精湛的工匠由于有了眼镜而大大延长了他们的职业寿命，日益增加的画师也是如此，对文化知识的主要掌握者——教士也大有裨益。

有趣的是，能造出远视眼镜的凸透镜片，用同样的研磨技术也能制出矫正近视眼的凹透镜片，但是近视眼镜的发明却比远视眼镜晚了近 300 年，即到了 16 世纪中叶以后。其实不奇怪，因为 13 世纪时近视眼还不多见，文艺复兴时期（14—16 世纪）以后，近视眼才多了起来，因为在欧洲读书的人多了起来。当时读书条件不好，房子采光很差，晚上又没有明亮的灯火，读书疲劳了得近视眼很容易。中世纪的欧洲，文化知识几乎为教会垄断，读书识字是教士的特权。书都在教会，又是用贵重的羊皮纸或者不结实的莎草纸抄写成的，流传不易。中国发明的造纸术 12 世纪经由阿拉伯传到西班牙，14 世纪开始取代了昂贵的羊皮纸和不结实的莎草纸。

1445 年谷腾堡发明了或运用了活字印刷术。1445—1500 年间欧洲先后建立起 1000 多个印刷所，出版了 35000 多种印刷品，发行量达 1000 万份，书价大降，而且易得。宗教书籍之外，科技、医学和人文著作广为流传，像手工业技术的书籍就很畅销，大大促进了德国城市文化的发展。不过李帕西似乎并没有看过培根等人的作品，他的望远镜不是根据光学原理而是凭经验制造的。伽利略就不然了，也就在这时，欧洲各国开始用拉丁字母拼写本国语言，成了英文、法文、德文等，代替了脱离当代语音句法难读难学的拉丁文。文化知识普及了，近视眼增多了，近视眼镜也就应运而出现了，眼镜店遍及欧洲各个城市，各种度数的远视镜片、近视镜片成了店里的常备品。这样，由一个李帕西那样的眼镜师摆弄一片凸透镜和一片凹透镜造成一架望远镜就有了可能了。

也就在这时，玻璃工艺有了很大进步。1507 年，奥兰多·加罗在威尼斯改进玻璃镜的制造技术，造出了纯净、均匀、更为透明的玻璃，能使镜子的映象更为真实，不被扭曲，被称为威尼斯玻璃。威尼斯垄断这项发明的应用没多久即被打破，这种技术扩散出去，用它能大大加强望远镜的清晰度，伽利略的天文望远镜除了第一架以外，都是用威尼斯玻璃制的。

伽利略的望远镜有很多弱点。紧随伽利略的发明，德国天文学家开普勒在 1612 年出版的一本书里，凭着他对光的折射原理的了解，提出可以把两个凸透镜连到一起造成一架望远镜。可是开普勒只谈到折射望远镜的原理，却没有自己造出一架来。看来他自己并没有掌握磨镜技术，而远视眼度数一般不高，要在眼镜师那里找一片弯曲度大即度数很高的现成凸透镜片也不容易，也不易找出一个工匠把它研磨出来。直到六年之后，才有一位神父把它制造出来。这种视野更大、聚光能力更强、倍率更大的望远镜就打败了伽利略式望远镜，一时成了望远镜特别是天文望远镜的主要形式。

1663 年，数学家格列高里出版了一部《光学原理》，里面提到了一种新型望远镜的制法和图样，它不再是两个凸透镜组成，而是用一个凹面镜集光反射聚焦，用一个（或一组）凸透镜放大，这就是反射望远镜。格列高里和别的人曾想把它做出来，但没有成功。一直到 1668 年，大科学家牛顿对这个设计稍加改变才把它造出来用以观察天象。从此，望远镜的发展一日千里。20 世纪以来，大的天文望远镜几乎全是反射望远镜，目前，已造成物镜直径达 10 米的光学反射望远镜。最有名的就是那座遨游在外太空的哈勃望远镜，而且，望远镜从肉眼可见的光向电磁波的各段延伸，红外线、无线电波、紫外线、x 射线、γ 射线等都可以探测到了，宇宙的窗口打开的越来越宽，观测到的景象也越来越远，也越来越细——远至 200 亿光年，细到星体中原子的活动，都可以探测出来。今天的宇宙理论可以说都是以望远镜（不仅是光学望远镜还有其他类型的望远镜，以及附设在上边的各种仪器）的探测为依据验证出来的。当年伽利略的伟大发明，今天来看是简陋之极。

五

从这里可以看到，望远镜的发明看起来是一个个人的小目的甚至无目的的活动，其实是各种大大小小、远远近近、直接间接的因素的复杂的交互作用处在一个关节点上的产物。而且产生了极其巨大的历史效应，而这种巨大的历史效应又是在各种各样因素的交互作用下形成的。这种因素首先是科学技术的发展水平（光学原理、玻璃制作工艺、透镜研磨工艺等等），也还有社会的需要（眼镜、航海、作战、测绘、天文学等等）。这种科技发展和社会需要又形成于当时整个的时代背景和社会环境下。那个时代被称为文艺复兴时代。先进的人们的思维走向与方法较之过去有了很大变化，以弗兰西斯·培根为代表，以重事实、重验证、重实验、重归纳的方法，追求真理、创新，不囿于传统的精神，抵制和反对了以教会为代表的保守、教条、盲从的思维模式，从地理大发现到各种各样的科学技术发明发现，都是那个时代的产物，望远镜的发明只是其中之一。而这个时代正是资本主义开始发展的时期，是资本主义制度开始取代封建制度的时期。生产力发展——科学技术发展——人文精神——制度变革，社会的深层有了巨大的质的变化，各个层次、各个方面、各种群体乃至个人都空前地活跃起来。而其最基础的、最深层的，是生产力的发展的需要。

从望远镜的发明和发展来看，从一定意义上讲，历史活动的关系和作用亦即它的历史效应，可能比历史活动本身更值得我们注意。

原载于《博览群书》2008 年第 12 期；复收于《师道师说·宁可卷》（中国文化书院八秩导师文集），东方出版社 2014 年版

从"二重证据法"说开去

——漫谈历史研究与实物、文献、调查和实验的结合

历史研究要凭借史料，传统的也是最重要的史料是文字史料。但是，"文献不足征也"。王国维晚年总结治学经验，提出了著名的"二重证据法"，说明了文献与出土的地下材料相结合对于历史研究的重要作用：

"研究中国古史，为最纠纷之问题，上古之事，传说与史实混而不分，史实之中，固不免有所缘饰，与传说无异，而传说之中，亦往往有史实为之素地，二者不易区别，此世界各国之所同也。在中国古代已注意此事。……至于近世，乃知孔安国本《尚书》之伪，《纪年》之不可信，而疑古之过，乃并尧、舜、禹之人物而亦疑之。其于怀疑之态度及批评之精神，不无可取。然惜于古史材料，未尝为充分之处理也。吾辈生于今日，幸于纸上之材料外，更得地下之新材料。由此种材料，我辈固得以补正纸上之材料，亦得证明古书之某部分全为实录，即百家不雅驯之言，亦不无表示一面之事实，此二重证据法，惟在今日始得为之。虽古书之未得证明者，不能加以否定，而其已得证明，不能不加以肯定，可断言也。"①

王国维运用"二重证据法"的重要贡献，从他的《殷卜辞中所见先王先公考》等论著中可见一斑。但他所注重的地下材料其实是专指出土实物上的文字，即青铜器、甲骨、敦煌写本、汉晋简牍上的文字，而不及未见文字的地下实物，这和他所谓的"纸上之材料"外的"地下之新材料"不免有相去一间之憾。

---

① 王国维：《古史新证——王国维最后的讲义》，清华大学出版社 1994 年版，第 1—3 页。

一

出土的地下实物其实是真实的、直接的、原始的、本来的史料，但也有很大的局限，那就是它只是僵化、物化的人类活动。它本身蕴藏了过去大量的人类活动的信息，但凭本身形式，直接地直观地传达出来的并不多。像它所蕴蓄的关于人物、事件、社会组织、社会关系、人们的思想等等信息就是如此。在这一点上，它不如文字史料（包括语言和图像）。文字史料是经过人们的意识处理过的历史信息，实的虚的、具体的抽象的、个别的综合的都有，实物往往做不到这一点。我们要了解和深入了解实物所蕴藏的更多的更深入的信息，还必须借助相关的语言文字图像，当然，也确实需要借助于原有文献上的记录，以期相互印证。实物上如果有文字图像，那情况就好多了，这时的实物就具有了实物和文字图像的双重史料的功能。像中国先秦时期的古青铜器，如果上面有铭文，不仅可以落实其功能，如礼器、酒器、食器、兵器、明器等，还能从中得知是何人何地何时为何制作了这件铜器，是为自己使用，为了祭祀，还是赠人；甚至获知当时的一些重要史实，像大盂鼎铭文中所记的打仗杀人俘人的事，就是了解西周社会的极重要的第一手史料。没有这个铭文，大盂鼎仍不失为珍贵的实物史料，但其史料价值便将大打折扣；有了这个铭文，就有了关于大盂鼎的故事，亦即有关的人的活动。这是没有铭文的鼎彝所做不到的，或者那只是其中有关人的活动的一小部分（如铜器制作的原料、铸造技术、铜器的形式等等）。有些实物如写卷、甲骨、绘画、雕塑等基本上就是文字图像史料，它们的质地、制作技术、书写方法等史料价值反倒成为第二位的了。

要更多、更好、更深入、更确切地发掘出实物所蕴藏的历史信息，往往还要靠实物以外的文字语言符号、图像材料作为参证。这种将文献记载和实物互相参证的做法所取得的重要成果，不胜枚举。钟磬是我国古代最重要的乐器，所谓的"金声玉振"。但其编制即编钟、编磬是怎样的，又是如何演奏的，文献记载阙如，或佚失不详或不清楚，而以往出土的钟磬又都属零散的个别的实物，只是到湖北随县春秋曾侯乙墓出土了整套的编钟、编磬及悬挂的架子簨簴，以文献和考古实物相印证，我们才弄清了这种乐器的真貌，并可再度用它演奏乐曲。

过去在汉墓中经常见到零散玉片或石片，不知是作什么用的。直到发掘了西汉中山靖王刘胜夫妇墓，出土了包覆在尸体外，以金丝连缀玉片作成的完整的尸衣，与文献相印证，才知这是文献所载的贵族葬法中的"金缕玉衣"（后来还发现次级的"银缕玉衣""铜缕玉衣""丝缕玉衣"）。北京大葆台汉墓棺椁之外覆盖的那层厚实的方木，与文献相参证，才知道是过去文献中弄不清楚的"黄肠题凑""西园秘器"。像马王堆汉墓出土的一幅覆盖于棺盖上的长约二米的彩绘帛画，根据文献可知为铭旌一类的东西，但又与文献记载的铭旌形制不甚相合，以致还不能最后确定下来。实物与文献的关系，由此可以想见。

二

文献与实物的互相参证，对有文字记载的历史时期如此，对没有文字记载的原始社会尤其如此。

要了解原始社会，我们当然需要有考古发掘出来的当时的遗址、遗物、遗迹，但仅有这些例如石斧、石镞之类的物品还不够，我们还需要有后来文献中像《礼记·礼运》写大同之世那样的关于原始社会的追忆。光有这二者还不行，还要靠现实生活中残留的原始社会的东西，特别是对一些地方的还处于原始状态的人群或次原始状态的人群的调查了解。通过这样三个途径，并且把三者结合起来，我们对原始社会就能有真正的比较科学的了解了。19世纪中叶以后是人们对原始社会科学了解的一个关键时期。在这之前，原始社会对人们来说并不存在，至多是极模糊的记载和一些猜测。19世纪的欧洲学者最初研究了德国残存的马克（公社），包括语言、社会组织、民俗等，并同古籍中所载的有关古日耳曼人社会（如罗马恺撒的《高卢战记》、塔西陀的《日耳曼人志》）相参证，确认了古日耳曼的马克（公社）制度。随后这一研究又扩展到东欧的社会（塞尔维亚、罗马尼亚、俄罗斯等），认识到了这种原始社会末期向阶级社会过渡时的公社形态的普遍性。但是在这之前又如何呢？美国人摩尔根作为北美印第安易洛魁族的养子，长期同他们住在一起，弄清了印第安部落的原始社会性质，并在1877年出版了《古代社会》。19世纪末20世纪初文化人类学兴起，一批学者如马克莱、马林诺夫斯基、弗雷泽等在非洲、大洋洲对原始部落作了大量调查，把公社以前乃至印第安部落以前的原始人群的情况弄得更清楚了。这样，我们才对原始社会有了比过去大为不同的清楚的科学的认识。人类历史上有一个最早的原始社会阶段已是确定无疑了，其基本面貌也大致呈现出来了。

中国的56个民族中，新中国成立时的社会发展程度不一样，有的处在典型的封建社会，比如傣族；西藏则为封建农奴制；四川凉山彝族是奴隶制社会；还有些民族则处在原始社会阶段，像东北的赫哲族、鄂伦春族，云南的独龙族、佤族等都是。20世纪50年代曾进行过一次普遍的社会调查，对历史上已经逝去的社会形态提供了活生生的标本，大大加深了我们对过去社会形态的认识。如婚姻关系，最古老的是乱婚；后来把不同辈分的人排除，氏族的同辈男女兄弟姊妹之间互为婚姻，是为血族群婚；然后是亚血族群婚，即氏族内部不通婚，而与另一个氏族的同辈男女互为婚姻；再往后是对偶婚，即一男一女互为夫妻，但均可与另外的男女有非固定的性关系；最后才是一夫一妻制（或一夫多妻、一妻多夫），以纳妾作为补充。像匈奴的单于死后，其继承者可与他的阏支（王后）成婚；这里有把妻子作为财产加以继承的因素，看来也是古代乱婚制的一种残留。古希腊传说中，俄狄浦斯在不知情的情况下杀父娶母，知情后造成内心的极大痛苦，成了古希腊悲剧中最悲惨的人物，可知在其传说形成的时代，人们已经排斥了不同辈人之间的婚姻，那已被视为不能容许的乱伦罪恶。希腊神话中的天神宙斯与天后赫拉原是兄妹，中国神话传说中的伏羲、女娲原来也是兄妹，后来结为夫妻，反映了古代血族群婚的状况。古希腊有一个风俗，每年有一天女子到神殿去，把自身献给任何见到的男人，这是从对偶婚制遗留下来的风俗。中国云南的摩梭人有一种"阿柱"制度，男女婚后，仍可有"阿柱"（朋友），越多越以为荣。有位老年妇女自诩有一百多个"阿柱",这是一种对偶婚制的遗留。

王国维把文献与实物结合起来研究称之为"二重证据法",文献、考古和现实调查三者的结合互相印证,或者可以称之为"三重证据法",它能大大促进对历史真像的认识。有些学者提倡,对没有文字时期的历史,考古和调查的作用极大。文字则由于是后出,记载少而又多经后人以后来的观念扭曲,仅凭它很难了解历史本来面貌。①《礼记·礼运》所记禹以前的大同之世,那是凭着春秋战国对过去的认识特别是经过儒家思想加以扭曲的原始社会的记录,仅凭它不可能弄清原始社会的真貌。但是有了考古和调查的成果,《礼记》大同之世的记载就可以剥去和滤掉后世的不准确的叙述和儒家理想化美化的外衣,而成为原始社会真貌的一种印证了:"大道之行也,天下为公。选贤与能,讲信修睦。故人不独亲其亲,不独子其子。使老有所终,壮有所用,幼有所长,鳏寡孤独废疾者,皆有所养。男有分,女有归。货恶其弃于地也,不必藏于己,力恶其不出于身也,不必为己,是故谋闭而不兴,盗窃乱贼而不作,故外户而不闭,是谓大同。"到了有文字记载的时期,尤其是保留下来的文字记载越来越多的时期,实物和调查不像对原始社会的认识那样极端重要,但它们仍可作为文字记载的重要参证,仍能发掘出一些文字所不载、或不详载、或未明载的东西。这是认识历史非常重要的途径。

三

实物、文字、调查三者结合,是一个复杂的问题。一般来说,三者结合能促进我们对历史认识的深化和具体化,但也可能误导我们的历史认识。实物是历史最过硬的物证,然而对实物的解释却有赖于认识者的知

---

① 社会学或文化人类学的调查方法,早就有了,而且在中国早被"引进"过来(像马长寿先生就做过这方面的工作)。新中国成立以后,范文澜先生曾发表过一篇文章《介绍一篇待字闺中的稿件》(光明日报 1956 年 5 月 24 日),特地介绍了刘尧汉先生关于彝族地区调查所得的有关彝族社会发展过程的变化。

识、科学技术水平和思维方式。有了实物不一定就能对它有科学的正确的认识。文字经过记述者的思维，是否真能反映真相很成问题，需要研究者对它进行判断。对现实社会中历史的方面的调查，也因为时间的剥蚀，原来的东西无法完全保留下来，并且往往不是原生的形态，而是次生的形态、萎缩扭曲的形态或衍生的形态，由此上推历史的原貌不是那么容易的。在这里，研究者的成果不仅要取决于他所处的时代总体的知识水平、技术水平、认识能力、认识方法，尤其要取决于他本身的品质、素养、研究目的、方向、知识水平、方法，乃至个性、心态，等等。在这种主客观的交互作用下，认识主体的作用是决定性的，而出现的情况也是各色各样的，不算弄虚作假、蓄意歪曲、捏造篡改之类，正打正着的不少，而歪打正着、正打歪着、打而不着、空打空着的也不少。如对浙江龙游石岩背村、黄山市屯溪区花山村地下石窟群的各种猜测，最大的可能就是石窟是为了凿取石材，但不见记载，而石材的去向也不清楚。其实目前最好的答案是，所有的猜测还不能证实，只有进一步的调查发掘。① 再比如有名的阴山岩画和贺兰山岩画，人们对其年代作出了种种推测，但目前还没有一种科学的方法能够确定它们的确切年代，种种说法无非都是一种假说。

想象力是促使人们进一步深入探究世界的动力，这是有意识有目的的人类活动的最大优点。想象力并非凭空而来，即使是那些最离奇空幻的想象，也是建立在人的现有知识水平和认识能力及技术方法的基础上的。如果只停留在想象层面而不去深入探究落实，在探究中排除不正确的可能性，寻求真实的答案，那并不能提高我们的认识水平认识能力。如果把想象当作真实的答案，那就更糟，认识还会倒退。科学上的假说其实也是一种想象，但一般来说，它还不是那种纯然虚幻的想象，总要有几分事实根据。如果因此以假设作为结论，那就不好了。胡适和傅斯年说过，有几分证据说几分话，这是很有道理的。然而，这样的拿想象当作真实的毛病，我们是时常会犯的。不仅是有意为之，即使是认真严肃的学者，也往往由于认识水平和认识能力的限制而不免出现这种情况。

---

① 王雪生：《追踪两千多年前的战备工程》，《炎黄春秋》2004 年第 6 期。

也许是中国文化实用性特点所使然吧，中国古代诗歌往往是见物起兴，感事抒怀。中国又是一个历史悠久的国家，诗人具有丰富浓烈的历史感，好发思古之幽情。古今对应，古迹典故入诗很多，反映了一种将现实的和文献所载史事、人物联系起来的历史手法。不妨举两段我们熟知的诗词：

苏轼的词《念奴娇·赤壁怀古》，这是他在谪迁为黄州团练副使时写的：

> 大江东去，浪淘尽，千古风流人物。故垒西边，人道是，三国周郎赤壁。乱石穿空，惊涛拍岸，卷起千堆雪。江山如画，一时多少豪杰。遥想公瑾当年，小乔初嫁了，雄姿英发，羽扇纶巾，谈笑间，樯橹灰飞烟灭。故国神游，多情应笑我，早生华发。人间如梦，一尊还酹江月。

这里，故垒、赤壁是与由文献所知的周瑜、赤壁之战、火攻联系起来了。然而在这阕词里，苏轼的历史认识还是来自文献，故垒、赤壁这类古迹，只是由头，而且全靠不住。——故垒，苏轼看来只看了一眼，没有调查与赤壁之战是否有关，至于三国周郎赤壁，则是"人道是"，即来自传闻。湖北中部的长江和汉水上有好几个赤壁，一说有五个。通常认为在赤壁市（蒲圻），但长久以来争论不休。现在有一种看法认为，赤壁之战在武昌西南长江上游右岸的石矶①，苏轼所游的赤壁则在武汉长江下游的黄冈城外，两处直线距离有一百多里，可谓风马牛不相及。作为一个历史学家或考古学家，对于"人道是"这样的传闻，不去核实是不对的。如果苏轼轻信，是学风不慎密谨严，如果知道不对却还要用，那简直就近于弄虚作假了。但是作为诗人，这倒没有什么，《念奴娇·赤壁怀古》仍是一阕绝妙好词。好的诗人必须有学，学者也不妨兼作诗人。但是学术与艺术的差距也还是存在的：诗人不妨尽力驰骋他们的想象编造，九天揽月，五洋捉鳖；白发三千丈，缘愁似个长；桃花潭水深千尺，不及汪伦送我情。而对学者来说，再丰富的想象也需要落实到事实的大地上。

再看一首杜牧的《赤壁》：

> 折戟沉沙铁未销，自将磨洗认前朝。

---

① 张修桂：《"赤壁之战"的赤壁在何处》，《文史知识》2004 年第 6 期。

东风不与周郎便，铜雀春深锁二乔。

杜牧比苏轼好像更科学些，他简直是在作一次考古发掘，从沙中得到一个折断的戟头，自己磨洗清理认出是前朝（三国?）的东西（可能上边有铭记），这才引发他的历史感慨。然而，"东风不与周郎便"恐怕还不能从折戟上看出来，那是从文献上得到的历史知识，"铜雀春深锁二乔"的推断就更是如此了。

杜牧的考古是亲临现场，自己动手，但把发掘地点选错了。杜牧终身行迹没有到过嘉鱼或蒲圻，自然无从在那里"发掘"。他曾几次由北方经汉水、长江往返江南，并曾出任黄州刺史一年多。大概跟苏轼一样，误听传闻，把黄冈赤壁当成三国赤壁战场了。这样，他的"考古"与文献的结合也就是空的了。①

四

再举一个有趣的例子，那就是 19 世纪下半期轰动欧洲的德国考古学家施利曼（Heinrich Schliemann）的发掘。② 其之所以轰动，是由于施利曼发掘了在欧洲几乎是家喻户晓的公元前 9 世纪希腊古诗人荷马史诗《伊利亚特》故事里的特洛伊古城。

古希腊是欧洲文明的摇篮，但 19 世纪中叶欧洲学者对古希腊的有纪年、有当时文字记载的历史只能追溯到公元前 776 年。再往前就只有神话和传说。荷马的史诗《伊利亚特》和《奥德赛》可说是集这些神话和传说之大成。《伊利亚特》讲的是公元前 12 世纪（前 1193）希腊各邦国攻打特洛伊城的故事。可 19 世纪欧洲的学者们认为那纯属虚构，既没有荷马，也

---

① 杜牧此诗一题李商隐作，杜、李集中均收。李商隐倒是几次经过武昌蒲圻一带，未见得不能写出《赤壁》这样的诗来。不知为什么，大家好像只把这顶桂冠加到杜牧头上。

② 参见［美］欧文·斯通：《希腊宝藏》，刘明毅译，北京十月文艺出版社 1999 年版；［德］C.W. 西拉姆：《神祇·坟墓·学者：欧洲考古人的故事》，刘迺元译，三联书店 2001 年版；郑振铎：《近百年古城古墓发掘史》，广西师范大学出版社 2010 年版。

没有特洛伊城乃至特洛伊战争。然而，一个 12 岁的德国孩子施利曼却相信那是真实的历史。他对他的小伙伴说，我要去找特洛伊和国王留下的珍宝。他家境贫寒，没有受过正规教育，当过学徒、店员、书记、船上的杂役，甚至一度求乞。但他发财的本事惊人，终于成了富翁，积累了发掘的资金。46 岁的施利曼决定退出商务活动，全力以赴地去实现他寻找特洛伊城的梦想。他的语言学天赋使他学会了十几种文字。1856 年，他用一个半月时间学会了现代希腊语，又过五个月已经精通了荷马所使用的古希腊文。

1868 年，他根据荷马的描写确定了特洛伊城位于土耳其小亚细亚濒临爱琴海的一个小山丘上。次年，他娶了一个在他看来像海伦一样美丽的希腊妻子。1870 年起开始了发掘，妻子成了他忠实的助手。他从小丘顶部开了条大沟直至坡底。成百的工人熙来攘往，32500 立方码的土石被移开。古城出现了，但不止一座，从最底层的还不知使用金属的石器时代遗址至最上层的希腊罗马作品中所传的波斯王泽西斯和亚历山大祭祀的地方，层层叠叠共有九层之多（施利曼当时认为是七层，今天知道有十几层），到底哪座城是特洛伊呢？在从下往上数的第二、三层之间，发现了焚烧的痕迹，残存着巨大的城墙和城门，《荷马史诗》片刻不离手的施利曼眼前出现了特洛伊城被焚的熊熊火光，这就是荷马描述的特洛伊城斯悉安门，美人海伦正是坐在那里看她的前夫墨涅加阿斯和拐走她的巴里斯王子单身相斗。他宣布：特洛伊城发现了！就在他准备在 1873 年 6 月 15 日结束工作的前一天，他在泥土里发现了金子。他遣走了工人，在摇摇欲坠的坍塌的古建筑石块下，用一把大刀以最快的速度挖掘这些财宝。他的妻子在旁用红披肩把挖出的金王冠、别针、链条、纽扣、耳环、金杯、金钱、手镯等包起来搬到屋里，——特洛伊王普里阿摩斯的宝藏找到了！特洛伊发掘达到了最高潮。

施利曼的发现轰动了欧洲的学界和公众，家庭中、马路上、驿车里、火车上、餐馆里都在谈论特洛伊，有的赞赏，有的怀疑，有的反对，像英国首相格莱斯顿和德国哲学家叔本华也都参加了争论。大多数学者不相信这座用小石头和泥土筑成的城就是九年久攻不下的雄伟坚固的特洛伊城；而发现的古物，也比荷马所描述的粗糙：兵器是铜制，而《荷马史诗》里除青铜外还有铁制兵器。后来大家认识一致了，施利曼发现的不是真正的特洛伊城。施利曼也承认了这一点，但他仍坚信真正的特洛伊城还是在那土丘下面，1882 年又回到那里继续挖掘。1892 年他死后继续发掘才证明第六座城是真正的特洛伊城。施利曼当年认定的特洛伊城其实比真正的特洛伊还要早一千年。施利曼那种大面积开沟，一掘到底大量弃土的粗糙方法，不仅损毁丢失了大量文物，而且忽视了更上层面的考察，使他与梦寐以求的特洛伊城失之交臂，但却使他发掘出了比荷马时期更早一千年的文化。施利曼笃信荷马所述为真实的历史，促使他依据荷马的叙述去发掘和依据发掘所得去证实荷马的叙述，这里，我们看到文献（传说）与实物的结合。施利曼的成功在于此，而他的缺点与失误也在于此。他虽然把《荷马史诗》中关于神的记述排除在外，只信关于人的记述，但他还是太过信书了，把荷马的记述与考古的发现作一种固执的比附。而对于考古发现，他太执著于寻找荷马的特洛伊城了，以致缺乏根据地去急于用发掘所得去印证荷马时期的历史，在思路和方法上都出现了问题。施利曼的这些问题，与前述苏轼、杜牧诗词的情况颇有类似之处。其实，施利曼考古发现的重大意义是他所没有想到的，他的发现不仅在于证实《荷马史诗》的记述，而是发现了远在荷马之前的一种古文化，第一次使人们注意到去研究欧洲文明的源头，虽然施利曼的发现是在亚洲的土地上。

施利曼特洛伊城的考古喜剧又以不同的脚本再演了一次，这次是在希腊的迈锡尼。1876 年，施利曼想到土耳其继续发掘特洛伊城，但由于他违反与土耳其政府的协定，把前次发现的"普里阿摩斯宝藏"① 偷运出去，

---

① 这批宝藏后来藏在柏林，二次大战后期在战火中和其他一些古物被损毁，大部分陶器分散保存在小城利布斯，在战后散失了，最后只找到几个陶罐和一堆陶片。此后一位女学者找到利布斯，用五十镑糖果刺激小孩去找，小孩们把找到的陶器打碎分送回来以便多得一些糖果。只有几件在乡民家的陶器还是完好的，这里希腊时代餐桌上的坛坛罐罐被当地居民拣来做生活用品了。另外的陶器命运更悲惨，德国战败后，利布斯的居民看到许多箱保持在古堡里的陶器，完全不知道是什么。随着生活与生产的恢复，村里办喜事时，村里的青年来到古堡，就推出一车陶罐，高兴地把它们砸在新婚夫妻的门框上。因此珍贵的遗物完全没有了。

土耳其政府制止他再度发掘。于是他在《荷马史诗》和传说的魔力下，转而去希腊寻找特洛伊战争希腊联军统帅阿加绵农的坟墓。

在传说中，阿加绵农从特洛伊胜利归来，回到他的国家（其实是一个酋邦）迈锡尼，他的妻子克吕涅斯特拉和她的情人埃癸斯托斯共谋把他杀了。公元2世纪希腊人帕夫萨尼亚斯的《希腊指南》记载迈锡尼有一座狮子门（今天还在），那里有阿加绵农的坟墓和宝藏。以前也有人想从这里发掘取宝，但不得其门而入。施利曼先是在狮子门内发现一处圆形的石坛和比这坛略高的地方的一圈石板，施利曼自信已经找到阿加绵农和希腊英雄们的聚会商议攻打特洛伊城的会所。这些石板最低的也有3尺，最高的则达5尺，荷马的英雄们只有都是巨人才能围坐在这里。其实这更可能是祭地。施利曼认为，依照当时的"习惯"，死者就葬在下面，这倒不错。再掘下去，果然发现好几座大坟，坟中出土有许多精美的金、银、铜、象牙的面具、手杖、指环、宝剑、酒杯等，施利曼惊喜地宣布，这就是阿加绵农和他被杀同伴的墓。施利曼在迈锡尼的发现，同样轰动了欧洲，也同样引起了激烈的争论。学者们认为坟中器物并不属于同一时代，死者人数与男女性别，也和帕夫萨尼亚斯所记不同，至于葬式的纷乱，则是由于被杀后匆促下葬，以及坟顶坍陷所造成。这样，人们开始由惊羡转为讥笑施利曼的幻想与对于荷马的过度热心、轻信。然而人们又渐渐看到施利曼发现的真实价值，是否真是阿加绵农的墓虽然是有趣味的问题，但更重要的是他发现了荷马所述的那个英雄时代的希腊，证明那不是传说，而是真实的时代，从而把古希腊的历史从有文字记载的第一次奥林匹亚赛会上推了500年。有了特洛伊城的发掘、迈锡尼的发掘，以及后来20世纪初伊文思在克里特岛对爱琴文化的宫殿城市的发掘（那里同样有希腊英雄提秀斯进入克诺索斯王的迷宫，杀死人头牛身的怪物民诺托，救出美女美狄亚的传说），终于找到了欧洲文明的源头，把欧洲的文明史提到3500年以前，几乎与埃及文明和美索不达米亚文明鼎足而三。这是施利曼没有想到的。

人们既有的知识（有些不那么准确，或有疑义）引导人们去发掘未知遗物，探索新的未知领域，居然大有成就，而这种成就反转过来又否定了或部分地否定了人们既有的知识，却又开辟了新的境界，或者得出全新的东西，这在认识史或科学史上并不少见。像天文学史上的第谷、刻卜勒和牛顿，物理学史上的居里夫妇的发现镭，哥伦布西航目标是印度，但却发现了美洲而又不自知，等等。正打歪着、歪打正着等情况比比皆是。那么，从学术的角度历史地看，我们对前面那些诗人的诗词中所反映的历史认识缺陷，也许需要抱一种更为宽容、更为积极的甚至是赞赏的态度。

五

实物与文献的结合，如上所述，还有一个与调查即与现实生活中的历史的东西的结合的方面。除了观察与调查之外，还可以考虑模拟或实验古人的活动，也许可以把它当成历史认识在文献、实物、调查之外的第四个方面，类似自然科学上的实验。历史不可能复制重演，但对某些方面的某种模拟还是可以的，而且对了解历史的真像很有帮助。原始石器的打制，原始陶器的制作，都可以模仿出来。用南美古印第安人一样的工具技术，伐树挖心作成独木舟，可以了解当时的生产效率；模仿古埃及的工具材料、技术、方法在现代人尸体上制作木乃伊；用相当于当时的工具、材料及技术（如不用当时没有的轮子及滑车，仅利用当时已知的斜面滚轴和杠杆的原理），采石运石树石，以了解方尖碑、金字塔以及英国的大石圈这些巨型石构是如何建造起来的，等等，都是以实验模拟古人的活动。这里我们再举一个挪威学者海尔达尔（Thor Heyerdahl）的模拟古人的航海活动的例子。①

在东南太平洋一座孤立的小岛——复活节岛上，充满了种种神秘的东西和气氛，最引人注目的是那几百尊矗立着的几米至十几米高的大石像。

---

① 参见［挪威］托尔·海尔达尔：《孤筏重洋》，朱启平译，重庆出版社 2005 年版；《太阳号草船远征记》，李泽译，重庆出版社 2006 年版；《复活节岛的秘密》，王荣兴、董元骧、李乃坤、李成领译，重庆出版社 2005 年版。

它们的脸型完全不同于现在岛上的居民①，现时岛上的居民也完全不晓得它们从何而来，何人所雕树，为什么雕建。

从 1722 年复活节岛被荷兰航海家发现时起，人们就纷起企图破解复活节岛之谜。复活节岛的居民和文化是从哪里来的？它经历了什么样的变迁？众说纷纭，其中当然也少不了外星人和与亚特兰蒂斯（大西洲）相似的《太平洲》学说（好像除作者外，几乎没有什么严肃的学者相信）。岛民的一个传说是有一群由白色神王康谷率领的白皮肤、红头发、兰灰眼睛、鹰勾鼻子的人，最早从东方太阳火烧的大陆渡过辽阔的太平洋，来到岛上。这群人很久以前就消失了，让位给后来的居民，现在岛上混血的居民中还有一些白肤红发的人。这些最早的居民应当是来自南美洲的秘鲁。现在岛上的建筑格局、宗教仪式、神话传说、语言等方面，还可以看出和秘鲁古印第安文化相似的痕迹。而秘鲁的印第安传说中，太阳神叫康提吉，他率领一群白皮肤长胡子的人从北方来到印加，教导当地印加人耕种、建筑和礼仪风俗。后来和一批印加人打了起来，遭到屠杀。康提吉带了一批属下逃到太平洋岸，航海而去，不知所终。

然而，复活节岛与南美洲大陆相隔 4000 海里，其间没有陆地，在古代，只有石制工具的南美洲人怎能航行到复活节岛去呢？海尔达尔认为：利用一股从南美洲向西去的洋流，乘古代印第安人的大木筏是可以漂流过去的。他做了一个试验，完全按照印第安人的做法，砍下安第斯山林产的高大质轻的筏木，用绳索捆绑起来，制成了一具 15 米长的有一个橹和一个帆的大木筏，带上食物和淡水，唯一的现代化的设备是一台无线电收音机，和四个同伴从秘鲁出海，顺西去的洋流漂流了 101 天，航程 4300 海里。在 1947 年 4 月到了复活节岛北面的土莫阿土群岛。此后又有人几次做过类似的试验。1960 年的一次国际会议上，学者们终于有了共识，——玻利尼西亚文明的一个源头来自南美。这对解答复活节岛之谜大有帮助，

---

① 据近来学者的研究，包括复活节岛居民在内的波利尼西亚人，来自南岛语族，他们最早来自台湾，辗转东移到太平洋诸岛，于公元 300 年到达复活节岛。通俗的描述参见阎守邕：《扫描南太平洋岛国》，《中国国家地理》2008 年第 11 期。

虽然它仍有许多未解之谜。

复活节岛文明的一个源头来自南美那些"白人"。美洲大陆的印第安人是一万年至二万年前从亚洲大陆经过最北方的白令地峡来的亚洲黄种人。他们的文化传承的线索还不清楚。中南美洲的玛雅、阿兹泰克、印加等古文明发展程度远比北美从事渔猎的印第安人高。似乎不是从原来文明发展程度较低的印第安人那里来的。传说中，这些东西是从海外来的，又被印第安人打败走了的长胡子的"白人"留下或教给印第安人的。其中有一支就败走到了复活节岛。

这些长胡子的"白人"及其文化又是从哪里来的呢？

比较各地古文明，常可发现有许多相似之处，对此的解释历来有传播说和孤立说之争。传播说认为，各地古文明的相似是文化由一地向另一地传播的结果；孤立说则认为各个古文明是独立发展的。相类似的环境和发展水平自然会使它们存在若干相似之处。一位孤立学派的学者曾指出秘鲁古文明和地中海古文明（特别是埃及）有 60 点相似之处，如金字塔、大石像、把太阳称为"拉"（Ra）、鸟头人等，都是世上少见，而又是这两个地区古代文明所共有的。但由于两地隔着大西洋，地中海古代仅有的芦苇船无法横越。所以这 60 个相似的文化特征只能是两地分别独立地发展起来的。

海尔达尔注意到了芦苇船。在复活节岛一些石像的胸前以及石壁上，镂刻着几艘有桅有帆的大型芦苇船。复活节岛居民的祖先还用它出海捕鱼。造船用的托托拉芦苇的故乡，则是南美的秘鲁。在秘鲁，大大小小的芦苇船至今还扬着布帆或芦苇编织的苇席帆在世界最高的大淡水湖（海拔 3812 米）的喀喀湖上行驶，最大的可载重 50—100 吨。这种芦苇中空，藏有很多空气，造成船在水里至多散架而不致沉没。而最古老的芦苇船的形象、模型，则出自埃及古王墓和绘在壁画上。迄今，非洲中部的乍得湖上，还行驶着芦苇船。于是海尔达尔再做一次实验，证明古代浮力很大，不易沉没的这种芦苇船是可以横渡大西洋，把地中海古文明带到美洲去的。

海尔达尔从尼罗河上游的埃塞俄比亚找到了纸莎草，请来乍得湖的黑人，照古埃及芦苇船模型所显示的技术在金字塔下仿造，运到非洲摩洛哥西海岸下水，循大西洋向西去的洋流航行。但是在接近美洲的洋面上，芦苇船出了毛病，尾巴垂了下去，吸足了水拖在船下，船走不动了，也要散架了。这次航行失败了，距美洲陆地仅 200 海里。总结经验，发现原来芦苇船并没有完全照古埃及的技术造作，系起那高高跷起的船尾的排架和缆绳的做法不对，以致船尾吃不住长期风浪而下垂散掉。这次，从的的喀喀湖请来了印第安工匠，严格地按照古埃及的技术制造，再度出海。航行 57 天，行程 3270 海里（6700 公里），终于抵达了中美小安的列斯群岛中的巴巴多斯岛。

海尔达尔的航行证明了古代地中海地区、美洲乃至复活节岛之间的文化是可以通过远航联系的。在古代，大海大洋虽然严重阻碍了两岸人们的交往，但打破这种阻隔并非绝不可能。文化孤立学派的一个重要根据被推翻了。不过两派的争论仍旧没完没了地继续下去。此后，海尔达尔又乘两河流域苏美尔型芦苇船走出波斯湾，驶入阿拉伯海，再向西进入红海，他的航行和沿途的考古发现，充分证明了美索不达米亚、印度河谷和埃及这三大古代文明地区间的海上联系。

其实，实验的方法是我们认识历史的常用的方法，海尔达尔的远航只是最为瞩目。这种方法更多地采用，使得西方兴起了一个"实验历史学派"，即把考古和文献调查以及实验结合起来，重新演绎历史活动的某些部分和某些方面，通过亲自体验以更好地理解历史。这也是对历史的摹写，或者叫做模拟。但已不是意识上、文字语言或音像上的摹写，而是照古代的办法，通过现代人的行为、活动所进行的摹写了。现在，计算机的发展出现了"虚拟现实""虚拟历史"，当会有很大的前途。

也许我们可以把这类实验和模拟从现实调查中分出来，作为认识历史的第四个途径。

六

既然已经有了模拟和实验人的某些历史活动，那是否可以在已有的知识和科学技术水平上重演或复制过去的历史呢？例如：利用电子计算机像虚拟现实那样去虚拟历史，或者用时间机器或设法通过时空隧道（虫洞）回到历史上的真实的古代去，或者干脆运用克隆技术，再克隆一个或一批历史人物，让他或他们去重演一遍过去的历史。假如是这样，我们在认识历史的道路上又多了若干途径。目前这些离奇但不失新颖的设想还没有人试过，但已经在科幻作品中大量出现了。像唐朝张鷟的《游仙窟》，题为牛僧孺作的《周秦行纪》，英国雪莱夫人的《弗兰肯斯坦》，美国马克·吐温的《亚瑟王朝的康涅狄克人》和后来的《回到中世纪》及多集同名电影，著名美国电影《回到过去》和《终结者》，还有近些年来一度在网上大量流行的穿越小说等。其实，穿越时空的始作俑者当数庄子，他在梦中把自己变成了一只蝴蝶，醒过来以后已经分不清自己到底是蝴蝶还是庄子了。

历史有一个根本的特点，那就是它发生在一定的时间和空间里，也就是特定的物质世界中，历史发生的特定的时间已经一去不复返了，特定的空间也随时间的推移而改变了面貌，更由于内部外部各种因素掺入而发生变化。人们常常感慨"物是人非"，其实已是"人非物也非"了。

希腊哲人赫拉克利特说过："人不能两次趟过同一条河流。"他的学生克拉底鲁进一步引申，——连一次也不可能，因为当整个身体浸到水里的时候，水已经不是原来的水了。因为一切时刻都在变动，过程不可逆，因此，重演和复制历史是不可能的。

拿现代人的知识、技术或思维形式去重演或复制历史，无论如何也逃不掉现代人的印记，即使把过程重演或复制出来，那也不是过去的真实真正的历史。运用电子计算机来虚拟真实的历史，需要建立某种类型的模型，一个好的模型需要具备简单性、清晰性、无偏见性和易操作性[1]，但要具备这些特性却很难臻于理想，自然现象如此，人文现象则更难达到。

要具备简单性，但历史模型要求输入更多的更复杂的因素及其互动才能更接近真实，并且还需要通过它们的不断增减、冲突与转移，才能实现

---

① 参见［奥地利］约翰·L.卡斯蒂：《虚实世界——计算机仿真如何改变科学的疆域》，王千祥、权利宁译，上海科技教育出版社1998年版，第28—30页。

历史的运动。就像群星闪烁的夜空一样。要具备清晰性，然而无数的历史因素的组合及运动偏偏不具备清晰性，尤其是判定的各种因素的性质和数量，以及它们在系统中的地位以及结合和运动的后果效应，这里会出现无数的不确定性和灰色地带，也会出现不可预计的历史效应。要具备无偏见性，人文现象很难做到。除了理性思维之外，还需要考虑到感性思维、心理的和情绪的思维，连区分因素的主次和重要不重要都是很困难的。要具备易操作性，各种类型的模型都有这个困难，尤其是对那些不可估量的因素的作用更是如此，简单的模型难以反映真实复杂的历史，跟美国经常现场演出的南北战争时期盖底斯堡战役秀也相差无几，而高层宏观的复杂的模型都难于操作，或无法操作。

至于克隆历史上的人，目前从技术上讲可能还不是做不到。但一旦克隆成功，完全重现所有的历史上的活动，还要表现出他的种种心理、情绪上的活动，那确是难于控制的。佛兰肯斯坦的最终失败，就是明显的一例。如果在克隆人之外更要加上真实的环境和历史气氛，那就更难了。因此，即使满足了重演历史的种种条件和气氛，要那个或那批克隆人真正重演历史那也是匪夷所思的。即使去掉一个因素或加入一个因素可能引起的蝴蝶效应，则是人们所难于预料的。

至于运用时间机器，或通过时空隧道回到历史，目前的技术还远远不能做到，即使能够做到，也会碰到难题。第一，你是作为参与者还是旁观者，如果是参与者，身处当时的历史环境下必定具有自己的地位、角度的局限，只能接触到和作用到身旁较为有限的一批人和事物；而旁观者虽能鸟瞰全局，却又难于深入，尤其是挖掘当事者的心理和情绪。第二，你既然参与了历史活动，也就改变了历史，使它完全不像过去那个真实的历史的再现，而只能是另一种"历史"。第三，你既然是从现在回到了真的历史，那你就是带着现代的意识和心态情绪，去面对过去的历史人物和环境，那只能是互不搭界，成了两股道上跑的车。如果你回到过去也回到了人的一切意识和心理素质，那你创造的"历史"也就无法为今天的人所认识。换言之，要么就是进入历史的不是历史的人而只是现代的人，那他的活动就不是历史，要么就是历史的人在创造历史却无法为现在的我们所认识。这是一个悖论。

总之，在现有的知识、意识、技术、环境的条件下，我们仍然无法通过对过去历史的重演和复制去认识真正的历史，所能做到的只是失去真实的、可笑的、粗糙的、模拟和较为局部的实验的再现，那不是历史的真实，也失去了历史的精神。

也许我们还只能满足于把这种实验和模拟从现实调查之中分出来，把它作为文献、实物、调查之外的认识历史的第四个途径，也许可以仿王国维的先例称为"四重证据法"。它距离我们认识真正的真实的历史的那个目标还很遥远，还只能假以时日，而有待于我们的进一步努力了。

原载于《文史哲》2011年第6期

回忆邓广铭先生和他的《隋唐五代史讲义》

我是邓广铭先生早期的学生之一。第一次听邓先生的课是在1948年，算起来已经是60多年前的事了。

初见邓先生还在这之前。1946年我考入北京大学先修班（类似预科）。汤用彤先生的哲嗣汤一介是先修班同学，志在学术，拉着我四处拜访北大的文科教授。大约在1947年春天，我们一起去东厂胡同一号胡适住处看望邓先生。那时邓先生是胡适的秘书，住在进大门右首过道边的三间南房里。邓先生身着当时少见的西服，书桌后边是一排玻璃书柜，摆的是一摞摞线装书，后来知道那是商务印书馆的《四部丛刊初编》。以后他搬过几次家，但探访时那套书和书柜总能见到。

那两年，内战方酣，民怨沸腾，物价飞涨，学潮澎湃，同学们遇有什么抗争活动，常去访问教授，以求声援，其中也包括了邓先生。他支持学生运动的言论，被同学编成油印小报散发。我曾保留了一份，"文化大革命"后期还找出送给他看过，可惜后来辗转相传时"迷失"了。

转眼到了1948年暑假开学，我循序升入史学系二年级，由邓先生讲授中国通史的隋唐两宋部分。第一节课邓先生穿一袭茧绸长衫，侃侃而谈，说人说史学系是北大的"马其诺防线"，中国史更是史学系的"马其诺防线"，你们现在已经守在"马其诺防线"上了。那意思想来大概是大家要好自为之，不要辜负了学校和他的期望吧。我所在的年级共40人，济济一堂，国内少见，1949年解放前后，离校参加工作的占了大多数，五四时回校一看，才余下9个人。60多年过去，连我在内还在搞历史的已经不到5个人了。

我那时手里已经有了中央大学缪凤林的部定教材《中国通史》三册，另一位据说是陈寅恪先生弟子蓝文徵的《隋唐五代史》一册。但当时纷乱的情势下，没有多少心情和精力去读这些书，只是把邓先生的课一堂堂仔细听下去。对他所介绍的陈寅恪先生的《隋唐制度渊源略论稿》和《唐代政治史述论稿》也找来细读一遍，以我那时的心境和水平，对这两部书尤其是第一本还看不太懂，但对于邓先生的讲课却有深刻的印象，现在还能记起来的有：

隋朝可说总北朝以来所有制度之大成，一如"汉承秦制"，也是唐承隋制或略加变通。诸如三省六部、律令、科举、府兵、田赋等等，而这些制度的核心部分又为宋以后的各朝所继承。还记得他在黑板上写下的标题"初唐一百四十年"和狄仁杰谏武则天的奏疏，也记得他讲的藩镇、宦官和牛李党争，还有《新唐书·食货志》所记租庸调法的矛盾和卢文弨的驳议（这后来被我的一位研究生写文章重新解释圆通了）。

听课之余，常在高年级同学那里听到一些有关邓先生的轶闻。民国时期，山东似乎是出史学家的地方，我知道有傅斯年、傅乐焕、傅振伦、张政烺、王毓铨、杨向奎等人，邓先生也在其列，是1936年北大史学系毕业的，人称四大金刚之一（另三位是张政烺、傅乐焕、王崇武）。抗战时期，邓先生是重庆北碚复旦大学历史系教授，胜利后转到北大，格于北大的习惯被转聘为副教授。那时史学系真不愧是北大的"马其诺防线"，全系教师共12人，计有教授7人（郑天挺、毛准、向达、余逊、杨人楩、张政烺、韩寿萱），副教授1人（邓广铭），助教4人（杨翼骧、胡钟达、王树勋、汪篯），恐怕国内是数头一份了。我那时还见过邓先生的《宋史职官志考正》，也看过重庆胜利出版社的"历史人物传记丛书"广告上的目录，其中就列有他写的《岳飞传》，再加上亲炙于他，心里的敬佩自然是不待言的。

这样听了邓先生两个多月的隋唐史。1948年11月，东北全境解放，风传解放大军就要陆续入关，北平解放在望，许多同学悄悄化装进入了解放区，饭厅吃饭的人一天比一天少。正当邓先生在黑板上写下"耶律阿保机之雄图"准备开讲五代宋史的时候，我也悄然离开北平去了华北解放区，这是我听邓先生的最后一堂课。

1949 年北平和平解放，我转了一个圆圈，随着队伍回到北平，在基层政府单位工作了五年之后，又由于一个偶然的机会被调进新成立的北京教师进修学院（后来改为北京师范学院和首都师范大学）历史组（系），从一个青年学生变成了一个青年教师。分配给我的任务是从事中国古代史中的隋唐五代宋元部分的教学工作。

初登讲台，自然心怀忐忑，努力搜罗到了 1952 年院系调整后邓先生在北大历史系讲课编写的隋唐五代和两宋的油印讲义，作为备课的主要参考，我也重新拾起了这段时期的历史的学习，但已非是邓先生亲授了。那两本油印讲义早已不存，现在还记起的有唐初的宗室食实封制的改进，以及唐代新科进士的三大雅集——雁塔题名、月灯阁打毬和曲江宴；宋代的五等户，官职差遣的分割，科税的支移、折变，以及王安石变法的一些内容。

这样讲了三四遍，到上世纪 50 年代后期，渐渐形成了一种看法——不用说，这是受了邓先生那两本讲义的启发和史学界热烈讨论的历史分期问题的影响——那就是唐宋之际中国封建社会内部有了变化，开始进入一个新的阶段。曾想致力于这个方面作一些研究，也发表过两三篇读书札记式的短文，但始终没有形成明确的看法，只算是敲敲边鼓，打打擦边球。此后世事多变，运动频仍，我又任务驳杂，甚多旁骛，始终没有把这个想法贯彻下去。可告慰的是，"文革"以后不少史学著作都涉及唐宋变革问题，而且颇有宏大深入之作。

"文革"终于结束了，百废重兴，我又拾起了荒疏已久的中国古代史。十年过去，不但学殖缺失，体力精力也有所不逮，于是想缩短战线，舍弃两宋而保留隋唐。我把这个想法向邓先生陈述，他说，就这么把两宋给丢掉了，言下对我从"马其诺防线"上就这么撤下来似乎不无遗憾。

也还是由于兴趣驳杂，又多旁骛，隋唐五代史虽然讲过几次，但只是导论和概述，属于讲座与会议发言性质，虽然偶然也得到一些听众的好评与个别前辈学者的鼓励，但我有自知之明，那仍然属于打外围战和擦边球，终此一生大概也无法深入下去了。我所讲的不外是：

　　隋唐是中国历史上继秦汉以后的第二个鼎盛时期，这时封建社会臻于成熟，气势恢宏，绚烂多彩，相对开放，颇类欧洲文艺复兴时期的风格。此前的第一个鼎盛时期秦汉，宏博浑厚，但却不免有刚进入封建期的质拙，属于一种童稚之美。此后的第三个鼎盛时期的明清，又不免呈现了封建社会的烂熟与停滞，趋于程式化乃至僵化，少了隋唐那一份成熟和开阔，活泼和多样。

　　从纵向看，隋唐是一个承上启下的时期，上承秦汉魏晋，下启宋元明清；任何一个时期都可说是承上启下，但隋唐的承上启下却具有分期的意义。隋唐又是一个世界性帝国，12世纪以前，世界历史上只有罗马差可比拟。它在经济、政治、思想文化上的转型的走向已见端倪。它是继战国秦汉第一个经济浪潮以后掀起的第二个经济浪潮，全国经济重心开始明显地转向南方，这一转移到宋代完成。经济重心的南移也改变了历史轴心的方向，从前此的关东关西一线偏移到了南北一线，与北方民族关系的走向也从北偏西(匈奴、突厥)逐渐移向了北偏东(契丹、女真、蒙古、满族)，中国历史的大格局在不知不觉中已经推移转化了。

原载于《中华读书报》2013年12月11日第10版《书评周刊》；复作为邓广铭《隋唐五代史讲义》(中华书局2013年版) 序文

邓广铭《辽宋夏金史讲义》序

两宋（960—1279）是中国历史的转型期，历时三百多年。其间，社会发生了明显的变化。

第一，中国经济重心转移到了南方。

我们习惯地把秦岭淮河一线当成南北分界线，向北到长城燕山，向南直抵南海。如果视野再开阔一些，以历史上的农区和牧区来区分南北，那长城燕山就是大南方和大北方的分界线了。

黄河和长江都是中国文明的源头。进入历史时期后，黄河流域前进的步伐一度要快一些。秦汉以后，长江流域渐渐赶上来了。到了北宋，长江流域的经济发展明显地超过了北方。

北宋国土面积南北之比是66：34，耕地是70：30，人口是64：36。农业方面，唐以前，黄河流域主要作物是麦、粟，长江流域则种水稻。唐后期五代以来，北方农业停滞，南方农业发展了。全国农作物成了麦、粟、稻三分天下的局面。耕作制度、农业技术、农业工具方面，南方也有进步。南宋在南方实行水旱轮作，提高了复种指数。有的地方已经实行水稻连作，或用再生稻或再栽双季稻。在土地利用上，宋代已有畲田和梯田，并辟有筑水堤，蓄水的圩田、围田、湖田，利用水面的葑田、架田和利用浅水或河滩的涂田、沙田。

从前当作蔬菜的芸薹（油菜）已经代替芝麻上升为主要的油料作物。蔗糖代替了过去饴（麦芽糖）的地位。主要种植于亚热带低丘浅山的茶更是普遍，成为"国饮"。唐以前主要分布于北方的丝织业，安史之乱以后在南方尤其是浙江广为发展，超过了北方。原产于印度中亚的棉花，唐以前，西南已有乔木型的海岛棉，新疆一带则有一年生的草棉。南宋棉花在华南沿海、长江流域北上进入黄河中下游，一年生的海岛棉代替了乔木型的木棉。到了元代，一年生的陆地草棉已经进入陕西。棉花加工工具也从南宋的踏车推弓进到元代的赶弹卷纺的工具技术，从此棉花以空前的速度在南北两方推广扩展开来。

中唐以后，手工业重心的南北易位开始形成。重要的方面是纺织业和陶瓷业。随着造船和航海技术的发展，南方的造船业和航运业大大超过了北方。内河、沿海远洋几乎无远弗届。至于其他的新兴工业如掘煤、冶铁、造纸和印刷，也是南胜于北。

在人文环境上，唐代北方尚优于南方。北宋以后，优劣之势开始转移。北宋之亡加速了这个转移。结果，中国传统的文化重心与经济重心重合了，无论是科举、教育、人才、思想、文风都是如此。

南北发展的差异，当时人已经看出来了。南宋章如愚《群书考索·续集》中说："今之东南，非昔东南。昔之东南，不能当宋一路；而今之东南，乃过于昔之中原。"①

第二，历史的轴心由东西方向逐渐偏转到了南北方向。

在中国历史上，由于历史经济和文化环境的不同，各个地区一直存在差异。当中国进入农业社会以后，以太行山和函谷关为界限的山东山西或关东关西的差别就凸显出来。关东经济比关西发达，人口也较稠密，关西经济和人口就比较差些，但是政治力量和军事力量又比关东强大。至于长江及其以南，那时还没怎么开发。春秋时，滨海的齐和中原的晋相继成就了霸业。到了战国，关西的秦后来居上，以其强大的军力和商鞅的变法逐渐睥睨山东六国，终于成就统一大业。西汉继秦定都长安，逐次翦除山东的割据势力。关西在军事和政治上控制着关东，关东在经济文化上支撑着关西。东汉定都洛阳，使关东粮食漕运能避开三门峡运输瓶颈。以后各朝从曹魏、西晋到北魏、北齐，国都多在太行山南麓，山区平原交界处的洛阳、许昌、邺城打转。隋唐继承西魏北周的余绪，再次建都长安，但三门

---

① 章如愚《群书考索·续集》卷47《舆地门·诸路》。

峡之险仍是粮食转输的一大问题。而运河一线的安全则维系着唐朝的国运。到了唐末，庞勋、黄巢起义，漕路断绝，中原藩镇混战，建都长安的唐朝也就无力再维持下去了。

就在关东关西的政治军事文化心理上的差别随时间的推移逐渐泯灭、人文环境逐渐趋同的时候，黄河流域的战乱和生态环境的人为破坏已经使它的发展渐渐停滞，而此时南方的长江流域悄然兴起，到了宋朝完成了全国经济重心的转移。历史运转的轴心逐渐由东西方向转为南北方向了。这也从运河线走向的变化可以看出来。

中国水系流向是东西方向，关中和关东的物资粮食的转输多半也是东西方向。到了隋朝，开通大运河，以洛阳为中心，分别向东北的涿州和东南的杭州延伸，把海河、黄河、淮河、长江、钱塘江五大流域贯通起来。到了北宋，以开封为中心的汴河更是繁荣，一年输粮达 700 万石。然而经过金和蒙古战争，黄河改道，汴河荒废。到了元朝，运河走向从过去的东北—东南，改为北京到杭州的正南正北走向。前后垂 600 年，运河始终是沟通南北的大动脉，直到近代海运和铁路的开通。

与此同步，国都的位置也从东移到北上。五代北宋关中长安残破，国都东移到了开封，而据有黄河流域的金国即把国都建在了北京。蒙古灭金灭宋，元世祖忽必烈把国都从上都开平迁来大都北京，一直到明清民国迄今。北京建都自 1153 年起迄今已经 858 年，在世界历史上作为国都恐怕是历时最久远的了。

当历史轴心朝向东西方向时，一些大战多在这个方向上发生，南北方向上的大战只占少数。至于民族之间的重大战争则多在南北方向上展开，那是历史上民族关系的格局所使然。

第三，民族关系上的方向从南——北偏西转移到南——北偏东。

以燕山长城为界的"大南北"的格局，大体上也是农区和牧区的划分。以南是中原王朝的地盘，以北则是草原游牧民族活动的舞台。这些形形色色的诸多北方民族，往往因一个机缘勃然崛起。经过吞并或联合其他草原上小部落统一了北方，形成一个巨大的力量。当它南方的中原王朝强大的时候，北方的力量受到扼制，乃至被迫退回到蒙古高原的北缘或者沿其边缘西迁。一旦遇上中原王朝衰落，它们就大举南下，征服黄河流域，与退到淮河长江流域的中原王朝形成南北朝对峙的局面。最后如元如清，南下直到南海，成为全国大一统的格局。两宋以前，这种大南北的民族关系走向是南——北偏西，如兴起于阿尔泰山一带的突厥、回鹘等等。唐末五代以后，东北方向的民族依次崛起，民族关系的走向就转成南——北偏东了，如兴起于大兴安岭山脉的契丹、蒙古乃至长白山的女真满洲等。正因为走向的略有偏转，中原王朝的国都也从利于攻守的长安东转到了开封，又北转到北京。金、元和清这些是少数民族王朝，相继定都于此，更有背靠民族发源之地，面向控扼大南方的意义，而南北交通干线的大运河走向，也就从东北——东南拉直到了元明清的正南正北方向了。

第四，统一国家的形成。

中国历史正适应了《三国演义》开篇的话："话说天下大势，分久必合，合久必分。"从秦始皇统一六国，一匡天下，两千多年来中国经历了两次大的统一和两次大的分裂，分裂是中原王朝内部长久存在着割据的因素，以及北方民族的进入。第一次是三国两晋十六国南北朝，历时四百年。第二次是唐后期藩镇割据的半分裂到五代十国的完全分裂，历时二百多年。到了北宋，内部统一的因素占了上风，也由于统治者的国策，以后的王朝再也没有出现过分裂的现象了。但两宋还够不上真正的统一，它的周边还存在着几个并立的政权，先后有辽、夏、金和蒙古（大理也可以算一个），到了蒙古灭夏、灭金、灭大理和南宋，整个中国又重归统一，从1279年经过明清民国，直到今天，600多年间始终维持着统一或基本统一的局面。这说明这时在中国内部统一的大势已成固然，与边缘民族的界限也逐渐消融了。

第五，不彻底的经济转型。

从隋唐掀起的继战国秦汉以后的第二个商品经济浪潮，在两宋时达到了高峰。转型期的确切涵义是指社会性质——社会制度的转型，是封建社会向资本主义社会的转化。两宋已经出现转型期的征兆，社会呈现了比较明显的成熟性、商品化和市井化趋向，但与此同时，另一种趋向即凝滞性和僵固化也开始滋长。两种趋向互相结合，互相补充，互相包容，但也互相对立，互相冲突，始终无法融汇，互相取代，以致终两宋之世直到明清，中国经济的转型迄未完成。

土地制度已经摆脱了均田制的羁绊，实现了私有化和自由买卖，地租形态在实物分成租之外，也出现了实物定额租和货币代物租，农业和手工业开始从自给自足的家庭经营状态成为大量商品进入市场。日用品的交易遍及城乡，出现了大宗粮食、衣料、瓷器、煤铁、铜器的长途贩运，海外贸易也大为繁荣。商业资本和高利贷资本开始进入生产领域，出现了纸币，某些地区的某些行业如纺织、制瓷、制盐、造纸等，已经开始出现了资本主义因素，在商品和货币经济浪潮的卷袭下，秦汉以来的坊市制度弛坏了，城市数量增长，城区扩大，居民增加，商业繁荣，新兴的城市居民——市人和城市游民也形成了，与之相适应的城市生活样式——词曲、戏剧、瓦舍和市人组织——行会、结社流行起来。

中国是一个农业社会，占统治地位的是个体小生产农业，它具有自给自足的特点，虽然离不开作为补充和润滑剂的商品经济，但它又有抵制商品经济的一面。个体小生产农业是细小的分散的脆弱的，扩大再生产能力很有限而自己不稳定，积累很少，而农业积累的转移最终还是要回归到买田置产，回归到农业上去，大部分社会财富往往用于消费和浪费。中国人讲究读书做官，官员贪墨所得不是浪费就是买田置产，传之子孙，再加上中国封建国家力量强，经济职能突出，对经济的管理控制严苛，而缺少疏导引领，巨大的社会财富不是沉淀，就是浪费掉，中国的商业和商人从根本上讲是软弱的，而且依附于政府，不足以形成一股对抗封建国家的强大的力量。在世界历史上，中国经济比欧洲其他国家更为繁荣强大，但也只是量的积累而少见质的变化。有些外国学者认为中国经济是内卷式的，只能封闭式循环而不易自我扩展，这个认识不无道理。

最后，如何看待两宋的历史地位。

一直有两种互相对立的看法，一是"华夏民族之文化历数千载之演变，造极于赵宋之世"[①]；一是积贫积弱，保守因循，屈辱投降。这两种看法各

[①] 陈寅恪：《金明馆丛稿二编》，三联书店 2001 年版，第 277 页。

有其事实依据，其实是着眼点不同，看待历史的角度有别。造极说更多地是从经济文化着眼，强调的是两宋经济繁荣，思想进步，科技发达，社会稳定。贫弱说，更多地是从政治军事和对外关系着眼，强调的是财政紧张，军力孱弱，保守拖沓，因循苟且。在历史上，这种两种情况同时出现不乏先例，中国的东晋南朝和西方的拜占庭帝国都是繁荣与衰落并存，危机与辉煌同在。其所以如此，一方面是秉承赓续不以个人意志为转移的前代发展的趋向，另一方面也是当前情势与统治者利益的对应所使然。

近来有些学者刻意凸显美化造极说，改装与驳斥贫弱论，力陈两宋真是我国历史上最辉煌的时代，有的更用玫瑰色的油彩涂去压迫剥削暴力腐败，把两宋的历史描写成充满诗情的田园牧歌式的画卷。这就不免把一半的历史颠倒了。真可谓主观史学、情绪史学的大作。

和历代新朝一样，新朝北宋的统治者面临着三个亟待处理的矛盾：第一是地主和农民的矛盾，瓦解了唐朝的黄巢农民大起义虽然过去了近百年，仍然是新朝统治者心头抹不掉的巨大阴影；第二是统治者阶层集团内部的矛盾，从唐中叶开始的藩镇割据到了六十年前蔓延到了全国；第三是民族矛盾，五十年前强大起来的北方草原民族契丹，夺去了燕云十六州，灭掉了后晋，而且虎视眈眈，随时可以南下侵掠。

面对着这样的三个矛盾，新朝的统治者们维护和巩固自己的统治，把主要精力放到了内部。为此，必须消弭和防范武装割据以求统一和稳定。为此，必须尽力满足官僚地主们的贪欲，以期获得他们的长久拥戴，即所谓的"与士大夫共天下"。为此，又需尽力榨取和盘剥人民，"恩逮于百官者唯恐其不足，财取于万民者不留其有余"[1]，"古者刻剥之法本朝皆备"[2]。统治者对任何人都不敢信任，需要分化牵制各种力量，因此在政治上的措施是官与职分离，权与责分离。大臣空有高位，却乏实权。政府机构官员重复冗滥，事权不分，互相牵制。在军事上则重文轻武，着意贬低军人地位，而用文臣掌兵。士兵则疏于训练，以致在对外战争中不堪一

---

① 赵翼《廿二史札记》卷25 "宋制禄之厚"。

② 朱熹《朱子语类》卷110《朱子七·论兵》。

击。对内镇压也十分软弱，同时又多养兵以疏导失地农民，消弭起义的因素，"凶岁有叛民而无叛兵，不幸乐岁变生，有叛兵而无叛民"。北宋这套求稳防变的思路和做法，非常强调"祖宗成法"，而反对阻挠革新求变，导致了北宋中叶"冗官、冗兵、冗费"的社会危机。由于只注重对内防范，而在对外关系上采用了退让做法，结果，在对外关系上对辽对夏对金屡战屡败，只好贡输岁币，屈辱求和。经历了300年，终于被一个新起的北方民族蒙古所灭。

邓广铭先生的这部"辽宋夏金史"，原是他在上世纪50年代的授课讲义，那时我正刚登大学讲台，得到这本油印讲义满心欢悦，把它当成了备课的重要参考。50余年过去了，宋史的研究已经大大进步，如果邓先生还在世，想来对这部讲义已经重新修订增删。我作为他的老学生，对这部虽未蒙他亲授，但却引导我入门，简练而不失精当的老讲义仍然时在念中。今天命我作序，何幸如之，又何其感愧。

原载于邓广铭：《辽宋夏金史讲义》，中华书局2013年版

关于历史重演和历史穿越的随想

一

　　人们创造历史是一个连续的过程。"历史不外是各个世代的依次交替。每一代都利用以前各代遗留下来的材料、资金和生产力；由于这个缘故，每一代在完全改变了的条件下继续从事先辈的活动。另一方面，又通过完全改变了的活动来改变旧的条件。"①

　　人们创造历史，就是在这样特定的条件和活动的交集和互动中实现的。是在特定的时间界限里，在特定的物质世界范围里进行的。一般情况下，时间匀速流动，不会加速也不会延缓，更不可逆转。历史活动的条件则在不断变化。"子在川上曰：逝者如斯夫，不舍昼夜"。古希腊哲人赫拉克里特说："人不能两次趟过同一条河流。"随着时间的流逝，作为历史活动背景和见证的条件也在变化。赫拉克利特的弟子克拉底鲁引申说："人不仅不可能两次趟过同一条河流，连一次也不可能，因为当整个身体浸到水里的时候，水已经不是原来的水了。"其实，作为创造历史的主体的人自身，也在不断地逝去和老去，不能再维持原来的体貌、资质、能量和输出信息。我们也常常感慨"物是人非"，其实已是"物非人也非了"。

　　创造历史需要以传承原来的活动和条件作为基础和出发点，而创造与传承又是交错混杂不好分割。因此无法无时不对历史的认识打下后来的印

---

① 　马克思、恩格斯：《德意志意识形态》，《马克思恩格斯全集》第 3 卷，人民出版社 1960 年版，第 51 页。

记。这样历史也就无法复制重演和穿越了。即便做得出来，也只能是虚构、片断、残缺、变形、变味、变性的所谓"历史"。画虎不成反类犬，正如德国诗人海涅所言："我播下的是龙种，而收获的却是跳蚤。"

二

正因为历史是一个连续的过程，正因为历史的创造需要传承，尽管历史不能复制重演和穿越，却为后来留下了各色各样或深或浅的印记，因此也就不会也不能阻挡人们去认识过去。认识过去的途径：一是凭借文字的口传的和图形音像史料；二是运用过去的遗物、遗址、遗迹，特别是考古发掘的材料；三是搜集和运用现实生活中留存的历史的东西，如文化人类学调查；四是利用对过去的认识模拟、仿制、实验和演示古代的事物和古人的活动，以此来拓宽、检验和加深人们对历史的认识。

这里专门说一下历史认识的第四个途径。这又可以分为几个方面。

第一个方面是模拟古人的某些活动。比如某些地方和人群沿袭和恢复古时的婚丧嫁娶礼俗和祭奠仪式。

第二个方面是仿制。利用已知的古人的知识、技术、设备和工艺，仿制古人的器物及其制作过程。像仿制远古时代的石器、独木舟、陶器，古埃及的木乃伊；以及采石运石树石，以印证古埃及金字塔、方尖碑和英国大石阵是如何兴建起来的。

第三个方面是实验。这比模拟和仿制又进了一步。更其类似近代自然科学的方法。最有名的例证是挪威科学家海尔达尔的两次远洋漂流，因以证明古人可以凭借洋流用原始的船筏远渡重洋传播文明。① 一次是仿造南美印第安人的大木筏，漂流 4 千多海里，远航南太平洋，从南美到达复活

---

① 参见［挪威］托尔·海尔达尔：《孤筏重洋》，朱启平译，重庆出版社 2005 年版；《太阳号草船远征记》，李泽译，重庆出版社 2006 年版；《复活节岛的秘密》，王荣兴、董元骥、李乃坤、李成领译，重庆出版社 2005 年版。

节岛一带；另一次是仿造古埃及的芦苇船漂流 3000 多海里，横渡大西洋，从西非到达中美洲。

第四是演示。也就是所谓的秀（show）。例如在美国小镇葛底斯堡用真人化妆定期表演南北战争中葛底斯堡战役的过程。近来我国也出现了这类演示。但这并不是历史场景的真实重现，而更像一场或巧或拙的戏剧演出。

三

人们总是要热衷于回忆历史，也希望回归历史。改变历史，体察另一种时空的人情世态。物质手段之不足，便寄情于遐想。恰好大脑已经进化到了这个地步——思想是没有界限的，可以回溯，也可以跳跃和穿越。不仅可以遐思过去，也可以凝定现在，也不妨畅想未来。更可以借助于中介（现在主要是文字）保留下来，可以把这些遐想传递到另一些人的脑海里去。这些大脑的无边无际无尽无休的活动，尤其体现在文艺作品上。

在古希腊，人们常常专程登上得尔斐岛的阿波罗神殿的神示所，向预言女祭司祈求神示。希腊神话里也有古代闻人在冥界备受煎熬的故事。《圣经》有世界和人所自来的《创世纪》，也有预言末日审判的神秘可怖的《启示录》。中世纪法国巫师诺查丹玛斯的暧昧预言流传至今。西方的星占术和通灵术仍然长盛不衰。诸多邪教仍在不时渲染世界末日已经来临，蛊惑惊惧不安的信众集体自杀，仍时有所闻。

在古代中国，殷商甲骨卜辞左右了王室的行动。《周易》卦象正是开启了术数推演之门。此后，农民在"苍天已死，黄天当立""石人一只眼，挑动黄河天下反"这类原始宗教预言的激励下揭竿而起。《推背图》《烧饼歌》更是在民间流传。

这些无边无际有目的无目的的遐想，使得穿越作品一直占有一席之地。其中有的回到过去，有的跨入未来，有的则在过去未来之间穿梭跳跃。其中也有让时间停顿的，那就是欧洲童话《睡美人》。阿拉伯还有荷兰水手中传说的"鬼船"，瓦格纳据此写作了歌剧《漂泊的荷兰人》。文艺复兴时意大利诗人但丁在《神曲》里就由古罗马诗人维吉尔引领去炼狱与古人对话。18世纪英国作家斯威夫特在《格利佛游记》中也描述了类似的场景。19世纪法国作家巴尔扎克的小说《再见》，描写了一个退役的法国上校，为了治愈他的情人在法军兵败莫斯科溃退途中因过度刺激丧失神智，不惜倾家荡产，极力布置一场溃退的实景以图刺激她恢复神智。不过，再次的过度的刺激虽然使得她清醒过来却又承受不了而死去。美国作家华盛顿·欧文的小说《李帕大梦（Rip Van Vinkle）》，和中国唐代观棋烂柯的故事有异曲同工之妙。马克·吐温的《亚瑟王朝的康涅狄克州美国人》则借时光倒流大大地宣扬了美国人如何连吹带骗地运用自己的知识和技术帮助中世纪的英国人搞近代化。

20世纪30年代末，英国作家H.G.威尔斯的《未来世界》虽然是一部政论，但却掺杂了许多对第二次世界大战的预测。在这以后，穿越小说和电影更是层出不穷。美国有小说《回到中世纪》及同名电影，还有好莱坞影片《回到过去》《征兆》《2012》《后天》。而多集大片《终结者》正是来往穿梭于20世纪与21世纪之间。美国作家斯蒂芬·金的惊悚小说，描写一个有特异功能的青年预见到总统肯尼迪被刺，不遗余力想改变这个进程，但终于无力回天，而让历史胜利。

这种穿越作品在中国，最早可能要数《庄子》。他在梦中化为一只蝴蝶，翱翔在天地之间、古今之际，洒脱飘逸，连他自己醒来也搞不清他究竟是庄子还是蝴蝶了。此后，唐人小说《枕中记》《南柯记》也都是借梦境来做出穿越。托名唐朝宰相牛僧孺的《周秦行纪》，更是借遇到古人而诬陷敌党。《聊斋》也有好些穿越之作。

现在中国的小说、影视作品颇多穿越题材，其中最好的一部可能要推黄易的《寻秦记》。

四

现代知识的积累和科技手段的进步，似乎又开辟了复制重演穿越历史的可能性。目前所知，这大概有三个途径：一、利用电子计算机像虚拟现实一样去虚拟过去和未来的历史；二、利用生命科学技术去克隆一个或一批古人，让他们去重演一遍过去的历史；三、像制造时空机器那样设法通过时空隧道（虫洞）回到真实的古代。这样，自然也包括了像蜻蜓和直升机那样在不同的时空里穿梭或者悬停。

一、虚拟历史。用电子计算机来虚拟真实的历史需要建立某种类型的模型。一个好的模型需要具备四个条件：简单性、清晰性、无偏见性和易操作性。[①] 但要具备这些条件却很困难，自然现象如天气预报如此，人文现象则更难达到。

简单性。推动历史的因素是极其复杂多样的，而且好些目前还不知道，其效应也是难于预料的。历史模型需要输入更多更复杂的因素、关系、结构，建构一个大系统以及几乎无数的子系统，并且使其运转互动、滋生和湮灭才能使之更接近历史的真实。还需要通过它们的不断增减、变动、转移、增生和湮灭，才能实现历史的运动。这样虚拟的历史，要实现是不可能的，否则就跟终究可以破解的电子游戏一样了。

清晰性。就像宇宙中的群星一样，计算机输入的数据几乎是无限量的。无数历史的因素的组合和运动偏偏并不具备清晰性。尤其是判定各种因素的数量、大小、强弱和性质，以及它们在系统结构中的地位、关系以及结合和运动的效应，这里会出现无数的不确定性和灰色地带，也会出现不可预计的历史效应。

无偏见性。人文现象很难做到。由于地位经历与处境的不同，人在现实的刺激面前，往往反应不一，甚至大相径庭。除了掌握其理性思维，也要考虑其感性的灵感的心理的思维和情绪的变化，还有价值判断。连区分因素的主次轻重，作出符合历史轨迹的应对，往往都是很困难的。

易操作性。各种类型的模型都有这个困难。尤其是对那些不可估量的因素掺入的接收、选择、反馈和应对更是如此。简单的模型难于反映真实

---

① 参见 [奥地利] 约翰·卡斯蒂：《虚实世界——计算机如何改变科学的疆域》，王文祥、权利宁译，上海科技教育出版社 1999 年版。

的历史，跟美国定期演出的葛底斯堡战役秀也相差无几。而高层宏观复杂的模型需要每秒运行几千亿次的超级计算机去编程，操作更难或无法操作。至于涉及作为历史主体的人在历史活动中所显现的丰富复杂多变的意识（尤其是潜意识）的情况更几乎是不可测的。

二、克隆历史上的人，目前从技术上讲不是做不到，但是一旦克隆成功，完全重现他在历史上的活动，还要表现出他的种种思想、心理、情绪上的活动，那确是难以控制的。雪莱夫人小说创作的人造人"佛兰肯斯坦"的最终失控，就是明显的一例。如果要造出的克隆人不止一个而是一群，构建一个历史上的社会，更要加上真实的历史环境和历史氛围，那就几近不可能了。因此即使营造了真正的历史环境和历史气氛，要那个或那批具有各自思想和意志的克隆人按照既定的脚本去重演历史或者改变历史，那也是匪夷所思的。据说美国正在有人研究"读心"技术，可以让士兵在战场上通过头盔传输像计算机联网一样进行思想的沟通。但又说离成功还有一段距离。这里是指活人的思想。至于获取已经湮灭的死人的思想并且与之交流，还没有提到日程上来。至于报载俄罗斯某大亨欲把人类思维转移给机器人，让意识与躯体脱离，使人类灵魂升华到"永生"，那也跟玄幻小说《哈利·波特》那样从盆里捞取粘稠的死人的思想和记忆一样，不过是一个美妙而不免失之荒诞的遐想。而且，在克隆人的过程中，如果操作失误或丢掉某个基因，或其排序有误，导致突变，并从而引起蝴蝶效应，就更是难于预料了。

三、至于利用时间机器或时空隧道回到历史，目前的技术还难以做到。时间要逆行，才有可能回到过去重演历史。关键在于运动的速度要超过光速。这就颠覆了光速是不可逾越的常数这样一个基本的物理定律。最近，欧洲核子中心宣布实验出现"中微子超光速"现象，立刻遭到多方质疑，主事者也因此引咎辞职。而时间逆行的理论设定，也是众说纷纭，目前还没有一个为多数科学家认同的理论。

即使最后可能做到时间可以逆行，历史可以回到某个起点而行重演，也会碰到不可解的难题。第一，进到过去的历史里去的你是作为参与者还是旁观者？如果是参与者，在身处当时的环境和条件下，必定受到自己的位置、角度的局限，只能接触到和作用到身旁较为有限的空间、有限的一些人、事物和活动，不能了解更多的历史进程。如果是旁观者，虽然可能视界开阔，鸟瞰全局，却又难于深入，尤其是了解当事者的思想、心理和情绪。第二，你既然参与了历史活动，哪怕只是细微的活动，不管是有意识还是无意识，有目的还是无目的，那也就改变了历史，使它已经不是过去的那个真实的历史的再现，而只能是另外一种完全不同于过去真实历史的"历史"。而人们最热衷的，还是借一己的力量去塑造历史扭转乾坤。那就必然同真实的历史大相倍蓰。第三，你既然从现在回到了过去的真的历史，那你就是带着现代人的意识和心态情绪和价值观去面对过去的历史人物、历史活动、历史环境和历史气氛，那就无法融会到古人的世界里去，只能是互不搭界，成了两股道上跑的车。那你所在的历史也就无从成为过去存在的真正的历史了。如果你真的回到过去，也就回到了过去的人所具有的一切知识、教养、技能、意识和心理素质，那你参与创造的"历史"也就无法为今天的人包括你自己所认识。换言之，要么就是进入历史的不是历史的人而是现代的人，那他的活动就不是历史；要么就是进入历史的是历史的人，他创造历史的活动却无法为现代的人所真正彻底地认识。这是一个悖论。

总之，在现代的知识、意识、技术环境的条件下，我们仍旧无法通过对过去历史的复制、重演和穿越去认识真正的历史，所能做到的只是在某些情况下近似真实的粗糙的甚至拙劣可笑的模拟和较为片断的历史的再现。那虽然有助于我们去认识过去的历史，但那不是历史的真实，也缺少了历史的精神。

也许，要真正复制、重演和穿越过去的真实的历史，大概只好寄希望于科学发展的遥远的未来了。

原载于郝春文、李华瑞主编：《中国古代史论文选萃》，
中国社会科学出版社 2013 年版

河南灾荒

——致瞭望东方周刊编辑部

编辑同志：

看了《瞭望东方周刊》2012 年第 33 期所刊《灾荒 1942：是谁揭露了真相?》一文，颇有感触。现将我所知道的有关《大公报》刊出的记者张高峰的灾情报导为何绕过国民党的严密的新闻审查制度而在重庆刊发出来的情况叙述一下。

1941—1942 年，我在河南洛阳读初中，我的父亲黎友民（又名黎宗烈）当时是国民党中央通讯社洛阳分社主任(解放后任湖南省文史馆馆员，1969 年病逝)。河南有旱灾，作为少年的我只是一星半点地知道，大概是因为国民党政权严密封锁消息的缘故。

1943 年春，《大公报》记者张高峰来拜访我父亲(我那时记得他叫高集，大概是后来我把两个人名弄混了)。不久，重庆的报纸即刊出了他写的灾情通讯，国民党一直压制的真相暴露了，《大公报》发了《看重庆，念中原》的社论，引起轩然大波，受到停刊三天的处分。一些河南籍在渝人士和参政员群情激愤，到处抗诉。这些事我当时都有印象。

1943 年夏中原战役，洛阳沦陷，中央社洛阳分社迁到陕西汉中，人员虽无损伤，电台和设备都丢失了。1944 年春节前后，父亲到重庆述职善后，与我会面。他说起《大公报》记者的灾情通讯是经过他的手发出去的，言下不无得意之感。

国民党新闻检查十分严格，党、政、军、特各有机构。电报是发不出去的，邮寄稿件也要受审查，其中河南省国民党新闻检查所设在洛阳，所长姓石，名字现在忘记了，和父亲是同乡，多有来往，我叫他"石伯伯"，大概属于颟顸的官僚一类吧。张高峰和我父亲不知是旧交还是初识（我猜是初识），见我父亲时提出将稿子设法发出去的问题，于是我父亲设计了一个钻空子的办法。

中央社洛阳分社配属了一部电台，每天收总社发来的新闻稿，油印出来供当地报纸刊用。同时，每晚要发自己的新闻稿给总社供总社编选。编写的新闻稿都要经过新闻检查所的审查盖章，才能发出去。由于新闻检查所和中央社同属"自己人"，送去新闻稿一般无需仔细检查，盖章通过了事。父亲选在深夜十二点，新闻检查所即将截稿下班的时候，派妥善的人将张高峰的稿子送去，呵欠连天等待下班的新闻检查人员见到是中央社的稿子，又是最后一批，立即盖章，下班，关门。父亲派的人立刻返回电台连夜发出，这才引发了重庆的轩然大波。至于此稿到了重庆是如何转达到了《大公报》，其他各报是否刊用，这情况父亲没有讲，我也就不知道了。

父亲说事发后，蒋介石勃然震怒，下令迅速撤了新闻检查所所长石某人的职，在我印象里，那位"石伯伯"以后再也没见过面，不知所踪了。据父亲说，蒋介石还要追查中央社洛阳分社的责任，好在父亲那头手续齐全，又因老朋友中央社社长肖同兹的斡旋，对父亲的审查不了了之。

附记

这封读者来信贵刊如果不用，不妨转给该文作者。现在当事者都已故去，死无对证。我所知系父亲说的，只能算二手，还有一些不清楚的地方，但至少可备他们继续搜集资料时供参考。

即祝

文安！

宁可

2012 年 9 月 5 日

耄耋记吃（上）

前　言

　　从小好吃，迄今已八十年。由于环境所限，财力所迫，没有吃过什么丰盛精美的中西大餐。上饭馆消费最高只限中档，也没有刻意去选吃什么名菜佳肴，却也有不少美好的回忆。现把从小吃过印象深刻、认为好吃的东西，逐一录下，聊作精神享受，以便再一次留下回味。因所记实在太卑琐，想必看来无味，未必能令读者引发食欲，分泌唾液。再加其中夹杂了些并未亲历而属不知来路的报刊文章和耳食之谈，可靠性自然要打几分折扣。这里又只涉及饭食，未及茶酒（那是已经有了连篇累牍的著作，自己看不懂也看不过来的）。再如饮品文化，如信远斋酸梅汤、王老吉红罐绿盒凉茶之类，其文化内蕴尚有待开发。这里一概从略，不再——赘述。

漫谈中国饮食的特色

中国饮食世界闻名，中国餐馆遍布全世界，堪称第一。中国饮食文化肇源至少已有四千年，迄未中断，而且承传有绪，与时俱进，不断创新。虽然中国饮食文化的特点很难概括，但似乎也可以提出几点：

第一，中国人很重视吃。"食，性也。""民以食为天。"《尚书·洪范》六政"一曰食，二曰货。"过去中国人见面问候的第一句话北方人是"吃了没有"。广东人则是"呷办（吃饭）""呷保"（吃饱）。中国是个大农业国，又是具有精耕细作传统的古农业国，人口众多，以较少的耕地力求容纳更多的人口，又兼之而引起的畜牧业的相对薄弱，这就使得中国人重视吃饭，力求温饱，向往小康。另方面，也使得中国人吃饭以植物性的食物为主，即多素食。《孟子》记载理想的农家，足够耕地之外，要有五亩园宅地，种桑养蚕，好让五十岁以上的老者可以穿上丝绸衣服，圈养着五只老母鸡，二头母猪，七十岁以上的老人就可以有肉吃了。秦简记载士兵和服役农民每日口粮，除定量粮食外，也只有一点盐和腌菜（《管子·禁藏》也有类似的标准）。可见肉食不易，不像游牧民族和欧洲人那样，有相当丰富的肉乳制品。西欧中古庄园农忙时劳役农奴餐桌上总有大量的肉食。17世纪欧洲工业化之前，易北河一带的居民每年吃肉可达160磅左右。至今美国人均年消费肉类达一二百磅，而面粉则不到100磅。

在植物性食物的结构方面，古代中国人又是以淀粉类的粮食作物为主，称为主食。蔬菜瓜类称为副食（这种说法似乎是从上世纪50年代以后开始出现的）。由于人口众多，资源相对不算丰裕，又兼早已出现了贫富分化，下层民众饮食简陋粗粝，缺少脂肪和蛋白质，量也不足，需要寻找其他食物来源。野菜、槐花、榆钱、树叶、虫蚁都成了食品，荒年甚至要去吃草根树皮和观音土。饥饿到极点，不惜吃人肉和易子而食。上层豪富之家则注重享受，尽力搜罗食料，膳食力求丰盛。这样，无论贫富，古代中国人都要追求食物品种的丰富多样。最大贡献之一是发明了美味的豆腐与各种各样的豆制品，以弥补中国人饮食中蛋白质和脂肪之不足。几千年下来，几乎任何可吃的东西乃至不好吃不可吃的东西都要寻来入口。相传神农氏遍尝百草，甚至不惜以身试毒，固然是为了治病，但也有改善人们饮食的意图。就像广东人那样，天上飞的，地下走的，水里游的，地面长的，不管什么都要拿过来吃，品类据说在一万种以上，就连毒蛇、毒蝎、毒蜈蚣、毒蟾蜍也不放过，恐怕是世界上任何国家任何民族都比不上的。

第二，重视烹饪技术。"食不厌精，脍不厌细"。从最早的粗糙简单，进化到后来的细致精巧，就连衣食不周的贫家也有不少创造。据说建国前，冀中的巧媳妇由于肉菜难得，就在主食上下功夫，一口气能做出二三十种花色不同（如发面饼、金银卷之类）的主食来。至于钟鸣鼎食、高贵豪奢之家，每日伙食费达一万个铜钱，那就更其注重烹饪的品种和技术了。北宋奸相蔡京厨房里甚至有专司擘葱别无他长的婢女。据说，中国人的烹饪方式至少在 50 种以上，记得起来的有：

蒸　煮　炖　焯　氽　涮　熬　烩　煨　羹　煲　酿　夹　包　撕
裹　拽　拉　拔　揪　切　拌　炒　炸　焖　溜　煸　焗　煎　烧　糊
团　烤　烘　焙　燎　炝　爆　炙　烙　糜　熏　腊　腌　渍　泡　拌
串　叉　卤　酱　醪　醉　风　鲜　糟　酵　酥　镇　拍

各种做法层出不穷。对菜肴的选料、加工、调味、下锅、翻炒、火候，各色悉具。做出的菜，要形、色、香、味、口感俱佳，有时还要伴以音响（如清炒鳝糊、锅巴虾仁），乃至以鲜活鱼虾直接上桌。

第三，很注意味道的混合，"调和鼎鼐"，把各种主次食料和配料调料一起下或先后下，"五味俱全"，互相融汇，似乎深得儒家"中庸""中和""和而不同"之道。外国菜例如欧美西餐，往往采取原汁原味。像猪排、牛排或煎或炸或烤，来上一块放在盘上摆出来，旁边搁上一点配菜，如土豆、胡萝卜、洋葱、洋白菜之类，顶多再加上一些调味汁，切成一块一块，分开来吃。中国人吃饭，即使肉食，也不是单独出现，而是跟各种配料混在一起做，即如红烧肉、回锅肉、木须肉等，各种味道互相融汇、混合，有时颇难形容。

　　第四，尤其注重调料。欧洲的调料有辣酱油（一般不用）、盐、糖、胡椒、柠檬汁、番茄酱、芥末酱、沙拉酱、调味汁（Dressing）等几种，但不如中国之多样。中国菜肴调料品种之多，几乎不可胜数。像用大豆制成的酱油，堪称调料之王，不仅可增菜肴的鲜味，而且富含氨基酸的营养；同样由大豆发酵制成的豆豉，也可起着与酱油同样的作用。用粮食制成的醋，酸味浓郁清淡各异，香味别致，也非外国化学白醋所能望其项背。另外，北方菜肴的勾芡，增肉食的滑嫩程度，以及做菜时浇上些熬制好的上汤、高汤、鸡汤、肉汤、火腿汤、骨头汤等，以增加适口度。照食谱所载，广东菜的顶上汤，是用 10 只老母鸡、10 斤火腿，加上 20 斤水，用文火慢熬煨 20 小时而成。这大概也算是中国菜的一个特色。

　　最后，中国人还把饮食和政治相比拟，宰相治事喻为"调和盐梅"，君王治国，比之为"治大国若烹小鲜"。中药多为草药，服时多熬成汤剂，这就使得中国更有将饮食用于医疗保健的传统。许多食物多可入药，本草中的许多药物也可食用，食疗更是风靡一时。烹调不仅满足口腹之欲，兼可治国，更可治病保健，这也是中国饮食文化的又一个特色吧。

2012 年 5 月 13 日

耄耋记吃（下）

菜系

吃了30多年中国饭菜的我，多年竟不知中国菜系为何物，直到1961年，30多岁的我，才第一次从报纸上知道中国还有个五大菜系。

那是三年困难时期刚结束的1961年，物资仍然匮乏，票证横飞，生活艰难，到处都是定量供应，粮油副食除票证外，也要在副食购货本上登记，每月限量购买，如火柴，一月十小盒，肥皂一月两条（四块），粉丝每月一斤，等等。

那时大概因为要提倡劳逸结合，让大家轻松轻松，我们单位图书馆就订了一份香港的《大公报》，那《副刊》上边有一些花边八卦软性轻松的东西，我看了几乎如获至宝，一般是一个题目每天连载，每段1000字左右，上面既有连载梁羽生的武侠小说《江湖三女侠》及继起的《萍踪侠影录》张丹枫和云蕾的故事，也有笔名陈少校的解放战争三大战役。再就是每日一段的中国菜系，虽然作者名字记不得了，笔名也记不得了，但那里的记载，我是至今印象深刻的。文中说目前全国有五大菜系，即京菜——山东菜、豫菜、淮扬菜、闽菜、粤菜。"文革"以后，又知道中国有八大菜系，但是哪八个不清楚。我见到时该连载已经发表过一部分，但因觉得新鲜，倒也记住了不少，现在就记忆所及把它复述下来，不知算不算是剽窃。

京菜
先说北京菜。其实肇源于山东菜而且是胶东半岛的海阳帮（另有济南帮）的鲁菜。想当初明朝中期以后，人口众多的山东百姓大批去"闯关东"，移民东北，开垦土地，从事经营，其中最多的是隔海相望的胶东半岛的移民。正好这时满族兴起，新兴的满洲贵族文化底蕴不足，还没有自己的饭食传统，他们就习惯了以他们在庄园的管家的口味作为自己的口味，也就是山东菜——更具体地说是胶东菜。清兵入关，那些八旗将领、王公大臣，就把这种口味带进了北京，成了地道的京菜——其实就是胶东菜，风靡北京，波及全国，成了全国的龙头菜系。

大凡一处地方的菜肴较具有自己的特色，成为一种知名的菜系，以展示它自己的及自然环境和人文环境为基底，京菜之所以成为菜系的"领头大哥"，恐怕也就是这个缘故。

清末民初的北京，人文荟萃，生活悠闲，饭肆林立，有所谓四大居、八大楼之称（这段往事我看《大公报》时已经刊载过了）。时势变迁，多已不存。解放以后，只有一个东兴楼还孤零零地屹立在前门外（解放前的同和居、砂锅居、萃华楼等均不在其列）。另有一处平安里的柳泉居不知是否在当年几大居之列。

清末民初的饭馆还有一类称为饭庄的专门承办宴席。内有宽敞的厅堂庭院，中院可以容得下上千人的宴会，但他们平常是不开灶火的。遇有大户人家寿庆节宴，饭庄掌柜奔走其间，迅速组织起规模庞大的宴会队伍，厨师中的红案、白案都有专业队伍任其选用，烧火洗菜的小厮，鱼肉时鲜的采买也有专人，连送饭送菜的跑堂也有日工，一声呼吁，立刻办妥。即如桌椅板凳、杯盘碗盏是早已置备好的。装饰的帐幔围屏、花草灯彩也可据需要租用。一是饭钱是不用算的，只是三节（年节、端午、中秋，特别是中秋），京城周旋于王公贵族之家的掌柜来给老福晋、老太君拜节，言谈之间，这些老夫人似乎突然想起，掌柜的还办过宴会呢，于是吩咐账房附上几千两银子，掌柜们欣喜，感谢而去。这一年的开销赚头都有了。这有一种跟朝圣厚赐一样的非商品性交易，令双方皆大欢喜。可是辛亥革命以后，满洲贵族没落，多已无力承担此前的大规模的奢侈性消费，依附于其上的饭庄也陆续倒闭了。解放之初，我在北京城区工作，见到一处大院，四周有抄手回廊，其上摆着一摞摞的大圆餐桌面，还有一些椅子、盆架之类，一问之下，才知以前是一座饭庄。另外，在王府井金鱼胡同北面，即东来顺东楼饭店的对面，有一处高大的门廊，上书"××饭庄"字样，旁边则是一座卖酱菜的店，那就是老京城饭庄的孑遗了。这些我原来并不知道，只是看了《大公报》的连载短文，经过一番思考，才把它们考证出来的。又时隔五六十年，这些古老的恐龙般的化石，恐怕早在历史的潮流中冲刷干净了。

这以后开设饭馆，称为京菜馆，也是山东馆，陈设和经营是近代式的，即如萃华楼、同和居等都是如此，只有一家丰泽园的一楼仍是一个大厅堂。这是清末某饭庄的伙计怄气，想另开家饭庄，创业却又没有资金，他因为常跑权贵之家，跟那些老福晋老太君混得很熟，一天去那些太太们家提到了自己打算集资开饭馆的事。那些老太太、老福晋正在打牌，兴致颇高，于是，有位发起，大家凑钱替他开饭馆。于是在前门外煤市街街南口开了一家丰泽园，此后兴旺，几成京城第一家，地位还在萃华楼之上。"文革"起来，我们几个走资派不思悔改，逡巡于大街小巷之间，名为去看大字报，学习造反派的经验，实际上是四处逛，经一位老难友怂恿，进到丰泽园吃了一顿饭。那时还是"文革"，饭铺饭菜简单，价钱也不贵。进了一个大院厅堂（后面还有），食客寥寥，我记得有水晶肘子，即冻肘花，很精致，正是山东——北京菜的特色。"文革"以后，丰泽园改建在珠市口西街南口，三层楼房，颇有气势，但我以后从外经过，想来饭堂和京菜一齐衰落，无复当时的典雅、豪华了吧。

至于京菜的特色，我已经记不很清楚了。大概是重炖焖，肥而不腻，汤汁醇厚，另外，多重海味，那是因为胶东渤海的缘故。但是，需要长途运输，鲜货甚少而多干货。

顺便回忆起解放初一个单位几个人一起去会餐，进了西单北大街一家山东馆子，我一位同事单点了一味葱烧海参，上来以后，海参颇大，长14厘米以上，那位同事不等大家动筷，立即下箸狂吃，一下吃掉三分之二。原来他是嗜吃海参。最后算账，八九个人共吃了9块多钱，而那味海参竟占6块多，可谓小小的奢侈了一把。多年以后得知，那可能就是梅花参，相当名贵的。

　　另外，山东菜记得起的还有同和居、萃华楼，去过两次，味道一般，还有一个砂锅居，我怀疑是老满族风味，以及有名的烧碟菜。我这里不揣荒陋，一一记下。

　　同和居在西四牌楼南角，毗邻还有一家小吃铺，卖炒肝、黑米粥和包子，门庭若市。同和居一楼一底，中间一个小院，倒也干净典雅。那里的山东烤馒头很不错，我最欣赏它的烩乌鱼蛋，一个小汤碗，价四角。一碗烩乌鱼蛋或山东海参，酸辣味，杂些海参丝，大概也是四角，加一碗（二两）米饭，就够一顿的了。再有就是砂锅居，这里似乎是满族风味，位于缸瓦市，门脸颇小，房檐很矮，进门还要下一级台阶，这里除了砂锅，最有名的是烧碟，把一头猪身上各种部位的肉切下，连烧带烤，做成大小式样不同的小碟，记得总数是 24 碟，原是要全套烧烤，这时已可拆开零卖，价钱一律，碟子上摆上两件，可是，形状和名称不同，价钱和味道却是差不多。初进北平，高中同学周仁中，颇有小开风度，拉着我到处吃东西，短短一两个月内，我吃了北海仿膳的肉末烧饼，西单十字路上靠西的广东双十餐厅的锅面（那时从西长安街到复兴门的路还是平行的，两条窄柏油路，中间的民房还没有拆迁，并成一条）。再有就是砂锅居，周仁中点了六七个烧碟，一一上桌，吃起来口味太淡，没什么大吸引力。此后，又去过一两次，也是烧碟，只记得有一碟叫烧鹿尾，还有烧子盖，不知是猪身上什么部位做的。三年困难时期过去，各种餐饮渐渐复苏，我又几次光顾了砂锅居，老旧低矮的平房已经拆除，改建为两间门脸的大厅，大概放着十张桌子，可坐四五十人，厅后过去有一个小过道，另有房舍，我估计那是厨房和待客的单间。楼上也有座位，自己没上去过。到了这里，我真正吃到砂锅，一是砂锅三白（白肉、猪肚、猪大肠），一是砂锅白肉，一是砂锅肥肠，一是砂锅杂碎。除砂锅杂碎要放酱油和粉丝外，其他砂锅均是清汤，肚肠不少，味道也是差不多，价钱也相同，砂锅三白和肚块、白肉，一块钱一砂锅（约 5 寸），砂锅杂碎大概是八角钱一份，配上碗米饭，就足以当一餐了。"文化大革命"造反，砂锅居歇业，"文革"以后恢复老字号，地点仍在缸瓦市，不过翻造了二层楼房，我们几个亲戚去光顾了一次，我们要点烧碟，服务员瞠目不知所对，二十多岁的年纪，已经把什么古老的传统都忘光了。十一二个人，吃一顿饭，吃了七百多元，其中最贵的是一盘烧鳜鱼，价格300多，没吃出什么味道，至于砂锅也是一般。我们有了被历史愚弄的感觉。

至于砂锅肚块，"文革"期间我到天津去时，也在不同的小饭铺吃过两次，肚块很柔软，很烂，汤不像砂锅居砂锅肚块那样清澈，而是微带黄色，味道浓郁，是我很爱吃的，不知为什么，"四人帮"粉碎，"文革"结束，我就再也吃不到那样的砂锅了，就连新盖起来的砂锅居，那砂锅吃起来也缺滋少味了。

满族人在东北好养猪，也杀猪祭祀，故宫北边也就有一个烧猪的所在，可这一传统就这样不清不楚地消失了，悲夫！

还有值得一提的是谭家菜，这原先属粤菜系统，是今天所谓的"私房菜"或"私家菜"。但一直在北京安家落户，只此一家，别无分店。"文革"以后，又出现了类似的谭家大酒楼之类的饭馆，不知有闹双色案。

谭家菜原主人原本姓谭，是一个小京官，精于烹饪，尤以海鲜著称，以后居留北京，一些达官贵人总是想他请吃饭，有人建议何不收费，于是开始经营。每餐以一桌十人为限，收费24块大洋，必需的条件是必须由本人请来作陪，各人自带五人，需提前一个星期，以便精心准备。届时宾主济济一堂，名士风范。席间主人谈吐不俗，琴棋书画，掌故轶闻，充斥话语间，直到宾主尽欢而散。抗战期间，北平沦陷，主人过于肥胖，中风而亡。只是由他的小妾经营。解放以后，改在西单北大街恩成居（广东馆子，后来又经营川菜），每次饭局，人民币50元，仍需先预定。吃过的人不少，我只是路过时望门发呆，从来不敢问津。三年困难时期以后，谭家菜搬到北京饭店经营，1964年黎澍同志组织人写反苏修的历史学的文章，召集大家在北京饭店吃饭，也请了范文澜。范老那时很高兴，宣布他就是好吃，每请必到，点菜的女同志宣布那里可有几个是谭家菜，虽然不是全部，大家也很高兴，但不知是什么，也没有尝到它的特殊味道。

"文革"以后，据说谭家菜仍在北京饭店挂牌，经营者已不是既胖且老的老谭先生。下厨经营的姨太太也已过世，也不知是谁在继续经营。又有另名谭府大酒楼的两三家以谭家菜为号召，并和老谭家有过纠纷，结果如何，就不知道了。

属于京菜系统的地方，山东不必说了。东北原较落后，冬季气候又寒冷，人们一季收获，以后常要"猫冬"几个月，蔬菜只有三大件：大白菜、土豆、萝卜，吃法多带有农家味道，最常流行的川锅，把粉条、猪肉片、白菜、土豆、萝卜熬上一大锅，再加上切成小块的螃蟹以提味，其暖也融融。清廷御宴，常多食火锅，即此习俗之流存。北京周边的饮食，山东不必说了，河北菜跟北京菜差不多，但似乎有点"土"，山西菜别具一格，重主食，花样颇多。"文革"前一些北京的山西同乡领导发起开设晋阳饭庄，位于虎坊桥菜市口东大街纪晓岚故居处。据说鱼椒汤最好，一时门庭若市。"文化大革命"开始，和绒线胡同的四川饭店一样被四人帮指为走资派的情报机关，受到红卫兵的冲击而倒闭。"文革"以后，重新开张，那时各种饭馆林立，已经不复当年盛况了。至于山西晋城的皇城相府，待客全上汤菜，一如豫西水席之风习，那已经越出晋菜的范围了。

值得一提的是天津菜。天津位居北京前卫，水陆码头，客商辐辏，菜式精鲜，又各带有徽商及江浙风味，海鲜河鲜丰富，吃起来别有风味，以致有人主张中国几大菜系之外，可添"津菜"一系，但看来尚未认同。

新中国成立以前，餐馆业是京菜的天下，其它地方的风味菜式规模不大，影响不巨。记忆所及，只有东安市场的森隆（苏菜）、苏州饭店、小小饭店（上海菜）、西单北大街的玉华台（淮扬菜）、恩成居等寥寥数家而已。解放以后，随着大批干部进京，各地口味也开始进驻，但为数不多。最初就是湖南人开的西单北大街的曲园餐厅，以及四川人开的峨眉酒家，最后还有鼓楼南边的马凯餐厅，生意都很不错。于 1954 年动员上海三产移京，理发、照相、时装之外，又有了东安市场的湘蜀餐厅，台基厂北京市委大楼斜对面的淞沪餐厅（主要供应市委访客的午餐需要，以雪菜肉丝面为主），前门外大街的老正兴，以及广安门内大街的上海小吃店（主要供应菜饭，五角钱一份）而已。

"文革"以后，百业待兴，改革开始，外地餐馆像洪水一样滚滚而来，先是湘菜，继而粤菜，再有川菜，几乎占有了北京餐饮的半边天下，提倡刺激鲜萌浓郁味道，老式京菜已被挤到角落里，真正地没落了。

淮扬菜

淮扬菜，淮指两淮（淮阴、淮安），扬指扬州。

明清两朝，两淮正在黄河、淮河与京杭大运河交会的路口上，船舶往来如梭，尤以粮船、盐船为最。南船到此换船北上京城，清朝在此设漕督以管理征税。漕督衙门机构庞大，事务繁杂，油水丰足，闲杂人等甚众，养成了好吃好喝的习惯，于是饭馔之精美，著称于世。

扬州辐毂长江与运河之交，又是淮盐的集散地，盐官、盐商、盐帮云集，清代食盐官卖，财源丰盛，政务清闲，尤其是盐商，凭着几张盐引，世代相承，坐赚大钱，大都无所事事，只讲究吃喝玩乐，豢养文士扬州八怪，欣赏扬州评话（柳敬亭、王少堂），修建园林，豢养戏班，追捧扬州妓院，训练扬州瘦马等等，天下闻名。两淮扬州吃食闻名天下，因为都是江南菜，口味相近，所以统称为淮扬菜。

小时候，就吃过扬州狮子头，记得大如婴儿头（小孩眼中东西都放得很大），另有扬州煮干丝，听说扬州人上午皮包水(喝茶)，下午水包皮(洗澡)，十分舒适。大了以后，狮子头和煮干丝也都是品尝过不止一次，但我孤陋寡闻，淮扬还有什么名菜想不起来了，只知扬州评话大家王少堂的"武（松）十回""文革"前整理出版，其中大谈扬州的吃食，我只记得武松下雪时路过饭馆，点了一个大海参，因为行程辛苦，靴里秽气熏人，引起一场打斗。再次就是介绍了各色包子。1998年在扬州开会，我特地去饭馆吃了一顿梅干菜包子，又被人请一顿早餐，也还是粥和包子。在我印象中，跟天津狗不理包子一样，也未见其特佳，反倒不如另外一次友人请吃镇江小笼汤包。再有一次在北京扬州饭馆吃饭，友人点了一个"炝虎尾"，送上一看，原来是几根尖细的鳝鱼尾巴，形象固然可喜，吃起来也没太深印象。休闲情趣，精神生活。文人墨客插科打诨的"帮闲"不一而足。扬州的娱乐生活、文化生活大大有名，园林评话（柳敬亭、王少堂）、伎乐瘦马、扬州八怪等等脍炙人口。就连抗战以前的扬州中学也是全国名校。清人李斗的《扬州画舫录》更是有名。

这两个地方，一是沾官，二是浸商，当然重视吃喝，所以淮扬菜系，一度独步全国，而其周围的江河地区，又是江淮繁华发达地区，如上海、苏州、常州、无锡、镇江、杭州，也如众星拱月，交相辉映一样多元，各具特色。

总之，在淮扬菜上我的打分是 4 分（5 分为满分）。

沿着长江或长江以南各地的菜肴大概受淮扬菜的影响，而各有其特色。

例如南通菜，在北京开了个连锁店，名为"狼山江海"，狼山大概是江阴或对岸的一座山名，令人联想起《说岳全传》里韩世忠与金兵激战炮打两狼山的故事。此外，镇江、苏州、常州、上海、杭州、绍兴都大概有其特色，不过我孤陋寡闻，多半未能品尝出来。

先说长江口上的名鱼。

扬州以下直到出海口的长江，还是出产名鱼的地方，历史上曾经有过三大名鱼。第一是鲥鱼，肉细刺多，脂肪集中在皮下，滋味肥美，一旦秋汛上市，江南各地趋之若鹜。看清人笔记，过去京官外放江南，才知此鲥鱼不同其在北京皇帝宴会赐食的鲥鱼，不是一个味，原来那是鲥鱼捕捞以后，用漕船迅速送上京城，以冰块堆积防腐，其实已经变质了。有些江南花花公子生平有三恨，其中一恨即为鲥鱼多刺。此鱼过去只在书里见到，但三年困难时期，北京西四菜市场上曾陈列出分段的鲥鱼，每段一斤，一元四角，相当于大黄鱼五角一斤的三倍左右，摆了若干天，无人问津。正好我见到了《北京晚报》有鲥鱼的记载，不惜破费买了拿去让老朋友狄源沧夫人蒸而食之，由于刺多吃得极慢，两人吃不到半条即停箸，算是享受了一次美味。

第二是长江口上的刀鱼。那原是很普通的鱼，前几年在饭馆菜谱上不时见到，价钱虽贵，似可接受。但近年来，捕捞过度，出产渐少，又竞相追捧，成了天价。如今已是资源稀缺，甚难一见了。于是我也在不经意中失之交臂了。

第三是凤尾鱼。过去只吃过罐头，铁罐、玻璃罐均有，油浸或油炸，四五厘米一条，干而鲜美，带子雌鱼更肥。近几年来价钱上涨，不常见到了，据说这种鱼河海兼容，每到秋天，从近海顺潮流入长江产子，正是捕捞的好时机，不过现在已成稀缺资源了。原来《北京晚报》介绍，此鱼集中在长江。但近年所见罐头都是广东产品，莫非此鱼为了避难，南迁到珠江口，只是母鱼不见，只见干瘦的公鱼，不知何故。

过得长江，那是江南水乡，鱼虾遍地，尤其是有剧毒的河豚，苏东坡有诗："竹外桃花三两枝，春江水暖鸭先知。蒌蒿满地芦芽短，正是河豚欲上时。"此公好吃，嗜吃河豚，但处置不当，即会中毒而亡。似乎同狂犬病一样无救。但是美味，故有"拼死食河豚"之语。"文革"前一度多方报导河豚毒性，菜市场招贴画上画出河豚多种形状，原来捕捞的大小鱼中，有河豚混杂在内，一有不慎，分辨不出，即会中毒，而亦时有误食或拼死吃而伤人者。但我买鱼，只捡黄鱼、带鱼、鲤鱼、胖头鱼兼及鲢鱼，很少吃杂鱼，故未罹此厄。只听说日本人好吃河豚，有专人精心处置，绝对无害。市上玻璃罐头标榜安全生产，但也从未有过问津的欲望。

再有就是太湖的银鱼了。那也是从书报上看到如何如何美味，我倒是在饭馆的汤里吃到它的，是晒干的，约一厘米一小白条，头上有黑色的小眼球，嚼起来却尝不出味道来。

再有就是阳澄湖的大闸蟹。据说上海闻人于成熟期必食。1961 年，香港《大公报》副刊载有家人食用，飞机运来的大闸蟹。吃蟹似乎讲究一套细致的食具，如银托子、银挑子、银挖子之类。我也吃过，那是白洋淀天津大螃蟹，肉亦鲜美，价钱也不贵，粉碎"四人帮"时，消息还未公布，市民互相暗示，螃蟹大畅销，到处提着四只螃蟹，三公一母。可是不久因湖水干涸，螃蟹绝迹，年来在市上买的只有阳澄湖大闸蟹了。但此蟹又以在其他湖中串了种，也标榜是阳澄湖所养，价格一串更数百元，我不敢再问津了。"文革"以后，吃过海螃蟹，计有温哥华大螃蟹，印象深刻。上世纪 80 年代流行的香辣蟹，时有见到，从不敢多吃，到不敢问津，从此与蟹无缘了。

江南以南，物华天宝，文物繁茂，饮食讲究多有特色，但可归入淮扬菜系成为子系统，镇江、南京都操与扬州话一样的江北方言。镇江有名的是汤包、肴肉，南京有名的是鱼丸，镇江以南的常州、无锡即入吴语区，常州只路过没有到，但到过无锡，那时是出差上海，抽空去玩了半天，在惠山梅园鼋头渚吃了一碗久已盼望的虾腰面，那是将虾仁与猪肾合炒一小碗浇在面上，味道浓郁清鲜，果然不错。当时传有船菜，好像在文学作品里也见到过，但我没见过。

苏州是美食渊薮，印象最深的是上世纪 60 年代的上海滑稽戏电影《满意不满意》中的得月楼，那位胖太太点的松鼠黄鱼。其后是"文革"后不久陆文夫的小说《美食家》所写的那位游手好闲、专讲吃喝的大少爷，每天早上必坐包车去饭馆赶食"头汤面"。苏州饭馆早在解放以前去过东安市场的苏州小小饭店，"文革"以前已知道闻名的松鹤楼。"文革"之中出差去了苏州，住在观前街旁广场上的一家旅店里，旁边就是赫然在望的两层门面的松鹤楼，我向往去吃他的松鼠黄鱼或熏鱼，但担心价钱太贵，未敢问津，只在旁边的一家饭馆里要了一个普通的砂锅。据说苏州的早点好吃，苏州园林已经逛得差不多了，于是早四点起来赶短程火车，去无锡玩。天还黑着，进到一家早餐店，灯影濛濛，人影憧憧，水气重重，我买了二两肉馅汤圆（蒸的）和二两包子，二者都体型巨大，内容丰富，勉强吃完，肚子填得饱而又饱，到得下车走路，边看风景边消食，一直到下午四点才想起要吃晚到的午饭。于是在一个饭棚里点了一个向往的虾腰面，八角一碗，又是饱餐一顿，于是兴尽买票回到上海去了。

此外，又去过几次苏州，去观前街摊上买到脍炙人口的苏式点心，包括月饼，就是满足了好吃的心愿。但是苏州宴会、大餐始终没有吃过松鼠黄鱼或鳜鱼，虽然也在宴席上吃过，但是从来没有单点过，因其太甜，又颇酸也。

沪菜

下边该说到沪菜了。

上海八方辐辏，中外交会，十里洋场，灯红酒绿，莺歌燕舞之余，尤重口味。八大菜系里似乎有沪菜一系，那沪菜之下，还可以分出两支菜系，一是老帮菜，重在口味醇厚，尤重使用酱油；一是新上海菜，讲究花色品种多样，比较清爽适口，一副海派模样（非贬义）。

但是给我印象深刻的不是上海吃食的豪奢，而是上海人精致细腻，省钱又好吃的风格。一如上海女性在"文革"中多裁保护长袖衣衫的套袖，以及起装饰作用的衬衫假领子之类。在吃食方面也有讲究，一是粮油布票时代，上海是全国唯一一处有半两粮票的地方。是上海人肚量小，有只吃猫粮鸟食的习惯么？非也，那是上海精细到不想糟蹋哪怕是半两粮食的缘故。二是食堂打饭，习惯是半个菜，一荤一素，却可以把二者拼起来成一个整菜，各有定价，合成一个正好，时价是两角多钱，拼吃分吃各各相宜。

上海人吃起饭来却不惜价廉物美、精致便宜。1959年冬，我到上海出差，在百老汇大厦的侧巷里早餐摊上，一角钱一碗的鸭血汤，热气腾腾，味道鲜美，再辅以几分钱的一个烧饼或一块大饼，一顿早餐就方便而顺当地解决了。中午到街上小吃店吃客饭，最便宜的有二角二分一客的，是毛豆烧鸭肠，加上二两米饭，差可当一顿午餐（当然不够还要加钱凑半两饭的）。最贵的是蟹粉烧什么东西（如肉片）八角钱一客。出差在外者，亦可在每天餐费里报销一部分。直到上世纪60年代，北京台基厂市委大楼对面的淞沪餐厅，有专为到市委办事的人午餐之用的最通行的雪菜肉丝面五角钱一碗（在市委餐厅经人介绍客饭四角一餐），吃得不错。上世纪60年代，菜市口路西迄北开了家上海小吃店，卖上海特有的菜饭，五角钱一大碗，油水丰足，加了一些菜叶和味精，味道也不错。"文革"之后，上海小吃品种改变，早餐不复见过去流行的大饼油条糍饭咸豆浆蟹壳黄烧饼。早餐店里是清一色是雪菜肉丝面，还是五角钱一碗，午餐最便宜可点一角五分一碗的红白豆腐，再加三两饭六分，共两角一分即可饱餐一顿。

我没有吃过大餐，日常记忆的仅是这些小餐小吃而已，于是沪菜菜系的特色也就于我失之交臂了。

再就是杭州菜了。年轻时看宋人笔记《东京梦华录》《梦粱录》《都城纪胜》《武林旧事》，非常羡慕京师及行在街市的繁华，饮馔的丰盛。出差来到杭州，倒也没有享受什么美餐，杭州有名的知味观，一如苏州的松鹤楼一样，怕贵不敢问津。楼外楼的西湖醋鱼也是如此。只在寒风凛冽中领略了一次花港观鱼冷落的餐厅中的西湖醋鱼，我印象较深的似乎是在一个家庭式的小厅吃的雪菜黄鱼羹，则别有风味。此后，到北京上浙江馆子点此菜，服务员都浑然不知。最近看小报知道蒋介石跑到台湾，还想吃此羹，专门派人到香港采购雪菜。心想居然与我同好，也算吾道不孤了。

豫菜

关于豫菜，来由是这样的，中州是四战之地，群雄逐鹿之所，本不富庶，民生凋敝，历史上的汴梁吃食，早成往事，只是境内有一条几乎年年决溢的黄河，为害民生，以至治河成了头等大事。清政府在开封设有河督，督理治河，为了防汛备料、采购，动员人力防汛上堤，一旦决溢，救灾防堵，整理水道，乃至救助善后，也是要务。因此，衙门庞大，吏役众多，开支浩大。但是，每年汛期，即危险期就那么一两次，两个月。过去有事即是防灾备灾，工作相当清闲，河工一旦开始，就开支浩大，油水丰足。最后，防汛护堤胜利，论功行赏，多有矫情虚报，河工吏治，那是肥缺，一年之内大半无事，一旦有事，又用人繁多，平日里少事有钱，那就讲究吃喝，因此形成了五大菜系之一的豫菜。

豫菜到底是什么样子，没有见识过。清末黄河改道，稍微安定了一点，河工也不那么热火了。鼎革易代，军阀混战，河工渐受冷落，豫菜也就慢慢消歇了。小时，父亲在开封办报纸，听说过有名的黄河鲤鱼。1946年到开封，果真吃到了名垂遐迩的黄河鲤鱼。其做法是先将活鱼向席间展示，每尾大约一斤多重，客人中意，当场摔死，立刻剖开做出。那次，我吃的是糖醋瓦块鱼，将鱼中段剖开，切片做成，略微有一点外焦里嫩，另外，头尾余汤，颇为可口。席间主人介绍几种做法，其一叫太太鱼。抗战前，刘峙在河南主政，其太太好吃，提出此种作法云云。1943年，我在洛阳上初中，也随大人下过饭馆。只见粳米饭四小两，用小碗蒸出，一碗一碗的好吃，据说是郑州凤凰台出的贡米，菜肴味道不错，但不觉得有什么特色，只是听说豫西有两味名菜——猴头和燕菜。猴头据说是一种野生菌，其大如拳，当时少见，"文革"之后到河南学术考察才吃过。燕菜当即有，上桌的是燕窝的替代品，白白嫩嫩脆脆的，一条一条，据说是用萝卜丝裹上粉炸成。又说豫西有一种"水席"，宴会上上的全是汤菜，当时没有见过，"文革"以后我到山西河津，后来又到皇城相府，招待的就是这种全部菜肴都带汤的"水席"。可谓礼失而求诸野，"楚才晋用"了。此外，在河南还吃过面汤和胡辣汤，但那属于小吃，而非正餐，正是"此情可待成追忆，只是当时已惘然"。

　　总之，豫菜之名渐渐从人们视野中消失了，"文革"以后商品大潮四向流淹，各地菜肴大举进京。三里河"四部一会"对面就有一家河南菜馆，里面宣传是铁锅蛋和另一种忘了名字的菜，似乎不敌川菜、粤菜、湘菜、鄂菜，不久就关门大吉了。只是最近几年，小铺里流行一种河南烩饼，我去尝过一次，味道却也一般，有些胡辣汤的味道。

　　至于河南的小吃，我欣赏洛阳的牛肉泡馍，那跟陕西的羊肉泡馍把馍掰开来一小块一小块地浇上羊肉汤的吃法不一样。那是铺子宰掉头牛，熬上一大锅牛肉汤，把牛肉做成卤肉，切成薄片，早餐时把馍（馒头）切成薄片砌在碗底，用大勺一浇牛肉汤，篦掉，如此一二次，馍和肉浸透，软化、碎化，却不变形，最后把汤浇在碗里，连汤一起吃下去，如要肉可另添。牛肉汤味道鲜美，切开的馍片并不变形，是我早上上学时吃的美味早点的一种，可惜此后除了陕西的羊肉泡馍之外，再也没有见到这种吃法了。

　　总之，豫菜之成系，已成陈年往事，自少及长关于豫菜的追忆也就只有这些了。

闽菜

　　一种地方菜要成"系"，需要具备以下几种条件，一是因缘际会（例如京菜和鲁菜）；二是该地比较富庶，经济发达，不论是商品经济或农业经济（如上海的商品经济，四川的农业经济），人们不仅有钱，而且有闲，可以花钱去提高吃食水平，或者花时间去琢磨吃食；三是四方辐辏，八方交汇，又兼当地有特殊任务，留下相当多的有钱又有闲的主儿（如漕官、河督、盐商）。闽菜之所以有名，是符合这其中的哪一条，我还没有探究出来，只记得福建地形细碎，山河相隔，文化分割。福建翻山到另一条河就是另一个完全不同的世界，又是有名的侨乡，哪些条件使闽菜成"系"，实在搞不清楚。

　　当1962年看《大公报》关于闽菜的特色时，记得闽菜多用红糟，回想1945年复员到南京，有人请吃福建馆子，一桌子菜全是红色，想来就是红糟了。"文革"前东安市场开设了一家闽粤餐厅，去过一次，饭菜一般，没全是红色。"文革"以后，几次到福建吃饭，也不见红糟，这里到底有什么奥妙不得而知。想来红糟大概就是酿酒留下的酒糟，一如豆渣之类，做菜时用以调色理味吧。始终不得其详。

第一次听说福建食物是 1942 年贵阳读初中一年级的时候，那时地理课陈老师在课间讲到他在福建乡下赴农家宴席，主人从坛子里夹出酒浸的四脚蛇（蜥蜴）来请他吃，他吃也不是，不吃也不是，但又却不过主人的盛情，只好闭上眼睛把它囫囵吞下去。一直到现在，想起来就恶心。我们惊疑竟有这样的食物和吃法，也不禁感到轻微的恶心。好在此后也没有碰到过和听到过，算是绝响。

后来几次到福建，倒是吃过一些平生未曾尝到的菜式小吃。一是鲎，过去只从外国杂志上看到，说那是一种一亿年前比恐龙还要早的节肢动物，带着一个大甲壳，拖着一条长尾巴，壳上两只小眼睛，壳下一排虾一样的假足。上世纪 90 年代，我在鼓浪屿街道看见它放在水盆里发卖，跟随同的朋友一起买来吃，未久，炒上一盘加点辣椒，味道与一般鱼虾无异，一盘价格在七八十元左右，不算贵。

另一种吃的是蛇。种类很多，有毒无毒都有。福建人宴请，每顿都有蛇，一度北京餐馆业流行吃蛇。此后，流行过去，不再有了。有一些宴请，我被奉为上宾，主人专门为我剖了生蛇胆放在酒里劝饮，我囫囵吞下，只觉味略苦，酒微辣，未有也未见有什么不适，算是过关了。

再就是有名的"佛跳墙"。我最先是在报上看到，很是羡慕，问过福建籍的同志，他说在福建吃过，果然不错。又一次是与老同学合伙吃有名的"阿一鲍鱼"，其中一味是建德佛跳墙，一小钵汤，加上点海鲜，似乎与我原来所知者不一样。未久，老同学在福州会馆聚会，又吃过一次，与之前一样，我怀疑这是赫赫有名的佛跳墙么？说不定那是赝冒或者山寨版呢。

再有就是花生汤。那是上世纪 80 年代出差因车停公路边，在一个小摊上喝到的，三角钱一碗，花生烂而酥，汤甜而不腻。90 年代到厦门点名此汤，味道也多少让人失望，也可算这是边际效用在作怪吧。这其实算不算我吃过的闽菜，到底真正的闽菜是什么样子，什么味道，我还是一片空白。

想续写的题目

粤菜

徽菜

川菜

湘菜

赣菜

鄂菜

黔菜

滇菜

陕菜

甘肃菜

新疆菜

内蒙菜

东北菜

小时候记得的吃食

初到北平（1946—1954）

再吃北平

2012 年 9 月于中国中医研究院西苑医院住院时作

2013 年 10 月 20 日修改，10 月 23 日再改

后 记

本卷之所以被冠之以"散论"的确是名副其实的。一是散,写作年代分布得很散,从 1945 年即 17 岁那年父亲公开发表的第一篇论文《测知天体距离的七个方法》,到 2013 年发表的《关于历史重演和历史穿越的随想》等文,时间跨度达 68 年;二是泛,共计 29 篇文章,没有形成一个或几个主题,虽然学术性论文约占一半以上,但也无法归入陆续结集的几本论文集;三是杂,除学术性论文外,还有几篇随想、书序、说明性的文章等,所幸可借《宁可文集》的出版汇编在一起,也可从不同层面反映不同时期父亲的心路历程和关注热点。如第 1—3 篇文章《测知天体距离的七个方法》《天文望远镜发展简史》(上、下),父亲时年十七八岁,是重庆南开中学的高中生,其时风华年少,酷爱仰望星空,天文、地理和军事是父亲在南开中学最受众人追捧的学问。新中国成立后,父亲成为中国天文学学会的会员,并曾萌生专门从事天文研究工作的想法,但因数学不专精,只好放弃这个有机会仰望星空的职业理想。再如《关于历史重演和历史穿越的随想》,应该是受了风靡至今的穿越题材的启发,已经跨越了历史学的范围。如果说《地理环境与中国历史》主要着眼于空间的跨越,这篇文章则是立足于历史而推演。如果进行时间的穿越、转换的条件和可能遇到的情况,如何重现(重演)历史是专业学者和普通民众的共同愿望。父亲一向以"杂"而闻名,不论是研究的领域还是日常涉猎的书籍,有人可能对杂而不专有微词,但我认为每个人的生活状态是个人的选择,只要能在其中体验和享受充实与乐趣就足以慰藉平生了。

这一卷是由张天虹带领首都师范大学历史学院研究生完成录入的。工作从 2017 年开始，先后参加的同学有黄图川（现任教于汕头大学医学院社会科学部）、钱信（现任职于上海友谊路街道社区工作者事务所）、王慧（现任职于济南市天桥区发展和改革局）、王鑫泽、韦瑶函、朱楚乔。父亲的大部分论著可以找到 pdf 版本，通过文字识别软件转换之后再进行整理核校，工作相对顺利。但也有几篇文章或因为彼时没有电子版，或因为文书格式复杂，录入工作比较辛苦。黄图川以及北京师范大学历史学院硕士研究生刘晓月（现任教于北京市第八十中学）、博士研究生孙培岗先后协助赴国家图书馆、北京师范大学图书馆调阅相应文献。出版之前，首都师范大学历史学院 2020 级基地班本科生龙腾、王誉、张齐三位同学参与了校对，工作认真细致，一并致谢。

该印章为"文革"期间父亲
为我刻制的下乡领工资用
的名章

2023 年 3 月 1 日

责任编辑：刘松弢　彭代琪格

图书在版编目（CIP）数据

宁可文集 . 第九卷 / 宁可 著；郝春文，宁欣 主编 . — 北京：
人民出版社，2024.1
ISBN 978 - 7 - 01 - 025831 - 7

I. ①宁…　II. ①宁…②郝…③宁…　III. ①中国历史 - 文集　IV. ① K207-53

中国国家版本馆 CIP 数据核字（2023）第 137920 号

宁 可 文 集

NINGKE WENJI

（第九卷）

宁 可 著

郝春文　宁 欣　主编

人民出版社 出版发行

（100706　北京市东城区隆福寺街 99 号）

北京新华印刷有限公司印刷　新华书店经销

2024 年 1 月第 1 版　2024 年 1 月北京第 1 次印刷
开本：710 毫米 × 1000 毫米 1/16　印张：14.75
字数：208 千字

ISBN 978 - 7 - 01 - 025831 - 7　定价：80.00 元

邮购地址 100706　北京市东城区隆福寺街 99 号
人民东方图书销售中心　电话（010）65250042　65289539